2019年度
開通期間
4月15日~
11月30日

立山黑部
阿爾卑斯山脈路線
完全導覽BOOK

單靠這本就能把交通方式和
景點資訊全部掌握!

可以拆下使用! **特別附錄**

前往欣賞遍布在天空的絕景吧♪ ➡P.2

秋天是色彩繽紛的紅葉☺

震撼力十足的黑部水壩!

想看一次的特別景觀♪
雪之大谷WALK為
4月15日~6月22日

哈日情報誌

富山 立山·黑部
五箇山·白川鄉

前往欣賞遍布在天空的絕景吧♪

阿爾卑斯山脈路線的最大魅力就是大自然展現出來的壯觀絕景。
只要接續搭乘6種交通工具，前往遍布在雲上的樂園，就能遇見動人心弦的絕美風景。

黑部水壩「黑四」的這裡超厲害

其1 總儲水量為**2億m³**

全長492m、高186m日本第一巨大的水壩，連巨大程度也是享譽全球的數一數二規模。

其2 觀光洩洪為**每秒10噸**以上

每年6月26日到10月15日舉行的觀光洩洪，帶著超乎想像的震撼感。

其3 儲水量為超大型液貨船**1000艘左右**

黑部水壩的總儲水量為2億m³，相當於用來運輸石油的液貨船1000艘左右。

超乎想像的超級震撼感！發出轟隆聲傾瀉而下的洩洪

若要觀賞這幅景色

推薦堰堤和新展望廣場。晴天也可能出現彩虹高掛在洩洪的水上方。

黑部水壩

興建在黑部峽谷，描繪著漂亮拱形的水壩。能在水壩堰堤步行，也能從正上方眺望觀光洩洪的模樣。

➡附錄 P.14

動人心弦的耀眼風景

夏 7~8月

能觀賞殘雪和新綠、高山植物之間鮮明對比的季節。飽覽漂亮的大自然吧。

室堂平 ➡附錄 P.20

立山黑部阿爾卑斯山脈路線的一大據點。能一邊享受散步或健行，一邊飽覽立山三山和綠意盎然的風景。

雄山山頂 ➡附錄 P.21

夏天也殘留白雪的雄山，自古以來作為靈山而受到信奉，並且盛行參拜登山至今。從山頂能環視360度的全景。

大觀峰和立山架空索道 ➡附錄 P.17

大觀峰站的車站宛如貼著立山連峰東邊的岩石表面興建，從架空索道眺望全貌，就會再次為它的規模感到驚訝。

拍攝絕景的小知識

在高處電量消耗很快速！
標高很高的地方會比平地低溫，因此電量的消耗也很快。把電池放入口袋中用體溫溫熱就能長時間保持電力。

人和景色一起拍攝的訣竅
若要以人為主，把焦點聚集在人物上，讓景色模糊化，就能呈現出波瀾壯闊的感覺。若要以景色為主，只要把人和相機之間的距離拉長，背景就不容易變得模糊。

前往欣賞遍布在天空的絕景吧！♪

御庫裏池

約1萬年前因火山噴發而形成的火山口。周長630m，水深15m，水池對面聳立著立山三山的雄山、大汝山、富士折立，作為阿爾卑斯山脈路線首屈一指的絕景而廣為人知。
➡附錄 P.20

寧靜湖面和群峰美得讓人屏息讚嘆

說不定能遇見特別天然紀念物的雷鳥！

若要觀賞這幅景色
從室堂轉運站步行20分鐘可到的御庫裏池展望台，長椅也準備完善。

透過遼闊的全景觀賞浪漫的日落

若要觀賞這幅景色
除了散步路線之外，也推薦優雅地從彌陀之原飯店的休息室眺望。

彌陀原的夕陽

彌陀原遍布著2012年登錄《拉姆薩公約》的濕原。除了能遇見白毛羊鬍子草等許多高山植物之外，傍晚還能看見美麗的夕陽。
➡附錄 P.22

告訴立山春天到來的壯麗雪壁

前往欣賞遍布在天空的絕景吧♪

高達 **10～20m**

春 (4～6月)
攝人心弦的耀眼風景

周圍群山還殘留深雪的春天。能在雪之大谷和雪原遇見這個時期才有的景色。

能觸摸高度上有時會超過20m的雪壁

雪之大谷期間的氣溫最高也在10℃左右。穿著適合嚴冬的服裝出門吧

4～6月才有的特別景觀喔。

雪之大谷 WALK

室堂平位在標高2450m處，冬天會因白雪而封閉。其中通往大谷的立山高原巴士道路會因大量積雪而進行剷雪，道路兩旁產生的雪壁，就是雪之大谷。4月15日～6月22日這段期間，室堂轉運站附近約500m的區間會作為步行者天國開放，能近距離觀賞巨大的雪壁。

MAP 附錄P20
📞 076-431-3331
（立山黑部貫光WEB・PR中心）🗓4月15日～6月22日、開場8:45～（中央廣場）、步行區 9:30～15:15（入場至15:00）💴免費入場

雪之大谷MAP

立山飯店
雪之回廊
室堂轉運站
立山自然保護中心
中央廣場
阿爾卑斯廣場
雪之大谷入口 從室堂轉運站

全景路（4月15日～5月6日）
步行區（行人專用）（4月15日~6月22日）
私家車禁止通行
全景廣場
立山・天空路（高原巴士道路）
約500m
至美女平
下行15分鐘・上行20分鐘
雪壁最高的地點

雪之大谷是這樣形成的！

用推土機慢慢地挖除積雪後，留在道路兩旁如牆壁般的積雪就是「雪壁」。被雪掩埋的道路會用GPS找出來。

若要觀賞這幅景色

降雪量和雪的狀況每年都會改變，因此請至官網等處確認後，再制定行程吧。

秋 9~10月

標高相差2000m的壯麗紅葉

為陡坡增添色彩的色彩繽紛地毯

立山紅葉的特徵是不只有紅色和黃色，還有偃松的綠色等豐富色彩。

若要觀賞遼闊景色

9月中旬到11上旬從山頂往山麓下蔓延的紅葉。大觀峰的最佳觀賞期為9月下旬~10月中旬。

大觀峰的紅葉

大觀峰遍布著遼闊的全景，能眺望黑部湖和後立山。秋天能從車站屋頂的展望台和空中纜車，欣賞附近呈現整片紅色和黃色的立山黑部阿爾卑斯山脈路線數一數二的秀麗紅葉。

➡附錄 P.17

大觀峰雲上露台

➡附錄 P.17

能眺望大觀峰周邊景色的特等席是這裡！

前往欣賞遍布在天空的絕景吧！♪

綠池 ➡附錄 P.20

寧靜湖面上倒映著色彩繽紛的群山

透明度高，湖面上倒映著周圍景色的綠池。秋天會有裝飾上紅葉的群山為水面增添色彩，能欣賞到不同風情的紅葉

雷鳥澤的繽紛色彩 ➡附錄 P.21

欣賞迫近眼前的群山秋裝

視野開闊起來，群山感覺近在咫尺的雷鳥澤。群山表面全部染成偃松的綠色和黃色，這幅景色是秋天才有的樂趣

從移動的展望台能眺望路線上數一數二的風景

大斜坡「タンボ平」和立山架空索道

大觀峰和黑部平之間有阿爾卑斯山脈路線首屈一指的絕景景點。來回移動的空中纜車同時也是最美的觀景點。

➡附錄 P.17

立山黑部阿爾卑斯山脈路線

要制定暢遊立山黑部阿爾卑斯山脈路線的行程，第一步是從掌握主要區域的特徵和相對位置的關係開始。
絕對想看的景色和能看見該景色的場所也順便確認吧。

仰望北阿爾卑斯群峰的休憩場所

黑部平

●くろべだいら

西側能眺望大觀峰的大斜坡，東側能遠觀後立山連峰，這些景色從空中纜車上也能飽覽。黑部平站前有種植約100種高山植物的黑部平高山植物觀察園。

區域詳情➡附錄 P.16

東側玄關口

信濃大町站 & 扇澤站

●しなのおおまちえき&おうぎさわえき

長野縣一側的出發地點是經由信濃大町站的扇澤站。這裡同時也是北阿爾卑斯登山的起點，在立山黑部阿爾卑斯山脈路線的旺季期間會有許多人造訪。

快速瞭解！阿爾卑斯山脈路線 Q&A

Q. 是什麼樣的地方？

A. 橫跨**富山縣**和**長野縣**的**山岳路線**

這條人氣路線能搭6種交通工具橫越全長約90km的立山黑部阿爾卑斯山脈路線，標高3000m等級的群山連綿不絕。從正宗的登山到健行、輕鬆的散步都能依照自己喜歡的享受方式暢遊。

Q. 什麼時候能去？

A. 開通期間為**4月中旬～11月底**

2019年阿爾卑斯山脈路線全線開通時間為4月15日～11月30日（立山～彌陀原為4月10日～）。冬季會因大雪而封閉，在雪之大谷（➡附錄P.4）展開1年的全新端前。

Q. 怎麼去呢？

A. 用**6種**交通工具連接**2處**玄關口

有2個出入口，富山縣一側為立山站，長野縣一側為扇澤站，這兩站之間可以利用登山纜車等以環境為考量設計的6種交通工具移動。只是穿越過去就要約3小時，包含散步等行程最少約花8小時，而一般都會在目的地折返。

Q. 開車能去到哪裡？

A. **私家車禁止通行**

立山站～扇澤站之間禁止私家車進入，請特別留意。也有服務是在車站寄放車輛後，在穿越阿爾卑斯山脈路線的期間就會有專人把車送到另一側的車站。費用基本上是普通車3萬円前後。

★立山トラフィックサービス
☎0120-182-200
★三溪社 ☎0120-123-836

私家車回送服務

阿爾卑斯山脈路線全體圖 & 周邊圖　本書 P.94

（地圖內標示）
2670
2630　岩小屋沢岳　爺ケ岳
鳴沢岳 2641
黑部水壩　黑部ダム
2678 赤沢岳　扇澤站
白沢天狗山 2036
2821 針ノ木岳
2799 蓮華岳
登山纜車　扇澤站商店 附錄P.30
船窪岳 2459　北葛岳 2551
電氣巴士
2601 不動岳

白馬駅　青木湖
姬場駅　大糸線
中綱湖
海ノ口駅
木崎湖
稻尾駅
信濃木崎駅
大町アルペンライン　45　扇沢大町線
長野県
篭川　148
大町ダム
大町市
松本駅　駅前　信濃大町站

（右上小地圖）
黑部宇奈月溫泉　北陸新幹線　新潟県
富山　富山地方鐵道　黑部峽谷鐵道
石川県　金沢　大糸線
富山　長野
立山　富山地方鐵道　信濃大町
阿爾卑斯山脈路線　長野県

黑部湖和後立山連峰路線上屈指可數的風景

大觀峰

●だいかんぼう

雲上露台位在宛如貼著斷崖絕壁興建的車站屋頂上，從這裡眺望的景色廣受歡迎。眼前能俯瞰タンボ平和黑部湖，正面能眺望後立山連峰。

區域詳情➡附錄 P.17

遊覽船也航行的世界數一數二最高等級水壩

黑部水壩・黑部湖

●くろべだむ・くろべこ

高186m，長492m，總儲水量約2億m³的巨大拱壩和水壩湖。從遊覽船或展望台能實際體驗水壩不同凡響的巨大規模。

區域詳情➡附錄 P.14　精彩部分

有走遠一點的價值。以日本第一落差自豪的瀑布

稱名瀑布

●しょうみょうだき

一邊觀賞溪谷美景一邊步行，位在前方的就是高低落差350m的知名瀑布。和立山黑部阿爾卑斯山脈路線位在不同區域，要從立山站利用巴士前往。需要1小時。

區域詳情➡附錄 P.25

西側玄關口

富山站&立山站

●とやまえき&たてやまえき

經由因北陸新幹線開通而變得便利的富山站，就會抵達富山縣一側的交通據點·立山站。在具備滑雪場和溫泉等設施的度假區，一整年都很熱鬧。

設備充實。精彩景點豐富！時常人聲鼎沸的中心區域

精彩部分

室堂

●むろどう

餐廳和飯店、溫泉等阿爾卑斯山脈路線最大規模的設施一應俱全。用轉運站前的湧水解渴之後，在室堂平享受健行之趣吧。

區域詳情➡附錄 P.18

在原生林茂盛的森林聆聽野鳥鳴叫

美女平

●びじょだいら

鬱鬱蒼蒼的森林中遍布著立山杉和日本山毛櫸、日本七葉樹等原生林，同時作為野鳥的寶庫而聞名。車站前聳立著地名由來的巨大立山杉，並流傳能達成戀愛成就的傳說。

區域詳情➡附錄 P.24

感受豐富的大自然。高山植物的寶庫

彌陀原

●みだがはら

在2012年已作為保留豐富生態系的濕原登錄進《拉姆薩公約》。木道整備完善，夏天也能看見白毛羊鬍子草等可愛的高山植物和蝴蝶的身影。

區域詳情➡附錄 P.22

深藍色的湖面上倒映著立山三山

御庫裏池

●みくりがいけ

即使是以室堂轉運站為起點的健行路線，也是不容錯過的景點。只要條件齊全，也能看見立山連峰的倒影，作為攝影景點廣受歡迎。

區域詳情➡附錄 P.20

行程規劃 導覽② 阿爾卑斯山脈的基本路線
6種交通工具 導覽

立山黑部阿爾卑斯山脈路線內，要接續搭乘配合地形並以自然環境為考量的6種交通工具移動。
一邊確認等候時間和最終行駛時間，一邊規劃預定行程吧。

黑部平
●くろべだいら

立山架空索道和黑部登山纜車的轉乘處。
從車站2樓的餐廳黑部平能環視後立山
連峰和タンボ平。

➡附錄 P.16

飲食 商店 展望台 廁所

黑部湖
●くろべこ

位在地下隧道內的黑部登山纜車車站。一
直到下一個轉乘處的黑部水壩站為止，都
是在堰堤上步行移動。需要約15分鐘。

➡附錄 P.14

飲食 商店 展望台 廁所

黑部水壩站
●くろべだむえき

以30分鐘的間隔在隧道內行駛的關電隧道
電氣巴士的車站。站內到水壩展望台之間
以220層階梯連接。

➡附錄 P.14

飲食 商店 展望台 廁所

長野縣一側的玄關口
扇澤站
●おうぎさわえき

1樓有售票處和路線巴士乘車處，
前往電氣巴士要在2樓剪票、3樓搭
車。除了早晨和傍晚，路線巴士和
電氣巴士的轉乘約10分鐘。

飲食 商店 展望台 廁所

標高 2316m ── 標高 1828m ── 標高 1455m ── 標高 1470m ── 赤沢岳 標高2678m ── 標高 1433m ── 標高 713m

大觀峰 ← 3 → 黑部平 ← 2 → 黑部湖 ─步行約15分─ 黑部水壩 ← 1 → 扇澤站 → 信濃大町站

黑部湖　關電隧道

③ 立山 架空索道
●たてやまろーぷうぇい

這種「無支柱式設計」是以風景為考量，連1根
支柱都沒使用，並以日本第一的長度而自豪。
2012年整修翻新，從大窗戶更能暢快欣賞標高
相差500m的景色。

大觀峰～黑部平

1.7km／7分／1300円

立山～彌陀原4月10日～11月30日、全線(立山～
扇澤)開通4月15日～11月30日

20分

大觀峰出發　8:10(首班車)／16:45(末班車)
黑部平出發　8:30(首班車)／16:45(末班車)

立山黑部觀光　☎076-432-2819

② 黑部 登山纜車
●くろべけーぶるかー

以自然保護和防止雪災為目的，日本唯一全線
行駛在地下的登山纜車。標高相差約400m，因
為行駛在最大坡度31度的斜坡上，所以車內設
計成階梯式。

黑部平～黑部湖

0.8km／5分／860円

立山～彌陀原4月10日～11月30日、全線(立山～
扇澤)開通4月15日～11月30日

20分

黑部平出發　8:30(首班車)／17:00(末班車)
黑部湖出發　8:10(首班車)／16:35(末班車)

立山黑部觀光　☎076-432-2819

① 關電隧道 電氣巴士
●かんでんとんねるでんきばす

行駛在黑部水壩建設時用於搬運資材而興建的
隧道。這是以環境為考量的電動巴士，特徵是
不會排放尾氣。取代營運至2018年的無軌電
車，從2019年開始行駛。

黑部水壩站～扇澤站

6.1km／16分／1540円

立山～彌陀原4月10日～11月30日、全線(立山～
扇澤)開通4月15日～11月30日

30分

黑部水壩站出發　8:05(首班車)／17:35(末班車)
黑澤站出發　7:30(首班車)／17:00(末班車)

くろよん総合予約センター　☎0261-22-0804

前往 扇澤站 的交通方式

➡本書P.99也有刊載

搭JR信濃大町站出發的
路線巴士約40分鐘。
●所需時間／距離／
40分／18km
●車資／1360円
●運行期間／
4月15日～11月30日
JR信濃大町站→扇澤
站　首班車7:10
扇澤站→JR信濃大町
站　末班車17:55
※季節有變動
●洽詢／
アルピコ交通長野營業所
☎026-254-6000
北アルプス交通
☎0261-22-0799

從長野自動車道安曇
野IC沿國道147號、
縣道45號約40km
●停車場／
免費350輛、收費350
輛(1天1000円～)
※繁忙期還有免費
停車場800輛

※時間和車資為2018年2月取材時的資訊。時間會依照運行時期而變動，因此請事先確認。繁忙時期也有其他時間的班次運行。

活用解決擁擠人潮和縮短時間的「予約WEBきっぷ」

立山站出發的室堂、大觀峰、黑部湖（來回）、扇澤（單程）都能在web購買。在當天立山站WEB車票窗口領取。申請期間等詳情見立山黑部阿爾卑斯山脈路線官方HP的「票價・車票」網頁。

折返觀光絕對以「往復乘車券」最為划算

若要折返觀光，推薦來回車票。若要從立山站往來黑部湖，來回只要2710円，相當划算。

搭JR很划算！「立山黑部阿爾卑斯套票」

以阿爾卑斯山脈路線的交通工具和來回JR車票為套組的折扣票。4月15日～11月30日之間為8天內可利用（不過，黃金週期間和盂蘭盆節不能使用）。詳情見本書P100。

車資一覽表
※成人單程車資（円）

	電鐵富山	立山站	美女平	彌陀原	室堂	大觀峰	黑部湖・黑部水壩	扇澤	信濃大町
信濃大町									1,360
扇澤								1,360	2,900
黑部湖・黑部水壩							1,540	2,400	3,760
大觀峰						1,300	2,160	3,700	5,060
室堂					860	3,460	4,320	5,860	7,220
彌陀原				810	2,970	4,270	5,130	6,670	8,030
美女平			1,090	1,710	3,870	5,170	6,030	7,570	8,930
立山站		720	1,810	2,430	4,590	5,890	6,750	8,290	9,650
電鐵富山	1,200	1,920	3,010	3,630	5,790	7,090	7,950	9,490	10,850

出發前CHECK! ☑

☑ **規劃行程可活用網路攝影機**
立山站～黑部湖之間的交通工具剪票口設置著網路攝影機，隨時轉播室堂等阿爾卑斯山脈路線的模樣。決定移動地點和時間等內容時很方便。

☑ **搭乘立山高原巴士的新型車輛吧**
在美女平～室堂之間行駛的巴士中，有座位上方鑲嵌整片玻璃且開放感十足的E-SORA「立山全景巴士」。一般費用＋500円就能飽覽壯闊的景色。事前預約制，中途不可下車。
￥ 單程3400円、來回6000円
☎ 076-432-2819（立山黑部觀光）

☑ **一口氣GO室堂！夏窒巴士**
從JR富山站南口出發，不必轉乘就能前往室堂的直達巴士，在7月中旬～8月下旬的每天及9月～10月上旬的週六、週日、假日為1～2班來回。事前預約制。
￥ 單程3400円、來回6000円
☎ 076-442-8122（富山地鐵票務中心）

室堂轉運站
●むろどうたーみなる

位在日本最高處的鐵道站站。1樓為高原巴士和立山隧道無軌電車的車站。2樓為立山飯店的入口，3樓能走到室外。

→附錄 P.18
飲食　商店　展望台　廁所

大觀峰
●だいかんぼう

1樓為立山隧道無軌電車和立山架空索道的車站。假日等旺季可能會產生等候時間，因此請保留寬裕的時間來制定行程。

→附錄 P.17
飲食　商店　展望台　廁所

立山站
●たてやまえき

1樓為富山地方鐵道的車站，2樓為立山登山纜車的搭乘處。搭富山地方鐵道抵達後，別忘記在售票廳取得立山登山纜車的時間指定券。

※若已在電鐵富山站購買阿爾卑斯山脈路線的通票，也可不印票。

飲食　商店　廁所

美女平
●びじょだいら

立山登山纜車和立山高原巴士的轉乘地點。立山高原巴士必須事先申報下車地點，因此請先規劃預定行程再搭乘吧。

→附錄 P.24
商店　展望台　廁所

立山
標高3015m

立山隧道

標高2450m

標高1930m

標高977m

標高475m

電鐵富山站　立山站　← 6 → 美女平　← 5 → 彌陀原　← 5 → 室堂　← 4 → 大觀峰

前往 **立山站** 的交通方式
→本書P.99也有刊載

從電鐵富山站搭乘富山地方鐵道約1小時
●所需時間・距離 / 1小時・34km
●車資 / 1200円
●運行期間 / 全年
電鐵富山站→立山站 首班車5:29
立山站→電鐵富山站 末班車21:30(假日21:26)
●洽詢 / 富山地方鐵道
☎ 076-432-3456

從北陸自動車道立山IC沿縣道6號約24km
●停車場 / 免費1000輛
繁忙時期還有免費停車場520輛

6 立山登山纜車
●たてやまけーぶるかー

2列登山纜車以吊掛方式行駛在平均斜度24度的陡峭斜坡上。車輛後面的貨台從前是用來裝載黑部水壩建設用的資材。

行駛場所	立山站～美女平
距離／時間／車資	1.3km／7分／720円
行駛期間 ※所有交通工具共通	立山～彌陀原4月10日～11月30日、全線(立山～扇澤)開通4月15日～11月30日
行駛間隔	20分
首班車・末班車	立山站出發 7:00(首班車)／15:00(末班車) 美女平出發 7:20(首班車)／17:20(末班車)
洽詢	**立山黑部觀光** ☎ 076-432-2819

5 立山高原巴士
●たてやまこうげんばす

行駛在美女平～室堂標高相差1500m的位置之間。車內廣播讓人更能享受飽覽窗外景色的樂趣，廣受好評。若要在彌陀原(→附錄P.22)和天狗平下車，請事先告知。

行駛場所	美女平～室堂轉運站
距離／時間／車資	23km／50分／1710円
行駛期間 ※所有交通工具共通	立山～彌陀原4月10日～11月30日、全線(立山～扇澤)開通4月15日～11月30日
行駛間隔	40分
首班車・末班車	美女平～彌陀原　美女平出發 7:40(首班車)／15:20(末班車) 彌陀原出發 8:15(首班車)／16:35(末班車) 彌陀原～室堂　彌陀原出發 8:10(首班車)／15:50(末班車) 室堂出發 8:00(首班車)／16:20(末班車)
洽詢	**立山黑部觀光** ☎ 076-432-2819

4 立山隧道無軌電車
●たてやまとんねるとろりーばす

此電車行駛在有日本最高處鐵道站的標高2450m處。隧道貫穿標高3003m的立山主峰・雄山的正下方，中間地點約700m的上方就是山頂。國內僅存此處有無軌電車運行。

行駛場所	室堂轉運站～大觀峰
距離／時間／車資	3.7km／10分／2160円
行駛期間 ※所有交通工具共通	立山～彌陀原4月10日～11月30日、全線(立山～扇澤)開通4月15日～11月30日
行駛間隔	30分
首班車・末班車	室堂出發 7:45(首班車)／16:30(末班車) 大觀峰出發 8:45(首班車)／16:00(末班車)
洽詢	**立山黑部觀光** ☎ 076-432-2819

有幫助的Q&A

下面為初次造訪阿爾卑斯山脈路線的你解答一些簡單的疑問！請當作行程規劃的參考吧。

住宿地點、用餐地點在哪裡？

住宿設施在室堂、彌陀原、天狗平這3個區域。類型從山林小屋到度假飯店一應俱全，因此請依照所在位置和喜好選擇吧。餐點在黑部湖站和美女平站以外的各站都能用餐，也有住宿所經營的餐飲設施。

Q. 所需時間多久？

A. 若要速遊就當日來回，若要盡情暢遊就住一晚

阿爾卑斯山脈路線光是穿越立山站～扇澤站之間就要大約3小時，包含散步等行程最少也需要8小時左右。因此住一晚最好，若無論如何都沒有時間，可以早一點出發或縮減目的地。在這種情況下，推薦能在路線最精彩的景點：室堂享受散步樂趣的來回路線。

Q. 交通費是多少錢？

A. 穿越整條路線為8290円（立山站～扇澤站的車資。若是電鐵富山站～信濃大町站則為10850円）。當然中途下車也OK。若從富山縣一側往黑部水壩、立山站～黑部湖站之間的費用來回為10790円。每個目的地都有設定詳細的費用，因此車資的詳情請以附錄P9為參考制定計畫吧。

Q. 人潮會有多擁擠？

A. 暑假和黃金週、紅葉時期要注意

開放期間總是人聲鼎沸，但是暑假、黃金週、紅葉時期等旺季也能預想到會特別擁擠。出發地點的立山站、扇澤站以9～11時為高峰，精彩景點聚集的室堂轉運站以13～15時為高峰。許多乘客使用的扇澤站～黑部水壩站的電氣巴士也可能會變成需要等候1～2小時。扇澤站和立山站的停車場在旺季也可能從上午就停滿車，因此希望制定時間充裕的計畫再出發。

Q. 收集資訊的方法是？

A. 出發前到官方網站查詢，在當地就到車站周邊的各大設施查詢

各官方網站（參照下述）的資訊都很充足完善。天候和交通工具的運行狀況、花卉的開花狀況都會隨時更新。在當地，位在室堂的立山自然保護中心和各車站、住宿設施也會傳播資訊。不懂的地方或不安的部分請於事前洽詢各相關機關。

Q. 怎麼決定路線才好？

A. 首先決定想做什麼

4～6月為雪原散步，6月中旬～8月為夏山登山，9～11月的暢遊方式則視紅葉和季節而異，因此請事先掌握合乎目的的路線吧。

4～6月為雪原散步，7月中旬～8月為高山植物觀察，7月下旬～8月為高山登山，9～11月為高山暢遊。

入口有2個。從哪一個入口進入都能前往所有景點，因此請以交通方便的那一側為起點。

A. 從長野側（扇澤站）進去嗎？從富山側（立山站）進去嗎？

A. 要穿越路線嗎？還是返回出發地呢？

若要穿越路線，就能巡遊全部景點。若要輕鬆暢遊，在目的地就折返，回程也會比較輕鬆。若選擇穿越路線，也能安排私家車的回送服務。

→附錄P.6

A. 縮減目標吧！

以阿爾卑斯山脈路線的網站（參照下述）上刊載的時間表為參考，決定出發時間。若要當天來回，請注意移動時間和末班車時間，並把目的地限定在1～2處。

Q. 手機能用嗎？

A. 若在車站附近大多能通訊

情況視天候狀況和手機通信公司而異，但是在室堂、大觀峰、黑部平、黑部水壩可以通訊，在美女平、彌陀原則不易通訊。

↓室堂轉運站連電波也整備完善

洽詢處 立山黑部貫光（立山站～黑部湖）☎076-432-2819
黑四綜合預約中心（黑部水壩～扇澤站）☎0261-22-0804

官方網站 立山黑部阿爾卑斯山脈路線官方導覽 http://www.alpen-route.com/
黑部水壩官方網站 http://www.kurobe-dam.com/

超優質行程

新手若猶豫不決就用這個！

立山黑部阿爾卑斯山脈路線的精彩景點豐富多樣。不過，有些人卻會煩惱「時間有限，不知道該怎麼遊覽才好」，下面提供掌握了必遊景點的範例行程。

2天1夜 穿越路線

這個超滿足行程充滿許多優點，能體驗全部的交通工具，還能盡情享受2個地方的健行。要搭乘大眾運輸工具前往扇澤站，從JR信濃大町站搭巴士約40分鐘。

第1天

7:00 東京／大阪／名古屋
→（關電隧道電氣巴士 16分）
12:30 START!! 扇澤站
→
13:00 黑部水壩參觀　附錄P.14

從堤堤眺望洩洪，親身體驗規模之大！

→（從黑部登山纜車 5分）
15:00 搭立山架空索道 空中散步　附錄P.17

搭乘空中纜車，享受一段空中散步的時間吧

→（從大觀峰搭立山隧道無軌電車10分）
16:00 在室堂轉運站 挑選伴手禮　附錄P.18
→
住宿　附錄P.26～P.27

第2天

9:30 在室堂平（御庫裏池）散步　附錄P.20

倒映在湖面上的「顛倒立山連峰」也是樂趣之一

→（立山高原巴士 15分）
12:00 在彌陀原的濕原健行　附錄P.22

能輕鬆散步的路線整備完善

→（立山高原巴士 35分）
14:30 在美女杉充電　附錄P.24
→（立山登山纜車 7分）
16:00 GOAL!! 立山站
→
22:00 東京／大阪／名古屋

當日來回 輕鬆路線

這個行程即使是快速遊覽，也能確實掌握了阿爾卑斯山脈的魅力。依照出發地決定入口，觀光後再回到去程時的道路。以經典景點為中心暢遊吧。

若從大阪·名古屋就走這邊！ 富山縣側

若從大阪造訪，就以交通方便的立山站為起點。也能順路前往彌陀原和美女平。

9:40 START!! 立山站
→（立山登山纜車 7分）
9:50 美女平　附錄P.24

只要一邊做森林浴一邊散步，似乎也能期待放鬆的效果！

→（立山高原巴士 25分）
10:20 在彌陀原的濕原健行　附錄P.22

在高山植物的寶庫被可愛的姿態療癒吧

→（立山高原巴士 25分）
12:40 室堂散步　附錄P.18

欣賞以立山連峰為中心的宏偉景色吧

→（搭立山高原巴士、立山登山纜車返回相同道路 1小時25分）
17:00 GOAL!! 立山站

若從東京·名古屋就走這邊！ 長野縣側

從東京出發，長野縣一側的交通會比較方便，因此若要當天來回，就利用扇澤站吧。

9:00 START!! 扇澤站
→（關電隧道電氣巴士 16分）
9:20 黑部水壩參觀　附錄P.14

搭乘遊覽船Garve從黑部湖上眺望風景，也別具一番風情

→（黑部登山纜車 5分、從黑部平站搭立山架空索道 7分）
11:30 大觀峰　附錄P.17

後立山連峰和黑部湖交織出的景色會迎接遊客

→（立山隧道無軌電車 10分）
12:40 室堂散步　附錄P.18

室堂散步

立山黑部阿爾卑斯山脈路線的一大據點；室堂務必要去造訪

→（搭立山隧道無軌電車、立山架空索道、黑部登山纜車、關電隧道電氣巴士返回相同道路 2小時）
16:30 GOAL!! 扇澤站

活動和精彩之處一目瞭然
季節行事曆

阿爾卑斯山脈路線的標高相差很大，四季各自會展現不同的表情。
暢遊方式依照造訪季節也是豐富多樣，因此請確認季節月曆再制定計畫吧。

7月	6月	5月	4月	月
		阿爾卑斯山脈路線全線開通4/15 ●		開通期間・活動
	立山站〜彌陀原	阿爾卑斯山脈路線部分開通4/10 ●		
	立山夏山開放7/1（預定）			
			室堂是阿爾卑斯山脈路線的最高處，同時也是一處觀光據點→附錄P.18	
稱名瀑布探勝巴士運行4月下旬〜11/10（預定）				
14℃	11℃	9℃	2℃	平均氣溫（室堂）
27.3℃	22℃	20℃	14.7℃	平均氣溫（東京）
長袖襯衫、薄毛衣、刷毛外套、風衣		長袖襯衫、毛衣、刷毛外套、冬季外套		基本服裝（室堂）
● 立山登山 無雪期 7月中旬〜9月中旬				山岳的精彩景點（雄山3003m等）
		雪之大谷（室堂）4/15〜6/22		標高2000m台地的精彩景點 室堂2450m、大觀峰2316m等
雪之大谷能在高度將近20m的雪壁之間行走，十分壯觀→附錄P.4	春季滑雪（室堂）4/15〜5月			
		雪上散步 4/15〜6月下旬		
	雷鳥觀察 5月下旬〜7月上旬			
		越野滑雪、雪上散步（彌陀原）4月上旬〜6月上旬		標高1000m台地後半的精彩景點 彌陀原1930m、黑部平1828m等
	鳥類觀察（美女平）5月〜6月			標高1000m台地前半的精彩景點 黑部湖1455m、黑部水壩1470m、美女平977m等
也很推薦觀察美女平的森林鳥類→附錄P.24	森林浴（美女平）5月			
	ブナ坂的新綠 5月〜6月			

※平均氣溫（室堂）為2013〜2017年的平均值（各月中旬下午3時的時候）

秋

白天依照天候狀況也可能突然變冷，因此請攜帶容易穿脫的高保暖性運動服，褲子請準備厚的款式。

夏

即使是盛夏也要預防著涼，因此務必事先準備長袖襯衫。這也能發揮預防紫外線和防止蚊蟲叮咬的功效。褲子請準備具有彈性、速乾性又容易活動的款式。預防陽光強烈照射的帽子請盡量選擇帽簷大的款式。

春

必備上衣和毛衣等防寒衣物。因為雪的關係，陽光會強烈反射，所以也請攜帶帽子和墨鏡。

Question

推薦哪個季節前往？

A. 推薦夏天！雪景和秋天的紅葉也很受歡迎

阿爾卑斯山脈路線開通期間的任何時候都能暢遊，不過最推薦的是7～8月，不僅在氣溫15度以下可以舒適度過，連高山植物都將迎來最精彩的時期。能看見雪之大谷的4月、群山彩繪成紅色和黃色的9～11月紅葉季，都想造訪一次看看。

A. 各個季節的服裝重點

阿爾卑斯山脈路線能相繼轉搭交通工具輕鬆前往。不過，請留意路線內是標高很高的山岳地帶。早晚的冷熱溫差很劇烈，天候也容易改變，因此重疊穿著容易穿脫的上衣為佳。

注意這裡！服裝挑選

預防氣溫和氣候的變化，採用洋蔥式穿搭等方式調整！

路線內是日本數一數二的山岳地帶。因此氣溫比平地低12～13度左右，天氣也容易驟變。再加上紫外線很強，因此盛夏也要穿著長袖，並且務必攜帶容易穿脫的上衣。

衣物
為了能夠調節溫度，務必帶容易穿脫的上衣

帽子
務必選擇有帽簷的款式。最好是連後頸都能保護的類型

襯衫‧內搭衣
準備不會讓身體因汗液而變冷的速乾款式、吸濕且防寒性高的類型

背包
行李全部裝入後背型的背包中，讓雙手能夠使用。

褲子
有彈性且方便活動的款式。運動褲濕掉就不容易乾，因此要避開不選

鞋子
鞋底厚的運動鞋或健行鞋。襪子選擇厚款

攝影協助：Columbia ☎0120-193-821
columbiasports.co.jp

攜帶物品確認清單 ☑

行李放入背包後，就來確認吧
一年四季都需要防曬乳。雨具也能變成防寒用具，因此別忘記帶著前往。

□ 飲品‧水壺
（若是空瓶，也能帶回湧水）
□ 地圖‧導覽書
□ 毛巾
□ 垃圾袋
□ 隨身糧

□ 雨具
（附雨帽的兩件式為佳）
□ 防曬乳
□ 帽子
□ 望遠鏡

若行李增加…隨身行李回送服務

幫忙把隨身行李送回阿爾卑斯山脈路線內或周邊住宿，讓遊客能輕鬆享受阿爾卑斯山脈路線的觀光。期間為4月15日～11月10日（預定）。電鐵富山站、立山站、JR信濃大町站皆有受理。

行程規劃導覽④ 活動和精彩之處一目瞭然季節行事曆

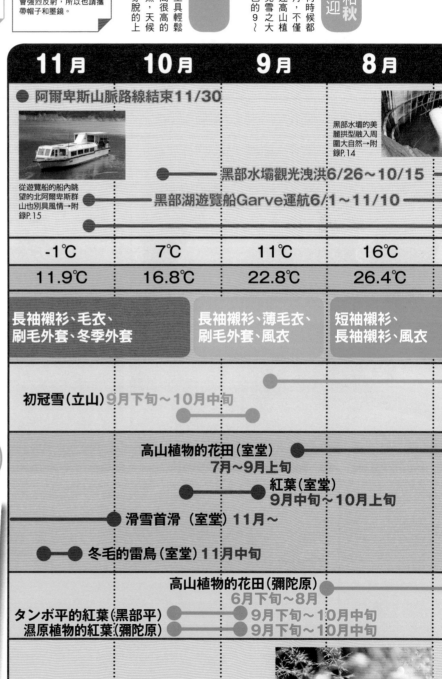

11月	10月	9月	8月
阿爾卑斯山脈路線結束11/30			黑部水壩的美麗拱型融入周圍大自然→附錄P.14
從遊覽船的船內眺望的北阿爾卑斯群山也別具風情→附錄P.15	黑部水壩觀光洩洪6/26～10/15		
	黑部湖遊覽船Garve運航6/1～11/10		
-1℃	7℃	11℃	16℃
11.9℃	16.8℃	22.8℃	26.4℃
長袖襯衫、毛衣、刷毛外套、冬季外套		長袖襯衫、薄毛衣、刷毛外套、風衣	短袖襯衫、長袖襯衫、風衣

初冠雪（立山）9月下旬～10月中旬

高山植物的花田（室堂）7月～9月上旬

紅葉（室堂）9月中旬～10月上旬

滑雪首滑（室堂）11月～

冬毛的雷鳥（室堂）11月中旬

高山植物的花田（彌陀原）6月下旬～8月

タンボ平的紅葉（黑部平）9月下旬～10月中旬
濕原植物的紅葉（彌陀原）9月下旬～10月中旬

紅葉（美女平）10月下旬～11月上旬

与眾不同的震撼力！日本屈指可數的巨大水壩

黑部水壩

標高
黑部水壩站 **1470**m
黑部湖站 **1455**m

精彩部分

日本第一！高 186m

黑部水壩

每秒 **10～15** 噸！

廣域圖在 MAP 附錄P16

黑部水壩‧黑部湖站ＤＡＴＡ

【黑部水壩站】　餐廳…有　商店…1
廁所…3　投幣式置物櫃…有
【黑部湖站】　餐廳…無　商店…無
廁所…1　投幣式置物櫃…無

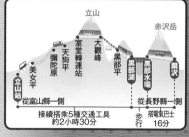

立山　　　　　　　　赤沢岳

室堂轉連站　大觀峰
天狗平　　　黑部平
彌陀原　　　黑部湖　黑部水壩　鼻
美女平　　　　　　　　　　　　沢
立山站

從富山縣一側　　　　從長野縣一側

接續搭乘5種交通工具　　步行　搭電氣巴士
約2小時30分　　　　　　　　　　16分

是這樣的地方

關西電力的水力發電專用水壩。以和發電所名稱（黑部川第四發電所）有關的通稱「黑四」廣為人知。堰堤為186m高、492m長，總蓄水量為日本最高等級的2億㎥，並以全球數一數二的規模而自豪。從堰堤眺望的碧綠色黑部湖和豪放的洩洪是最精彩的地方。

從富山縣側
從富山地方鐵道立山站接續搭乘立山登山纜車、立山高原巴士、立山隧道無軌電車、立山架空索道、黑部登山纜車約2小時30分，黑部湖站下車，步行5分

交通方式

從長野縣側
從扇澤站搭關電隧道電氣巴士16分，黑部ダム站下車，步行5分

黑部水壩歷史

從昭和31（1956）年開始的黑部水壩建設。其目的是為了解決伴隨戰後急速經濟發展的嚴重電力不足。工程以不讓人靠近的大自然為對手，施工極為困難，甚至困出下水和土砂流出等狀況而導致寶貴生命消逝，於是有一段時間不得不中斷工程，最後總計花費7年歲月和總工程費513億日圓、1000萬人的人手，才終於在昭和38（1963）年完工。這個戰後最大的工程作為「世紀的大事業」被改編為電影，至今仍深刻地留在人們的記憶中。

殉職者慰靈碑上雕刻著在水壩建設中死亡的171位殉職者。述說工程的困難

氣勢磅礴地傾瀉而下
觀光洩洪

觀光洩洪在6月26日～10月15日期間舉行，每日都能夠參觀每秒10～15噸的水伴隨轟隆聲傾瀉而下的模樣。從水壩堰堤、新展望廣場、水壩展望台等各式各樣的角度參觀洩洪吧。洩洪時間視時期而異，因此請事先確認！

○6月26日～7月31日
　6:00～17:30
○8月1日～9月10日
　6:30～17:00
○9月11日～10月15日
　7:00～16:30

※也有視天候狀況而中止的情況

黑四紀念室（3F）
黑部ダムレストハウス　Ｄ

水壩展望台 Ｅ

Ａ　黑部湖遊覽船 Garve

殉職者慰靈碑

黑部湖

關電隧道電氣巴士
黑部水壩站

湧水

水壩堰堤 Ｃ

黑部登山纜車
黑部湖站

ふぉっとダム Ｂ

彩虹露臺
新展望広場

Ⓐ 黑部湖遊覽船 Garve

●くろべゆうらんせんがるべ

用 30分鐘遊覽位在日本第一高處的湖泊・黑部湖，滿水時湖面高度會變成標高1448m。周圍遍布原生林，往上看就能飽覽北阿爾卑斯山脈迫近而來的湖上特有景色。

☎ 0261-22-0804
（黑四綜合預約中心）
🕐 6月1日～11月10日、9:00～15:00（視時期而變動）的期間大約每40分鐘運航。天候惡劣時停航 ¥1080円 🚃 黑部水壩站步行25分

MAP 附錄P14

←天花板的一部分鑲嵌著玻璃，從船艏也能眺望景色

黑部湖

↑從黑部湖站步行5分鐘的寒波谷碼頭出航

Ⓒ 水壩堰堤

●だむえんてい

以 2億m³儲水量而自豪的黑部水壩。為了攔截水而興建的拱形堤防上面已成為連接黑部水壩站和黑部湖站的步道，能從正上方眺望觀光洩洪。

☎ 0261-22-0804
（黑四綜合預約中心）
🈚 自由參觀

MAP 附錄P14

➡寬8.1m、全長492m，能近距離感受觀光洩洪的震撼力。關電隧道電氣巴士黑部水壩站～黑部登山纜車黑部湖站要從水壩堰堤步行15分

Ⓑ ふぉっとダム

能 以黑部水壩和洩洪為背景拍攝紀念照。位在黑部水壩和新展望台這2處，A4尺寸（含對摺襯紙）1200円。也能傳送圖片到手機，在黑部ダムレストハウス1樓的飲品區受理服務。

☎ 0261-22-0804
（黑四綜合預約中心）
🕐 9:00～16:00 🈺 4月下旬～11月上旬營業、期間中無休

MAP 附錄P14

↑從操作箱遠端操作相機拍照

Ⓔ 水壩展望台

●だむてんぼうだい

從 黑部水壩站直通或是爬上設置在戶外的樓梯後，映入眼簾的就是標高1508m的展望台。位在水壩周邊的最高處，能一望水壩的全景。展望台下面是鑲嵌著玻璃的休憩所。

☎ 0261-22-0804
（黑四綜合預約中心）
🈚 自由參觀

MAP 附錄P14

←也能眺望立山連峰的雄姿

↑從曾為困難工程的關電隧道破碎帶湧出的黑部湧水似乎能滋潤喉嚨

Ⓓ 黑部ダム レストハウス

●くろべだむれすとはうす

這 棟3層樓的建築物位在黑部水壩站一側的堰堤旁邊。伴手禮齊全的商店和販售輕食的飲品區、餐廳齊聚一堂。

☎ 080-2105-4886
🕐 4月15日～11月30日 7:30～17:00（商店）（視時期而異）
🈺 期間中無休

MAP 附錄P14

←能用餐、休息、購物的黑部水壩觀光據點

黑部水壩限定 必吃★美食

黑部水壩咖哩
1080円
模仿水壩造型的名產咖哩。添加菠菜醬的咖哩醬呈現出湖面的色調

黑部水壩拉麵
930円
特徵是會聯想起水壩湖的高湯顏色。添加菠菜醬的鹽味基底帶著清爽口感

小朋友水壩咖哩
880円
在辣度適中的咖哩醬上裝飾著作為遊覽船的炸雞塊。大人也能點餐

ダムダムくん霜淇淋
450円
以黑部水壩的吉祥物「ダムダムくん」為主題

樹莓霜淇淋
350円
濃厚牛奶和清爽樹莓風味的比例搭配合宜，讓人吃了還想再吃

★在這裡可以吃到喔！★
Ⓓ 黑部ダムレストハウス
1樓飲品區、2樓餐廳
🕐 9:00～15:00（視時期而異）
MAP 附錄P14

標高 1828m

仰望立山連峰和後立山連峰

黑部平

MAP 附錄P16

黑部平站DATA
餐廳⋯有　商店⋯1　廁所⋯2
投幣式置物櫃⋯無

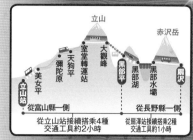

立山

赤沢岳

大觀峰
室堂轉運站
天狗平
彌陀原
黑部平
黑部水壩
鳴沢
美女平
立山站 從富山縣一側
黑部湖
從長野縣一側

從立山站接續搭乘4種
交通工具約2小時

從扇澤站接續搭乘2種
交通工具約1小時

是這樣的地方

從黑部湖出發的黑部登山纜車和接續前往大觀峰的立山架空索道的中繼站。作為登山纜車的車站座落在標高日本第一的高處，富山一側能眺望立山連峰，長野一側能眺望後立山連峰。車站前有庭園和湧水，在轉搭的空閒時間也能享受散步樂趣。

從富山縣側
從立山站接連搭乘立山登山纜車、立山高原巴士、立山隧道無軌電車、立山架空索道約2小時，黑部平下車。

從長野縣側
從扇澤站接連搭乘關電隧道電氣巴士、黑部登山纜車約1小時，黑部平下車。

交通方式

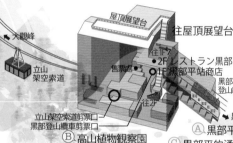

屋頂展望台

往屋頂展望台

立山架空索道

往1F
●2Fレストラン黑部平
●1F黑部平站商店
售票處
往2F

黑部登山纜車

立山架空索道剪票口
黑部登山纜車剪票口
Ⓑ 高山植物觀察園

黑部湖站

Ⓐ 黑部平庭園
Ⓒ 黑部平的湧水

Ⓐ 黑部平庭園

●くろべだいらていえん

車 站前整備完善的小庭園。正面能仰望的立山連峰全景也很秀麗，能飽覽峽谷的自然景觀。

自由參觀、免費　MAP 附錄P16

Ⓒ 黑部平的湧水

●くろべだいらのゆうすい

走 出車站，映入眼簾的是刻著「黑部平」之名的石碑。旁邊成為飲水處，在夏天也能飲用冰涼的湧水。

自由參觀、免費　MAP P.16

↑已成為旅人的療癒景點

Ⓑ 高山植物觀察園

●こうざんしょくぶつかんさつえん

興 建在黑部平庭園一角、大觀峰一側的高山植物園。種植約100種花卉，可愛的姿態能讓人度過舒適的時光。

自由參觀、免費　MAP P.16

黑部平步道路線
0　500m

附錄P.16
黑部四記念館 附錄P.15·30
高山植物觀察園
黑部平庭園 附錄P.16
黑部ダムレストハウス 附錄P.15·30
黑部登山纜車
START
レストラン黑部平 附錄P.16
黑部站商店 附錄P.16
立山架空索道 附錄P.5
GOAL 黑部水壩 附錄P.2·14
黑部湖遊覽船Garve 附錄P.15
かんば谷橋
道路鋪設完善，方便行走
日本山毛櫸、日本冷杉、大白時冷杉北五葉松聚集的樹林帶
ロッジくろよん
周邊圖 附錄P.19

立山黑色霜淇淋 [400円]

黑部平站限定的霜淇淋為苦巧克力風味的成人口味。也推薦和香草混合的口味

★在這裡可以吃到喔!★
黑部平站商店

在轉乘的空閒時間能快速品嘗的輕食一應俱全。

076-463-5196
(立山黑部貫光)
4月15日~11月下旬、8:00~17:30
(販售立山黑色霜淇淋的味覺區為~16:00)　休期間中無休　所黑部站內
MAP 附錄P16

黑部平限定
必吃★美食

雪之大谷咖哩 [1350円]

這道牛肉咖哩是把米飯想像成白色雪壁，把白蝦炸什錦想像成行駛在雪之大谷的高原巴士

★在這裡可以吃到喔!★
レストラン黑部平

位在車站2樓，能一邊眺望著立山群峰一邊用餐。

076-463-5231
4月15日~11月下旬、10:00~14:00(LO13:30)　休期間中無休　所黑部站內
MAP 附錄P16

黑部源流套餐 [1650円]

這份飽足十足的菜單是以夏天也能選擇冷麵的冰見烏龍麵、迷你白蝦炸什錦蓋飯為套餐

後立山連峰

標高 2316m

黑部湖

廣域圖在 MAP 附錄P19

阿爾卑斯山脈路線首屈一指的絕景一望無際

大觀峰

車站導覽

大觀峰站DATA

餐廳…有　商店…2　廁所…2
投幣式置物櫃…無

立山　赤沢岳

立山
室堂轉運站
天狗平
彌陀原
大觀峰
黑部平
黑部湖
黑部水壩
黑沢
美女平
立山站

從富山縣一側　　從長野縣一側

從立山站接續搭乘3種　從扇澤站接續搭乘3種
交通工具約1小時35分　交通工具約1小時20分

是這樣的地方

用直升機運送資材到前人未達之地興建而成的車站。宛如貼著岩石聳立在立山連峰的東側絕壁，正面能眺望後立山連峰和碧綠的黑部湖，往下能俯瞰廣葉樹覆蓋的タンボ平。秋季的紅葉也是秀麗宜人。

交通方式

從富山縣側
從立山站接續搭乘立山登山纜車、立山高原巴士、立山隧道無軌電車約1小時35分，大觀峰下車。

從長野縣側
從扇澤站接續搭乘關電隧道電氣巴士、黑部登山纜車、立山架空索道約1小時20分，大觀峰下車。

車站導覽 黑部平 大觀峰

Ⓐ 大觀峰雲上露台

展望露台
往1F
2F 大觀峰站商店
源七
往2F
1F 大觀峰站商店
立山隧道
無軌電車剪票口
立山架空索道剪票口

Ⓑ タンボ平
立山架空索道
黑部平

Ⓐ 大觀峰雲上露台

●だいかんぼううんじょうてらす

這處車站屋頂的展望空間能一望後立山連峰和黑部湖。有椅子和桌子，能飽覽秀麗宜人的景色。

自由參觀　MAP 附錄P17

↑不禁想按下快門的景色接連不斷

←開放感十足。也推薦當作休憩場所

Ⓑ タンボ平

●たんぼだいら

號稱阿爾卑斯山脈路線內紅葉最美的地方，能從立山架空索道俯瞰。精彩時期為10月上旬。

自由參觀
MAP 附錄P17

和「鋪滿錦緞地毯」這句話相符的秋季景色

只尤許住宿者觀賞的絕景

觀賞日出吧

阿爾卑斯山脈路線的公共運輸在清晨沒有運行，因此觀賞日出是住在山上的人才有的特權。立山飯店（→附錄P.26）會舉辦能在大觀峰站眺望日出的房客限定巴士遊程，因此需要確認。（需預約，詳情請洽立山飯店☎076-463-3345）

大觀峰限定 必吃★美食

魚津日本鳳螺糯米飯糰2顆裝
500円

添加在魚津捕撈的新鮮日本鳳螺的新商品。嚼勁十足的口感和海洋香氣讓人口水直流

五平餅
300円

100%使用富山縣產的糯米。甜辣醬料的懷舊口味會讓人吃上癮

★在這裡可以吃到喔！★

源七 ●げんしち

能用吃點心的感覺品嘗蒸番薯和麻糬、和菓子等美食，種類豐富齊全。

☎076-463-5144
4月15日～11月下旬、8:00～16:30 期間中無休
大觀峰站內
MAP 附錄P17

標高 2450m

精彩部分

室堂轉運站

位在阿爾卑斯山脈路線最高處的觀光據點

廣域圖在 MAP 附錄P20

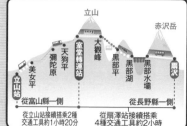

室堂轉運站DATA

餐廳…有　商店…2　廁所…3
投幣式置物櫃…有

立山　大觀峰　赤沢岳

天狗平　室堂轉運站　黑部平　黑部水壩　關
彌陀原　　　　　　黑部湖　　　　　　　沢
美女平
立山站

從富山縣一側　　　　　　從長野縣一側

從立山站接續搭乘2種　　從扇澤站接續搭乘
交通工具約1小時20分　　4種交通工具約2小時

是這樣的地方

在立山黑部阿爾卑斯山脈路線中標高最高，並以位在日本最高處的鐵道站而聞名。不僅是能享受觀光和健行的室堂玄關口，車站內還有餐廳和商店、郵局，而且還鄰接立山飯店，設施豐富充實的模樣讓人不會想到是在山上。

交通方式

從富山縣側
從立山站接續搭乘立山登山纜車、立山高原巴士約1小時20分，室堂轉運站下車。

從長野縣側
從扇澤站接續搭乘關電隧道電氣巴士、黑部登山纜車、立山架空索道、立山無軌電車約2小時，室堂轉運站下車。

屋頂　立山玉殿の湧水
屋頂展望台

2F　レストラン立山

商店區

1F
TEA LOUNGE RINDO
立山隧道無軌電車月台
立山自然保護中心

售票處
團體整理窗口　投幣式置物櫃
綜合服務處
高原巴士月台

投幣式置物櫃
立山山頂簡易郵局
更衣室　味覺通　商店區　等候室

Ⓐ 立山自然保護中心

●たてやましぜんほごせんたー

用影片和語音導覽、看板簡單易懂地介紹雷鳥和白鼬的生態、立山的大自然和歷史等資訊。

☎076-463-5401
🕙8:30～17:00、4月15日～11月15日開館(預定)　休期間中無休
💴免費入館

MAP 附錄P20

能從各種角度瞭解立山的相關資訊

Ⓑ 立山山頂簡易郵局

●たてやまさんちょうかんいゆうびんきょく

紀念郵票和立山相關明信片等商品豐富齊全。也受理郵件業務，在這裡投入郵筒的郵件會蓋上原創的郵戳。

☎076-463-3439
🕙9:30～14:00(有季節性變動)、5月1日～11月5日
休期間中無休

MAP 附錄P18

←若要贈送旅行的紀念品，推薦以木板製成的立山木頭明信片(500円～含運費)

Ⓒ TEA LOUNGE RINDO

2F

●ティーラウンジ りんどう

立山飯店內。喝一杯使用立山湧水低溫萃取的冰滴咖啡(800円)稍作休息。在11～13時30分的午餐時間，咖哩(1400円)也廣受歡迎。

☎076-463-3345(立山飯店)
🕙9:00～17:30(LO17:00)、4月15日～11月29日
休期間中無休　MAP 附錄18

附黑部水壩戚風蛋糕和冰滴咖啡的套餐1300円

Ⓓ レストラン立山

2F

●れすとらんたてやま

阿爾卑斯山脈路線上最大規模的餐廳。使用白蝦和冰見烏龍麵、富山豬等縣產食材的菜單豐富多樣。

☎076-463-3345(立山飯店)
🕙10:00～14:00(LO13:30)、4月15日～11月30日
休期間中無休　MAP 附錄18

放滿酥脆油炸白蝦的白蝦唐揚蓋飯定食1750円

Ⓔ 立山そば

1F

●たてやまそば

想在短時間內吃完飯的時候，這個站著吃的專區很方便。店前販售的立山黑部名水PORK豬肉饅頭(370円)也是秘密的人氣商品。

☎076-463-3345(立山飯店)
🕙8:30～15:00(有季節性變動)、4月15日～11月上旬　休期間中無休　MAP 附錄18

添加富山名產白蝦炸什錦的白蝦炸什錦蕎麥麵950円

健行導覽　用自己雙腳旅行的雲上樂園
在阿爾卑斯山脈路線步行

若要更加享受阿爾卑斯山脈路線的樂趣，肯定會想體驗能近距離感覺的大自然健行。
適合新手的路線也豐富多樣，因此請務必挑戰看看。

和自然主義者一起步行吧

此行程是跟著富山縣認證的自然主義者的導覽在周邊散步，在彌陀原和室堂1天舉辦數次。他們會教導植物名稱和雷鳥住處等知識，因此似乎能有更多發現。

彌陀原在弥陀ヶ原巴士站前受理申請，室堂在立山自然保護中心受理申請

一邊散步一邊導覽立山的精彩之處。對大自然的瞭解也會更加深入

也有新手都能暢遊的散步般路線

備有許多新手也能暢遊的路線。推薦道路平坦且整備完善的路線。一邊散步，一邊親身體驗山林景色和四季的風景吧。

事先瞭解健行時的注意事項和山林規則吧

即使是適合新手的路線，對手也是大自然。一開始請制定不會超出身負荷的時間表吧。裝備要準備齊全以防萬一，請攜帶巧克力和糖果等甜食行走，以作為體力用盡時的隨身糧。

開始步行走之後，請時常休息，以便確保身體狀況。基本上為1小時休息5～10分鐘左右。休息過度會造成身體變冷，因此可以把時間適當分割。嚴禁採摘花草等植物。垃圾全部帶回家也是山林的禮儀。

在絕美的景色中沿著木道前進　彌陀原路線

(初級) 繞內圈 約40分

此濕原留存著珍貴的自然景觀，已登進《拉姆薩公約》。步道整備完善，7～8月能看見白毛羊鬍子草的白色綿毛群生。
➡附錄P.22
秋天也能看見群樹染成紅色和黃色的秀麗紅葉。

眺望岩石表面荒漠的地獄谷　雷鳥澤來回路線

(初級) 來回約2小時30分

從繞御庫裏池一圈路線走遠一點的道路。途中能遠眺目前禁止進入的地獄谷荒涼景色。
➡附錄P.21
在有適當高低起伏的石道上前進

（地圖）

材木坂路線
立山駅
立山收費道路
桂台
ブナ平・悪城の壁
木道
滝見台
下ノ小平
美女平
立山ケーブルカー
1414.8△
上ノ小平
木道
八郎坂路線
弘法
常願寺川
富山市
立山砂防工事專用軌道
美女平步道路線 附錄P.24
富山縣立山破火山口砂防博物館
お食事＆喫茶 あおき 附錄P.29
立山站商店 附錄P.30
周邊圖 本書P.94

ブナ平・稱名瀑布展望線
稱名瀑布路線附錄P.25
稱名滝
称名川
大日平
稱名滝
彌陀原
法山
七曲・追分線
木道
松尾峠展望台環繞路線
彌陀原步道路線 附錄P.23
弥陀ヶ原
松尾峠
立山町
立山破火山口

天狗平水道路線
附錄P.27 天狗平山莊
獅子ヶ鼻岩
不動滝
ガキの田
天狗平
國見岳
天狗平
立山破火山口展望台路線
室堂山展望台路線
室堂山
雄山登山路線 附錄P.21
淨土山
雄山

上市町
ツバクロ滝
地獄谷
WC
室堂
室堂

雷鳥澤來回路線 附錄P.20
室堂平・御庫裏池環繞路線 附錄P.20
源七 附錄P.17
大觀峰站商店 附錄P.30
大觀峰雲上露台
大觀峰
立山架空索道
黑部登山纜車
タンボ平 附錄P.17
黑部平
黑部湖
黑部平步道路線 附錄P.16
黑部水壩
黑部湖

1700
2023
丸山
2048
2999
富士ノ折立
2999
大汝山
3015
3003
雄山
2831
2620.9
2991.6

🅿停車場　展望台　高原巴士路線　只可上車
導覽看板　廁所　收費道路　只能下車
0　　1km
富山市

森林浴也能放鬆心情　美女平路線

(初級) 內圈約1小時

立山杉的森林和日本山毛櫸遍布，約60種野鳥棲息。群樹之間有散步道，能享受森林浴和健行的樂趣。
➡附錄P.24
在清澈的空氣和廣葉樹之間的森林中療癒身心吧

以高度落差日本第一的瀑布為目標　稱名瀑布路線

(初級) 來回約1小時

此路線是探訪稱名川的溪谷美景和高低落差350m的知名瀑布。4～6月能看見在融化雪水充沛的時期才會出現的夢幻赤楊瀑布。
➡附錄P.25
能近距離參觀，近到能感覺水花噴濺

路線中最受歡迎的路線　室堂平・御庫裏池環繞路線

(初級) 1圈約1小時

宛如鏡子般漂亮的御庫裏池和綠池、血池等精彩景點也是豐富多樣。夏天也能遇見許多高山植物。
➡附錄P.20
蔚藍的湖面倒映著立山連峰的御庫裏池

立山三山

連綿不絕的群山和湛藍湖面
大自然的造形之美讓人感動！

室堂平・御庫裏池環繞路線

等級	初級 ★
需要	約1小時

START

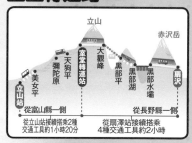

健行導覽 ①

室堂轉運站出發

立山 赤沢岳
立山站 美女平 弥陀原 天狗平 室堂轉運站 大觀峰 黑部平 黑部湖 黑部水壩 扇沢

從富山縣一側　　　　　從長野縣一側
從立山站接續搭乘2種　從扇澤站接續搭乘
交通工具約1小時20分　4種交通工具約2小時

是這樣的地方

室堂平是有雄山、大汝山、富山折立的立山迫近眼前的高原。以室堂轉運站為起點的步道整備完善，從輕鬆散步的路線到前往雄山山頂的正式登山等各種健行都能暢遊。在四季更迭的風景中，飽覽雲上的世外桃源吧。

交通方式

從富山縣側
從立山站接續搭乘立山登山纜車、立山高原巴士約1小時20分，室堂轉運站下車。

從長野縣側
從扇澤站接續搭乘關電隧道電氣巴士、黑部登山纜車、立山架空索道、立山隧道無軌電車約2小時，室堂轉運站下車。

路線一覽表

START　室堂轉運站
↓20分
① 御庫裏池展望台
↓10分
② 綠池
↓15分
③ 立山室堂
↓20分
④ 立山玉殿的湧水
↓即到
GOAL ⑤ 室堂轉運站

是這樣的路線
石板步道整備完善，即使沒有健行的特殊裝備，也能輕鬆暢遊。御庫裏池周邊階梯很多，有高低落差，因此請小心行進。

---

① 御庫裏池展望台

●みくりがいけてんぼうだい

大約1萬年前的火山噴發活動形成的火山口湖。這座湖泊的尺寸相對較小，周長630m、水深約15m，在湖畔茂密生長的偃松已成為雷鳥的棲息區域。如果運氣好，也許能遇見雷鳥。

MAP 附錄P20

↑尋找雷鳥吧！

地圖區域

室堂平・御庫裏池環繞路線
雷鳥澤來回路線
0　　　500m

周邊圖 附錄P.19

ロッジ立山連峰
雷鳥澤ヒュッテ
雷鳥澤 附錄P.21
野營場管理所

從雷鳥沢ヒュッテ旁往龍膽池方向連綿著一條上行的長石階

地獄谷
附錄P.27 雷鳥莊旅館

通往地獄谷的路線在2018年2月時禁止進入。（禁止區域有變更的可能）

地獄谷的觀景處在這裡
雷鳥澤來回路線

龍膽湖

附錄P.21
閻魔台

如果運氣好，也許能遇見雷鳥

血の池

附錄P.27 御庫裏池溫泉
和地獄谷的岔口

附錄P.20 御庫裏池展望台
附錄P.18 立山山頂簡易郵局
附錄P.30 室堂轉運站商店
附錄P.18 TEA LOUNGE RINDO
附錄P.18 立山そば
附錄P.18 レストラン立山

① 御庫裏池 附錄P.20
② 綠池 附錄P.20

室堂平・御庫裏池環繞路線

室堂平廣場
室堂平

往天狗平

室堂轉運站

⑤ ④ 立山玉殿的湧水

③ 立山室堂 附錄P.20
玉殿的岩屋
立山隧道
無軌電車

立山自然保護中心 附錄P.21

夏天會變成整片花田

雪之大谷 WALK 附錄P.4

立山有料道路

START & GOAL 室堂 附錄P.18・32

立山室堂山莊 附錄P.21

---

③ 立山室堂

●たてやまむろどう

日本最古老的木造山林小屋。作為到雄山山頂的雄山神社參拜的人的住宿，相傳是江戶中期興建。目前內部展示著立山信仰和室堂相關的資料。

☎076-463-1228
（立山室堂山莊）
MAP 附錄P20

➡獲指定為國家重要文化財

↓內部參觀的詳情請洽詢

② 綠池

●みどりがいけ

位在御庫裏池西側的細長湖泊。周長321m，水深約1.6m，水淺而清澈，因此能看見湖底。在條件齊全的晴天，湖面上也會倒映出立山三山。

MAP 附錄P20

➡也能從池畔眺望

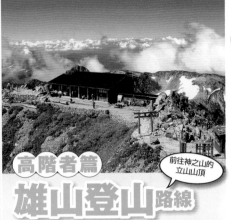

健行導覽❶

室堂平‧御庫裏池 雄山

高階者篇 雄山登山路線

因和富士山、白山並列日本三靈山而聞名的立山。這個名字是總稱，一般認為雄山是主峰。這裡自古以來就被當作信仰的對象，請以曾舉行參拜登山的山頂為目標吧。

前往神之山的立山山頂

等級	高階 ★★★	季節	7～9月
標高	3003m	需要時間	來回約4小時

石板步道整備完善，從途中開始有陡峭傾斜的岩場在等候。即使單程約2小時的登山，也會超過標高3000m，因此請確實準備防寒用具再出發吧。

祓堂
●はらいどう

從室堂轉運站出發約1小時可到。因為立山信仰的關係，從祓堂到前面都被視為神域。

MAP 附錄P21

登山道
從一之越前方到山頂連綿著陡峭傾斜的岩場。一邊確認腳底一邊謹慎前進吧。

路標
畫在岩石上的箭頭是登山的路標。往標示方向前進吧。

雄山山頂 雄山神社峰本社
●おやまさんちょう おやまじんじゃみねほんしゃ

來～笑一個！

終於抵達！山頂廣場有社務所處，不僅有販售神符和御守，還有泡麵和飲料等商品。

MAP 附錄P21

御庫裏池

立山室堂 山莊玉殿岩屋
立山室堂

富士ノ折立
△2999

附錄P.21
雄山山頂
雄山神社峰本社

大汝山
△3015

P 室堂
START 收費道路
室堂轉運站

室堂平

附錄P.21 祓堂

淨土山
△2831

1km
55分
1小時
50分
GOAL
△3003
△2991.6
雄山

1小時

立山隧道
無軌電車

一之越山莊

周邊圖 附錄P.19

雄山登山路線
0 —— 1km

還有這些！
周邊的精彩景點

只要從繞御庫裏池一圈路線走遠一點，還會有許多精彩景點！若有時間，務必要探訪看看。

閻魔台
●えんまだい

從御庫裏池展望台
步行5分

此展望台能俯瞰白煙從荒涼岩石表面冉冉上升的地獄谷。往後轉180度，就能看見雄山中腹日本最早發現冰河地形的山谷——山崎カール。

MAP 附錄P20

↑有長椅，吃個午餐也不錯

玉殿的岩屋
●たまどののいわや

從立山室堂
步行20分

這裡流傳一個傳說，從前有一位叫做佐伯有賴的少年追著熊進入這個洞窟，沒想到熊其實是阿彌陀如來的化身，還命令少年去開拓立山。

MAP 附錄P20

←從前也是立山修行僧侶的修行場所

再稍微走遠一點
前往雷鳥澤

雷鳥澤以室堂首屆一指的紅葉名勝而聞名，秋天會有布滿錦緞地毯的景色迎接遊客。從御庫裏池展望台出發，步行在從閻魔台環繞龍膽池般的整備完善步道上前進，途中能從高臺眺望血池等景點，所需時間約50分鐘。也有露營場。

MAP 附錄P20

有坡道和階梯等適當起伏的路線

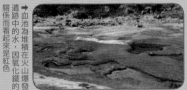

血池是堆積在火山爆發遺跡中的水，因氧化鐵的關係而看起來是紅色的

！注意火山氣體！

目前禁止通行的地獄谷。在周圍健行沒有關係，但是火山氣體的濃度在某些日子可能會上升，因此若要前往閻魔台和雷鳥澤，請把毛巾用水沾濕再掩住嘴巴，以免直接吸入火山氣體。

➡閻魔台和雷鳥澤各處都設置著水場

---

④ 立山玉殿的湧水
●たてやままたどののゆうすい

從立山隧道挖掘時期發現的破碎斷層中湧出的水。水溫全年都在2～5度，適合在健行後補充水分。初春時被白雪掩埋，因此使用時間為7月～10月。

MAP 附錄P20

↑獲選為全國名水100選

↑刻著立山名稱的石碑前面是紀念照的拍攝景點

GOAL
⑤ 室堂轉運站
●むろどうたーみなる
➡附錄 P.18

探訪遼闊濕原

仍保留未被破壞的自然景觀

彌陀原路線

| 等級 | 初級　★ |
| 需要 | 約1小時20分（外圈路線） |

彌陀原巴士站出發

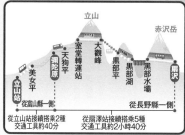

從立山站接續搭乘2種
交通工具約40分

從扇澤站接續搭乘5種
交通工具約2小時40分

是這樣的地方

此濕原遍布在能眺望大日連峰的平緩熔岩台地上。因為稱為餓鬼田的池塘散布在各處，正好保護了豐富的生態系，所以在2012年7月已登錄進《拉姆薩公約》。也能遇見白毛羊鬍子草和立山龍膽等豐富多彩的高山植物。

從富山縣側
從立山站接續搭乘立山登山纜車、立山高原巴士40分，彌陀原巴士站下車。

從長野縣側
從扇澤站接續搭乘關電隧道電氣巴士、黑部登山纜車、立山架空索道、立山隧道無軌巴士、立山高原巴士約2小時40分，彌陀ヶ原巴士站下車。

路線一覽表
※外圈路線

START ① 弥陀ヶ原巴士站
↓ 15分
② 餓鬼田廣場
↓ 15分
③ 一之谷岔路
↓ 50分
GOAL 弥陀ヶ原巴士站

是這樣的地方
路線全是整備完善的木棧道，高低起伏也很平穩，因此連新手都能輕鬆享受健行的樂趣。依照體力從約1小時20分的外圈路線、約40分的內圈路線中選擇行程。濕潤的木道容易滑倒，因此早晚和雨後請小心。

彌陀原獲登錄的拉姆薩公約是

《拉姆薩公約》是世界級公約，目的是保護國際性的重要濕地和棲息在那裡的動植物。全球168個國家簽訂，日本有50處獲得登錄。彌陀原為國內最高處的認定地區。

---

③ 一之谷岔路

● いちのたにぶんきてん

往一之谷的登山道分岔開來的T字路。若要環繞彌陀原一周，就從餓鬼田廣場出發朝左邊前進吧。

MAP 附錄P23

飽覽瀑布在眼前的濕原風景吧

若要前往一之谷和天狗平，就往岔路北邊前進

透過設置在每個岔路口的導覽看板確認前進的道路

從一之谷岔路往前方走，就能逐漸看見許多竹葉

GOAL 弥陀ヶ原巴士站

START ① 弥陀ヶ原巴士站

● みだがはらばすてい

立山高原巴士的車站。從弥陀ヶ原搭車需要預約，因此散步前別忘記預約回程的巴士。

MAP 附錄P23

也受理自然主義者的自然解說申請

② 餓鬼田廣場

● がきのたひろば

從弥陀之原飯店旁邊走在木道上前進，就能逐漸看見大日岳。這裡到一之谷岔路之間的區域，能看見周圍有許多稱作餓鬼田的池塘。也能環視周圍美景的展望廣場休憩所。

MAP 附錄P23

展望廣場休憩所適合眺望大日岳

形狀大小各異的餓鬼田散布在各處

發現心形的餓鬼田

餓鬼田是?!
餓鬼田的名字源自於立山信仰，意思是指墜落地獄的餓鬼為了抵禦飢餓而耕作的田地。

稍微走遠一點

能飽覽彌陀原自然景觀和風景的景點。若時間寬裕，務必要探訪看看。

立山破火山口展望台

從弥陀ヶ原巴士站
步行20分

●たてやまかるでらてんぼうだい
位在彌陀原南側的展望台，能一望10多萬年前因火山爆發而形成的破火山口。從國民宿舍天望立山莊旁邊走上石板登山道後，前方就是展望台的所在處。

MAP 附錄P23

從一之谷岔路步行
約1小時

松尾峠展望台

●まつおとうげてんぼうだい
從位在一之谷岔路前方的追分岔路往南前進，橫越立山收費道路後，再走上山道即抵達。能往下環視立山破火山口。

MAP 附錄P23

一之谷岔路 ③
長椅

外圍路線
1小時20分

在這個周邊有
很多餓鬼田

20分

聖觀世音

追分岔分歧

追分料金所
附錄P23

松尾峠
展望台

能看見富山平
原、富山灣

白毛
羊鬍子草

餓鬼田

內圍路線
40分

START
&GOAL
彌陀原
附錄P22

30分

彌陀原
附錄P22

往天狗平 ● 附錄P.30
彌陀之原飯店商店
附錄P.23
彌陀之原飯店
大廳休憩廳
附錄P.22
大日餐廳
附錄P.27
彌陀之原飯店
附錄P.27

國民宿舍 立山莊
附錄P.27

在弥陀原下巴士時，
若沒有住宿一定要預約
下一趟巴士

立山收費道路

彌陀原步道路線
0 ─── 500m
周邊圖 附錄P.19

立山破火山口展望台
附錄P.23

想在彌陀原看！

6月下旬～8月
為最佳觀賞期的
高山植物

在譽為高山植物寶庫的彌陀原，被可愛的姿態療癒吧。

白毛羊鬍子草
彌陀原代表性的高山植物。在最佳觀賞期整片白色綿毛飄舞的模樣，動人心弦

岩銀杏

衣笠草

白根葵

北萱草(日光黃菅)

稚兒車

立山叙草

立山龍膽

每一種
高山植物
都可愛又漂亮

彌陀原限定

必吃★美食

彌陀之原飯店
大廳休憩廳

●みだがはらほてる ろびーらうんじ
能享用以立山名水沖泡的咖啡和紅茶、蛋糕等美食。遍布在窗外的濕原景色也成為一幅畫。

☎076-442-2222(彌陀之原飯店)
🕐8:30～16:45 (L.O)、4月10日～11月4日
10:00為止營業 ※期間中無休

MAP 附錄P23

雲海咖啡
750円
使用彌陀原湧水的特製咖啡。和甜點一起上桌

法式烤布蕾
700円
表面酥脆，裡面綿密濃厚。甜味相當適合走累的身體

起司蛋糕
700円
口感佳、後味清爽的烤起司類型

大日餐廳

●れすとらんだいにち
位在彌陀之原飯店內的餐廳。使用富山當地美食的菜單豐富多樣，定食類也充實齊全。

☎076-442-2222(彌陀之原飯店)
🕐11:00～14:00(LO13:45)、4月15日～10月31日為止營業 ※4月10～14日、11月1日～3日為「限定菜單」 ㈭期間中無休

MAP 附錄P23

鬆鬆軟軟炸白蝦定食 2000円

把白蝦和當地鮮魚的魚漿製成丸子再油炸的美食。鬆軟的口感讓人口水直流

雲海蓋飯定食
2000円
能一次享用白蝦和螢火魷等新鮮富山海鮮的奢華內容

美女平路線

一邊聆聽野鳥鳴叫，一邊在立山杉的森林中深呼吸

等級	初級 ★
需要	1小時50分（中圈路線）

健行導覽 ③

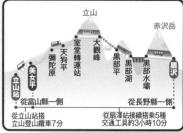

美女平站出發

從富山縣一側
從立山站搭立山登山纜車7分

從長野縣一側
從扇澤站接續搭乘5種交通工具約3小時10分

是這樣的地方

這個珍貴區域能看見日本山毛櫸和日本七葉樹的原生林，以及有樹齡超過100年的樹木也不稀奇的立山杉。作為野鳥的寶庫也是廣為人知，除了森林浴之外，也能享受鳥類觀察的樂趣。散步備有需要1小時到2小時30分鐘之久的3種路線。

交通方式

從富山縣側
從立山站搭立山登山纜車7分，美女平站下車。

從長野縣側
從扇澤站接續搭乘關電隧道電氣巴士、黑部登山纜車、立山架空索道、立山隧道無軌電車、立山高原巴士約3小時10分，美女平站下車。

路線一覽表

※中圈路線

START 美女平站

① 美女杉
↓ 即到

② 迎接杉
↓ 1小時50分

③ 美女平展望台

GOAL 美女平站

是這樣的路線
美女平散步道是裸露樹根連綿的山道。請準備山間步行的裝備，像是穿著健行鞋或厚底運動鞋，或把行李放入登山背包中，以確保雙手空出來。

---

② 迎接杉

●でむかえすぎ

佇立在步道入口的粗大立山杉，樹幹周長有484cm，高度達28m。散步路線從這裡開始。

MAP 附錄P24

← 美女平代表性的巨樹之一

← 車站前的圓環旁邊設置著散步路線的導覽看板

① 美女杉

●びじょすぎ

聳立在車站前面且成為地名由來的立山杉。這裡流傳著一個傳說，從前開拓立山的佐伯有賴的未婚妻向這棵杉樹祈禱，於是2人便喜結連理。

MAP 附錄P24

← 也許有保佑戀愛成就的功效

③ 美女平展望台

●びじょだいらてんぼうだい

美女平站的車站屋頂已成為展望台，能環視立山山麓和富山平原的遼闊全景。

☎ 076-432-2819 （立山黑部貫光）
🕐 立山登山纜車的首班車～末班車
¥ 免費

MAP 附錄P24

↓ → 遠望立山山麓。也能看見登山纜車發車和到站

在美女平觀察鳥類！

美女平的森林中已證實約有60種鳥類。只要專心聆聽鳥叫聲，仔細地察看群樹之間，就能觀察可愛野鳥的身影。推薦清晨前往，而帶著望遠鏡會很便利。

白腹藍鶲
擁有和日本歌鴝、日本樹鶯並駕齊驅的美麗叫聲

大斑啄木鳥
啄木鳥的同伴。紅色翅膀是名稱由來

黃眉黃鶲
雄鳥翅膀是黃、黑、白的組合，十分漂亮

美女平步道路線

周邊圖 附錄P.19

0 ─── 500m

START&GOAL 美女平
迎接杉 附錄P.24
美女杉 附錄P.24
③①②
立山登山纜車立山站
美女平站商店 附錄P.30
美女平展望台 附錄P.24
導覽看板

白腹藍鶲、黃眉黃鶲等野鳥聚集的景點

立山收費道路
煌性寺トンネル
從高原巴士也能看見日本山毛櫸的森林

不老樹
內圈路線 1小時
天涯杉
火炎杉
35分
45分
30分
中圈路線 1小時50分
外圈路線 2小時30分
長椅
ブナ坂
⑥
長椅

總計350m 日本第一!!

第1段70m
第2段58m
第3段96m
第4段126m

稱名瀑布路線

近距離體驗號稱日本第一
高低落差的知名瀑布震撼力!

赤楊瀑布
只在融化雪水充沛的春天才會出現的夢幻瀑布。高地落差為500m,遠遠高於稱名瀑布,但是因為平常不存在,所以一般不視為日本第一。在瀑布展現身影的時期,能一次觀賞高低落差稱國內第一和第二的瀑布。

等級	初級 ★
需要	來回約1小時(稱名滝巴士站~滝見台)

立山站DATA
餐廳…無　商店…1　廁所…3
投幣式置物櫃…有

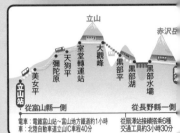

立山
室堂轉運站 大觀峰
天狗
彌陀原 黑部平
美女平 黑部湖 黑部水壩
立山站 赤沢岳

從富山縣側　　　　從長野縣側

電車:電鐵富山站→富山地方鐵道約1小時
車:北陸自動車道立山IC車程40分

從扇澤站接續搭乘6種
交通工具約3小時30分

是這樣的地方!
從立山連峰流出的水會一口氣傾瀉而下的稱名瀑布。高度落差350m為日本第一,白雪融化時期也會出現赤楊瀑布。能觀賞2座瀑布描繪出V字形的壯觀光景。位在距離阿爾卑斯山脈路線稍遠的地方,到最近的巴士站要從立山站搭巴士或開車前往。

從富山縣側
搭稱名瀑布探勝巴士15分,稱名滝下車。若是開車,從立山站到稱名滝巴士站約7km。出口為7~18時(7~8月為6~19時)可以通行。冬季封閉。稱名平停車場300輛。巴士運行預定為4月下旬~11月上旬,洽詢請至☎076-481-1500(立山車站綜合導遊中心)

③ 滝見台園地
●たきみだいえんち
能靠稱名瀑布最近的景點。能欣賞曲折成4段傾瀉而下的水流。
MAP 附錄P25

能從正面眺望稱名瀑布的絕佳觀景點

② 稱名橋
●しょうみょうばし
這座架設在稱名川的橋,能觀賞只在春天融雪時期等水量多時才會出現的赤楊瀑布的絕佳場所。
MAP 附錄P25

距離近到水花會飛濺過來。水量多的時期要小心

① 稱名瀑布展示室
●しょうみょうだきてんじしつ
位在稱名滝巴士站前的免費休憩所2樓。用立體模型和影片解說稱名瀑布的構造。在散步前觀看解說,參觀瀑布就更能樂在其中。
🕘7:00~18:00(7~8月為6:00~19:00)
休期間中無休
MAP 附錄P25

也會解說分成好幾段的瀑布結構

路線一覽表
START 稱名滝駅巴士站
↓
① 稱名瀑布展示室
↓ 40分
② 稱名橋
↓ 5分
③ 滝見台園地
↓ 30分
④ レストハウス稱名
GOAL 稱名滝駅巴士站

是這樣的路線
稱名川沿途的步道「稱名瀑布探勝路」是整建完善的道路,容易行走。一邊觀賞溪谷美景一邊前進,前面會有稱名橋,走過橋登上石階,就會抵達能親身體驗瀑布震撼力的滝見台園地。

稱名瀑布路線地圖

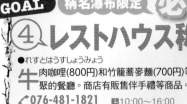

START 稱名滝
(170)
往立山收費道路
停車場
④ レストハウス稱名 附錄P.25
① 稱名瀑布展示室 附錄P.25
大日岳登山口
20分
30分
猿ガ馬場
名瀑100選之一,號稱高地落差日本第一
稱名瀑布 附錄P.25
10分
10分
② 稱名橋 附錄P.25
稱名川
飛龍橋
③ 滝見台園地 附錄P.25
GOAL
八郎坂
赤楊瀑布(ネハンノ滝)
八郎坂

周邊圖 附錄P.19

稱名瀑布路線
0　　500m

GOAL 稱名瀑布限定 必吃★美食

④ レストハウス稱名
●れすとはうすしょうみょう
牛肉咖哩(800円)和竹籠蕎麥麵(700円)等輕食齊聚的餐廳。商店有販售伴手禮等商品。
☎076-481-1821　🕘10:00~16:00(週六、週日、假日為~17:00)、4月下旬~11月中旬 休期間中無休 📍立山町大日1
※營業時間、商品、價格有變更的可能
MAP 附錄P25

霜淇淋
300円
能選擇香草或薰衣草等2種口味

拉麵
700円
富山風味的黑色高湯拉麵。店家最推薦的菜單

住在阿爾卑斯山脈路線！
在雲上STAY享受浪漫體驗

在3000m等級群山環繞的高原，景色和空氣會隨著流逝的時間時常變化。務必住一晚，親身感受所有的這些風情。

傍晚 把高原染成紅色的 夕陽表演時間！

夕陽一邊把周邊照映成紅色一邊消失在山稜那端的光景，美得讓人屏息讚嘆。若條件齊全，也能看見沉入雲海的夢幻夕陽。

➡夕陽沉入雲海中，也有人因為想看這幅景色而造訪

夜 滿天星星閃爍的天空是天然的星象儀

從標高2500m仰望的夜空，宛如天然的星象儀。無數顆大大小小的星星緊密閃耀的光景，會變成一生都忘不了的回憶。

住宿者限定活動 「星空觀賞會」
在飯店內播放完投影片後，一邊聆聽解說一邊眺望星星。免費參加

在雲上飯店住宿才能享受的 頂級體驗

這家度假飯店位在日本第一高處，是一處只有住宿才能享受私藏體驗的場所。在大自然中度過優雅充實的時間吧。

住宿的是這裡！

立山飯店

●ほてるたてやま

位在標高2450m日本第一高處的度假飯店。不僅交通便利，可以直通室堂轉運站，還會舉辦各式各樣的活動，像是會邀請講師的星星觀察、雷鳥觀察、投影片‧影片播放會。

早上 從日本最高峰的群山升起的美麗日出讓人感動！

因為地理條件的關係，要從室堂觀賞日出很困難，但是只要參加雄山山頂和飯店所舉辦的巴士遊程，就能欣賞日出。

住宿者限定活動 「日出巴士遊程」
從標高2316m大觀峰站展望台觀賞日出的遊程。參加費2100円

📞076-463-3345
🕐IN15:00、OUT10:00　📅4月15日～11月29日　¥1泊2食20520円～
MAP 附錄P20

再加上

不會覺得是在山上的悠閒空間

客房是度假飯店特有的舒適裝潢。所有客房不僅廁所整備完善，還有使用立山御殿湧水的大浴場和酒吧區等豐富齊全的設施，讓人幾乎忘記自己身處在高處。

也有能指定窗外風景的方案

雲上的晚餐是充滿當季食材的全餐料理

裝滿當地山珍海味的道地洋食。基本上為半份全餐，也能升級成一份全餐。以海味為主的和食也準備完善，採取預約時先選菜的制度。

夏季全餐料理的範例之一

依區域選擇住宿

阿爾卑斯山脈路線從山林小屋到度假飯店、溫泉住宿等豐富類型的住宿一應俱全。在山中的住宿度過珍藏的時間吧。

享受佇立著奧大日岳的雄偉景色和溫泉

能眺望山巒的展望浴池和精心烹調的餐點都廣受好評

室堂 區域

雷鳥莊旅館

●らいちょうおんせん らいちょうそう

位 在能俯瞰雷鳥澤和地獄谷的高地。除大通鋪之外，也有2人起的單間，甚至具備能一邊眺望群山一邊泡溫泉的展望浴池、有暖爐的談話室等設施。豐富多彩的晚餐也讓人期待，春天會以火鍋為主，夏天則以陶板燒為主。

☎ 076-463-1664

IN／12:00　OUT／9:00

4月15日～11月24日　1泊2食9450円～　室堂轉運站步行30分　客房／52間

MAP 附錄P20

不住宿溫泉DATA

11:00～20:00

￥700円

←位在能從室堂穿越到雷鳥澤的步道途中

↑談話室備有和山有關的書和雜誌

↑這一天的主菜為石狩鍋。米飯和味噌湯也是自助服務

立山室堂山莊

●たてやまむろどうさんそう

附 設獲指定為國家重要文化財的日本最古老山中小屋‧立山室堂。作為雄山登山和雄山神社參拜的據點而廣為人知。從展望浴池能看見立山主峰近在眼前，天氣晴朗的日子也能眺望星空。

☎ 076-463-1228

IN／14:00　OUT／9:00

4月16日～11月23日　1泊2食9720円～　室堂轉運站步行10分　客房／37間

MAP 附錄P20

不住宿溫泉DATA

12:00～16:00

￥700円

從日本最古老的山中小屋持續刻劃歷史的住宿

正面能眺望雄山和大汝山的地理位置

御庫裏池溫泉

●みくりがいけおんせん

佇 立在御庫裏池旁邊，以標高日本第一高處的溫泉住宿而聞名。溫泉是引流從地獄谷湧出的源泉，可以消除疲勞，因此廣受好評，而且不住宿也能使用。客房不僅有簡單的和室單間，還有大通鋪。

☎ 076-463-1441

IN／14:00　OUT／9:00　4月中旬～11月24日　1泊2食12800円～　室堂轉運站步行12分　客房／29間

MAP 附錄P20

飄散著硫磺的味道

淺乳白色的溫泉源源不絕地注入浴池，四周

位在登山客憧憬的日本第一高處的溫泉

不住宿溫泉DATA

9:00～16:00

￥700円

←也附設咖啡廳和餐廳

天狗平 區域

這個區域座落在室堂平和彌陀原之間，可以享受散步的樂趣。從美女平站搭立山高原巴士約40分鐘，天狗平下車。

天狗平山莊

●てんぐだいらさんそう

位 在天狗平巴士站附近，標誌是以磚塊打造的外觀。也有許多回流客是以能環視劍岳和立山三山的風景，每天更換的晚餐為目標再度造訪。客房為非大通鋪的單間，不僅有6～12張榻榻米的和室，還有2間洋房的雙床房。

☎ 076-411-4380　IN／14:00　OUT／9:00

4月中旬～11月上旬　1泊2食12000円～　天狗平巴士站即到　客房／16間

MAP 附錄P19

全部都是單間客房的悠閒感，每月更換的豐富料理也廣受歡迎

←聽說以立山為舞臺的電影《劍岳‧點之記》的攝影團隊也曾逗留

国民宿舎立山荘

●こくみんしゅくしゃたてやまそう

這 家餐廳能欣賞到洗滌心靈的風景，有夕陽渲染的雲海和雄偉的大日連山，還有富山平原的夜景。自然主義者所講述的夜間自然解說也大獲好評。有和室、洋房，連能治癒疲勞的大浴場也整備完善。

☎ 076-442-3535

IN／15:00　OUT／9:00　4月中旬～11月上旬　1泊2食11200円～　弥陀ヶ原巴士站即到

MAP 附錄P23

作為健行據點的絕佳地理位置

不住宿溫泉DATA

15:00～

￥500円

↑建築物以拱形屋頂為特徵，由建築師吉阪隆正所設計

彌陀原 區域

彌陀之原飯店

●みだがはらほてる

地 理位置絕佳，能從鑲嵌著大落地窗的大廳休憩廳和客房眺望彌陀原的濕原和大日岳。在裝設著大窗戶的大浴場裡，能一邊眺望美景一邊入浴，夜晚有滿天星星和夜景，白天有大日連峰。

☎ 076-442-2222

IN／15:00　OUT／10:00　4月10日～11月3日　1泊2食18360円～　弥陀ヶ原巴士站即到　客房／52間

MAP 附錄P23

能遠眺遠方的日本海，美不勝收的景緻很有魅力

↓向四季景色借用風景的大浴場

立山町 MAP P.96 F-3

Montbell Village Tateyama
● もんべるびれっじ たてやま

📞 076-463-6411　購物

任何戶外用品應有盡有

戶外用品mont・bell所經營的大型複合店，附設咖啡廳和生活雜貨、體驗型設施。在室外能體驗皮艇和攀岩。

↓登山和健行、露營、皮艇等各種戶外用品豐富齊全

→在人工池能在工作人員的指導之下體驗皮艇（20分・600円）也設有攀岩體驗設施和自行車的租借

服務

→自行車專賣店「mont-bell Cycling」和販售生活雜貨的「FIELD NOTES」等mont-bell的首家店鋪也在設施內開店

🕐10:00～20:00（販賣商品）、11:00～19:30（飲食）
🈚無休　📍立山町五郎丸350-1　🚃富山地方鐵道寺田站搭計程車8分　🅿免費

ACCESS

從北陸新幹線・富山站會很便利的富山縣一側的玄關口

立山山麓・上市町
・たてやまさんろく・かみいちまち

車		鐵道	
北陸自動車道		電鐵富山站	
立山IC		富山地方鐵道	富山地方鐵道
3	3	富山地方鐵道 1小時5分	30分
30分	10分		
24km	4km		
立山站	上市站	立山站	上市站

MAP P.96、附錄P.19

洽詢
立山町観光協会 📞 076-462-1001
上市町観光協会 📞 076-472-1515

立山町 MAP附錄P.19

富山縣立山破火山口砂防博物館
● とやまけんたてやまかるでらさぼうはくぶつかん

📞 076-481-1160　景點

瞭解立山的自然和歷史

這座博物館能學習立山和立山破火口的大自然、歷史、侵蝕控制等知識。有大型地形立體模型和3D影片、工程專用小火車的實車展示。也會舉辦能實際探訪立山破火山口的體驗學習會。

🕐9:30～16:30（黃金週、夏季為8:30～）　🈚週一（逢假日則開館）、假日翌日，黃金週、暑假期間會開館　¥400円　📍立山町芦峅寺ブナ坂68　🚃富山地方鐵道立山站即到　🅿免費

→學習日本地質百選的立山破火山口的成因

立山町 MAP P.96 G-5

富山縣[立山博物館]
● とやまけんたてやまはくぶつかん

📞 076-481-1216　景點

介紹立山信仰和地獄的世界觀

這座廣域分散型博物館是由介紹立山歷史和自然生態的「展示館」、能模擬體驗地獄和極樂世界的「まんだら遊苑」所組成。遊覽全部設施預估所需時間約3小時左右。

🕐9:30～16:30　🈚週一（逢假日則開館）、假日翌日（まんだら遊苑為12～隔年3月休業）　¥650円（3設施的套票）　📍立山町芦峅寺93-1　🚃富山地方鐵道千垣站歩行20分（週一～週六有町營巴士）　🅿免費

→建在曾是立山信仰據點的芦峅寺村落

有免費休憩所和投幣式置物櫃的立山站

PICK UP

立山站是連結富山市內和阿爾卑斯山脈路線的玄關口。不僅是阿爾卑斯山脈路線富山一側的出發點，也是從長野一側出發的終點。1樓是富山地方鐵道的立山站，2樓已成為立山登山纜車的車站。因為座落在山的斜坡上，所以主要入口變成2樓，2樓有免費休憩所和投幣式置物櫃。

→紅色屋頂引人矚目的木造風格建築物很可愛

盡情享受立山山麓的魅力！
大岩山日石寺的畫佛體驗和門前街的素食料理

PICK UP

在真言密宗大本山大岩山日石寺能體驗描繪「大岩日石寺磨崖佛」的不動明王。描繪完成的不動明王會在護摩祈禱之後，變成特製的御守，日後會郵寄送達。午餐就在附近的門前街旅館品嘗山菜料理和名產的素麵吧。

「畫佛」是透過描繪不動明王和自己對話、修身養性。外國人使用者急速增加當中

¥3000円／1位（對象為國中生以上，需預約）※費用已包含：畫佛體驗和御守寄送費、護摩祈禱費、午餐費
所需時間：約90分（包含午餐時間）
🌐http://kami1tabi.net/（各種體驗方案的詳情請參照官網）

「大岩日石寺磨崖佛」雕刻在巨石上・已獲指定為國家重要文化財

→使用大岩名產的素麵和當地生產山菜的素食料理

立山町 MAP P.96 F-5

雄山神社 前立社壇
● おやまじんじゃ まえたてしゃだん

📞 076-483-1148　景點

建在靈山・立山的入口

祭祀立山神明的雄山神社三社之一。本殿為五間社流造的建築，而室町後期的樣式則是目前北陸最大的國家重要文化財。聳立在境內的500年樹齡立山杉也十分值得欣賞。

🕐8:30～18:00（祈禱為～1700）　🈚無休　¥自由參拜　📍立山町岩峅寺1　🚃富山地鐵岩峅寺站歩行10分　🅿免費　🌐www.oyamajinja.org/

→境內彌漫著莊嚴的氣氛

信濃大町

長野縣一側的玄關口

しなのおおまち

ACCESS

車
長野自動車道
安曇野IC
30分
51
30km

鐵道
新宿站
JR中央本線特急 2小時40分
松本站
大糸線 1小時

信濃大町站 ─── 信濃大町站

MAP 附錄P.29 洽詢
大町市觀光協會 0261-22-0190
大町市觀光課 0261-22-0420

信濃大町 ── こまつうどん店

MAP 附錄P.29

●こまつうどんてん ☎0261-22-0646 美食

名產的水壩咖哩深受歡迎

使用7種醬汁的和風咖哩只有烏龍麵店才有。大町生產的越光米和黑豬等食材也十分講究。名產菜單是以黑部水壩為主題的黑部水壩咖哩。

⏰11:30～13:30、17:00～20:30 休不定休
所長野縣大町市日の出町3306-14 交JR信濃大町站步行5分 P免費

◎烏龍麵套餐的黑部水壩咖哩1300円

信濃大町 ── 昭和軒

MAP 附錄P.29

●しょうわけん ☎0261-22-0220 美食

使用安曇野豬的醬料炸豬排蓋飯

昭和2（1927）年創業的食堂，在當地長年受到喜愛。名產的淋醬炸豬排蓋飯會在米飯上放高麗菜絲、裹上特製醬汁的炸豬排，分量飽滿。

⏰11:00～14:30、17:00～20:30（視時期而異）
休不定休 所長野縣大町市大町3215 交JR信濃大町站步行3分

◎祕傳醬汁勾人食慾的醬料炸豬排蓋飯840円

信濃大町 ── 市立大町山岳博物館

MAP 附錄P.29

●しりつおおまちさんがくはくぶつかん ☎0261-22-0211 景點

能一望北阿爾卑斯的展望室

介紹北阿爾卑斯的群山和人的關係、動植物。從展望室能環視四季色彩繽紛的秀麗北阿爾卑斯的山巒。「北阿爾卑斯群山成因專區」部分整新開放。

⏰9:00～16:30 休週一、假日翌日（週一逢假日則休館，7、8月為無休） ¥400円 所長野縣大町市大町8056-1 交JR信濃大町站步行25分 P免費

◎能環視鹿島槍岳和五龍岳

信濃大町 ── わちがい

MAP 附錄P.29

☎0261-23-7363 美食

提供大町的鄉土料理

烏龍細麵「わちがいざざ」使用長野縣產的當地麵粉和北阿爾卑斯的名水揉製而成，滑順的口感廣受好評。在利用屋齡130年老宅改裝的雅緻氣氛中品嘗美食吧。

⏰10:00～16:30 休週二、第4週一 所長野縣大町市大町上仲町4084 交JR信濃大町站步行10分 P免費

◎名產「わちがいざざ」會和使用當地蔬菜的小菜一同上桌

立山町 ── お食事&喫茶　あおき

MAP 附錄P.19

●おしょくじあんど きっさ あおき ☎076-482-1871 美食

能輕鬆靠近的餐廳

位在立山站旁邊，從清晨開始營業，因此十分便利。能用實惠價格品嘗咖哩和拉麵、定食等美食，米飯是富山縣產的這一點也讓人滿意。甜點菜單也很多。

⏰7:00～16:30（週六、週日為6:30～、12～隔年4月中旬為9:00～16:00） 休無休 所立山町千壽ケ原39 交富山地方鐵道立山站即到 P免費

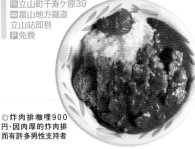

◎炸肉排咖哩900円。因肉厚的炸肉排而有許多男性支持者

上市町 ── 大岩山日石寺

MAP P.96 G-4

●おおいわさんにっせきじ ☎076-472-4950 美食

名產是回流客很多的素麵

這家寺廟的起源相傳是行基在神龜2（725）年所開辦。這座遠近馳名的古剎是作為立山信仰的一部分而發展起來，最繁盛的時期甚至是擁有21社60坊的大寺。名產的素麵廣受好評。

⏰7:00～17:30 休無休 ¥免費 所上市町大岩163 交富山地方鐵道上市站搭町營巴士20分，大岩下車，步行5分 P免費

◎本堂的不動明王像

◎使用大岩好水的素麵550円、味道格外美味

富山市 ── 立山森之風飯店

MAP P.96 H-5

●ほてる もりのかぜ たてやま ☎076-481-1126 住宿

觸感滑順的美肌之湯

位在立山黑部阿爾卑斯山脈路線的玄關口，便於觀光和登山、滑雪。浴池為無色透明又滑順的「美肌之湯」。餐點提供主要使用富山當季食材的和食宴席料理或創作和食膳。

⏰IN15:00 OUT10:00（全年） ¥1泊2食14040円～ 所富山市原3-6 交富山地方鐵道立山站搭計程車7分 P免費

◎從露天浴池眺望四季的景色

信濃大町 0 1:65,000 1km
周邊圖 本書P.94
●景點・玩樂 ●美食 ●購物

阿爾卑斯山脈路線 必買伴手禮

阿爾卑斯山脈路線連在車站和飯店內的商店也豐富齊全。統一介紹在豐富多彩的商品中活用地區特色的產品和人氣產品吧。

SHOP LIST

A 扇澤站商店
●おうぎさわえきばいてん
車站2樓有商店，每家販售的商品都不同，請全部確認一次吧。
☎0261-22-3614　**MAP** 附錄P6
扇澤站2F ⏰6:30～18:00（有季節性變動）、4月15日～11月30日
🈺期間中無休

B 黑部ダムレストハウス
●くろべだむれすとはうす
➡附錄P.15

C 黑部平站商店
●くろべだいらえきばいてん
各種信州和富山的名產應有盡有，限定商品也豐富多樣。
➡附錄P.16

D 大觀峰站商店
●だいかんぼうえきばいてん
1樓、2樓都有豐富齊全的原創商品。食品類的伴手禮更是應有盡有。
☎076-463-5144　**MAP** 附錄P19
大觀峰站內 ⏰8:00～17:20、4月15日～11月下旬 🈺期間中無休

E 室堂轉運站商店
●むろどうたーみなるばいてん
位在剪票口附近，出發前也能利用，相當方便。2樓也有立山飯店的商店（7:00～20:20）。
☎076-463-3062　**MAP** 附錄P20
室堂轉運站內 ⏰8:30～16:30、4月15日～11月29日（1F為～11月4日）🈺期間中無休

F 彌陀之原飯店商店
●みだがはらほてるばいてん
當地燒酒弥陀ヶ原（1650円）和立山信仰的秘酒（2000円）等原創酒類豐富齊全。
☎076-442-2222（彌陀之原飯店）　**MAP** 附錄P23
彌陀之原飯店1F ⏰7:00～21:00、4月10日～11月4日（11月4日為～10:00）🈺期間中無休

G 美女平站商店
●びじょだいらえきばいてん
飲料和點心類等在交通工具的等候期間能稍微果腹的商品也一應俱全。
☎076-482-1718　**MAP** 附錄P24
美女平站1F ⏰從立山登山纜車首班車～末班車、4月10日～11月上旬 🈺期間中無休

H 立山站商店
●たてやまえきばいてん　**MAP** 附錄P19
不僅有阿爾卑斯山脈路線的伴手禮，還販售雨具和帽子等登山必需品。
☎076-481-1188
立山站2F ⏰6:00～18:00（有季節性變動）、4月10日～11月30日
🈺期間中無休

SUNRISE立山
756円 C

這種起司蛋糕是以顏色呈現出從後立山連峰升起的日出。鬆軟輕盈好入口。

以美麗的日出為印象

HACIDER
1瓶 200円 A B

以從關電隧道破碎帶湧出的天然水釀造的蘋果酒。味道清爽。

使用富含礦物質的水

黑部水壩咖哩煎餅
1包 400円 A B

把當地美食的水壩咖哩做成點心。恰到好處的咖哩風味讓人吃了還想再吃。

わたすげ
790円 F

這種餅乾是以在彌陀原綻放的高山植物白毛羊鬍子草為印象打造而成。特徵是會在口中化開的美妙口感。

模仿可愛的花

螢火魷的魷魚乾
540円 C

把整隻富山名產的螢火魷做成魷魚乾。用火稍微烘烤，就會更美味。

立山當地啤酒「星の空」ORIGINAL、BLACK
330ml、各400円 C～H

以日本名水百選「立山御殿的湧水」釀造的原創當地啤酒

鏟子湯匙
大680円 B

和黑部水壩建設的困難工程完工有關的鏟子造型湯匙。

在自家觀賞絕景

DVD立山四季物語
2500円 C～G

能透過影片反覆享受阿爾卑斯山脈路線魅力的DVD。

酒粕醬
650円 D

使用大觀峰站限定「まぼろしの酒 大觀峰」的酒粕。用熱水泡開飲用，身體就會溫暖起來。

溫和的香氣和甜味

立山 星の雫（牛奶口味）
1100円 E

用奶粉包裹一整顆杏仁的人氣商品。甜味和香氣的比例絕佳。

酥脆香濃

添加白蝦的香腸
1盒3根裝 540円 D

添加當地特產白蝦魚肉香腸。當作啤酒的下酒菜。

添加白蝦的濃厚口味

便利導覽

伴手禮／植物圖鑑

綻放在阿爾卑斯山脈路線上

高山的植物圖鑑

阿爾卑斯山脈路線是高山植物的寶庫，各式各樣的花卉讓人賞心悅目。散步途中只要環視周圍，就能看見花卉的可愛身影。

車百合

時期 **7～8月** | 區域 **彌陀原、室堂平**

生長在高原的草地上，葉子會在莖的中部呈現車輪狀。

黑百合

時期 **6～7月** | 區域 **室堂平**

高度大約10㎝。雖說是黑色，但實際的花其實是深紫色。

深山龍膽

時期 **7～9月** | 區域 **彌陀原、室堂平**

高達5～10㎝。能在高原有濕氣的草地看見。

岩鏡

時期 **6～8月** | 區域 **彌陀原、室堂平**

生長在草地和岩場。名稱由來是把葉子的光澤比喻成鏡子。

梅花草

時期 **8～9月** | 區域 **彌陀原、黑部平**

在日照良好的濕地會綻放形似梅花的純白小花。

水仙銀蓮花

時期 **7～8月** | 區域 **彌陀原、室堂平**

成群生長在高山帶的草原，1株會盛開數朵白花。

水芭蕉

時期 **6月** | 區域 **彌陀原、黑部平**

看起來像白色花瓣的東西是由葉子變化而來。

合花楸

樹種 **落葉樹** | 區域 **彌陀原、室堂平**

以染成鮮紅色的紅葉和果實廣為人知的落葉樹。

蚊子草

時期 **8月** | 區域 **彌陀原**

小巧的粉紅色5瓣花呈繖房狀展開。

立山龍膽

時期 **7～8月** | 區域 **室堂平**

特徵是花色比其他龍膽柔和細緻。

立山杉

樹種 **常綠樹** | 區域 **美女平**

阿爾卑斯山脈路線上常見的樹木。耐雪性強。

岩銀杏

時期 **7～8月** | 區域 **彌陀原、室堂平**

標誌是花瓣邊緣會呈現波浪狀。

白毛羊鬍子草

時期 **6～7月** | 區域 **彌陀原**

彌陀原的象徵。開花後會出現綿毛般的果實。

能遇見很幸運★阿爾卑斯山脈路線的
動物・野鳥

阿爾卑斯山脈路線保留著不受人為破壞的自然生態，同時也是獲指定為
國家天然紀念物的動物和珍貴野鳥棲息的場所。如果遇見牠們，請悄悄地觀看就好。

立山自然保護中心

●たてやましぜんほごせんたー　➡附錄P18

公布室堂平周邊的雷鳥和白鼬的目擊資訊，只要當作參考，遇見牠們的機率似乎也會提升。如果幸運遇見牠們，只要報告當時情況，就能獲得當作紀念的原創貼紙。自然主義者也會常駐，因此也能取得其他動物和植物的相關資訊。

白鼬

區域 彌陀原、室堂平、黑部平

體長15～20㎝，鼬的同伴。4～7月左右也會從岩石的空洞突然露臉。夏季為茶色的毛，冬季為白色的毛。

夏

冬

雷鳥

區域 室堂平

國家特別天然紀念物，在6～7月的繁殖期，公鳥是黑褐色，母鳥是黃褐色，而在11～3月公鳥和母鳥都會變成全身白色。天敵是白鼬。

5～6月左右的公鳥

11～3月左右的公鳥

日本鬣羚

區域 美女平、黑部平

國家天然紀念物，4～7月時常會目擊。

日本獼猴

區域 美女平

5～7月經常現身。也會出現在樹木之間和車道。

白腹藍鶲

區域 美女平

公鳥是色彩鮮豔的藍色羽毛。叫聲悅耳。

大斑啄木鳥

區域 美女平

啄木鳥的同伴。體長約24㎝，特徵是紅色羽毛。

黃眉黃鶲

區域 美女平

公鳥的羽毛為黃、黑、白的組合，相當漂亮。

岩鷚

區域 室堂平

叫聲悅耳。尺寸像麻雀，相當親人。

哈日情報誌 **MAPPLE 富山** 立山·黑部　五箇山·白川鄉　**特別附錄**

◎未經許可禁止轉載、複製。◎Shobunsha Publications,Inc.2018.5

MAPPLE まっぷる 哈日情報誌

CONTENTS ①

富山
立山・黑部 五箇山 白川鄉

立山黑部 阿爾卑斯山脈路線 完全導覽BOOK

富山的 **美味!!**

特別附錄

請務必閱讀

 美食　 咖啡廳　 購物　 玩樂　景點

MAPPLE まっぷる 哈日情報誌

富山 立山・黑部 五箇山 白川鄉

CONTENTS ❷

キトキト魚介

富山方言是以「キトキト」來表示現捕的新鮮海產。富山灣中大約棲息著500多種魚貝類。請盡情享用富山特有的口味吧。

日本海

にゅうぜん
入善PA
朝日IC
越中境PA
黑部IC
くろべ
黑部新幹線
富山地方鐵道本線
うおづ

宇奈月溫泉

魚津

黑部峽谷

富山灣
有磯海SA
魚津IC
滑川IC
なめりかわ
あいの風とやま鐵道
かみいち

富山市

立山IC
流杉PA
富山ライトレール
富山地方鐵道立山線

立山黑部
阿爾卑斯山脈路線

けやきだいら

搭乘小火車探訪
險峻秀麗的祕境之地

黑部峽谷・宇奈月溫泉
魚津・滑川

P.35

位在新潟和長野縣境附近的區域。要前往黑部峽谷，搭乘宇奈月溫泉發車的電車，就能一邊感受吹拂在肌膚上的涼爽微風，一邊飽覽峽谷的絕景。終點站的欅平是一處能量景點，充滿許多能感受大自然力量的精彩景觀。

必看SPOT
小火車

1 緩慢行駛在日本最深V字峽谷的小火車
2 宇奈月溫泉是稱作「美肌之湯」的弱鹼性單純泉

名物美食
螢火蟲料理
濃厚內臟的美味讓人上癮的富山灣春季風物詩

名物美食
幻魚料理
魚身中包裹著吉利丁，充滿濃稠滑嫩的好滋味

能品嘗魚津漁港鮮魚的幻魚房

山海都是絕景的寶庫

特徵是從標高3000m等級的群山往1000m等級的深海底部陡峭傾斜的壯觀地形。是處充滿豐富魅力的絕景寶庫。

富山是
地理位置也很完美！
怎樣的地方？

富山遍布宛如環抱著富山灣的平原，三面也圍繞著群山，還充滿多彩多姿的精彩景點，像是宏偉的群山、存有傳統文化的街道、美食寶庫的港邊城鎮。只要先大致劃分成5個區域，旅行計畫就會更容易制定。

從大阪
搭特急和新幹線
約3小時10分

富山

從東京
搭新幹線
約2小時10分
搭飛機約1小時

從名古屋
搭特急新幹線
約3小時30分

盡情品味富山的歷史和文化。
藝術品和玻璃之美洋溢的中心地區

富山市・八尾

P.45

曾作為城下町蓬勃發展的富山，是人和文化聚集的中富山縣的站北區域近年來因都市計畫開花結果，蛻變成美麗的設計之都，並持續受到世界各地的關注。八尾以傳統祭典「歐瓦拉風盂蘭盆節」而聞名，商家在石板道路沿途比鄰而立，街道上彌漫著獨特風情，獨具魅力。

→富山的家庭配置藥連包裝都個性十足

必看SPOT
黑部水壩

1 號稱日本第一高的大規模水壩。觀看洩洪的景象充滿震撼力
2 御庫裏池周邊是阿爾卑斯山脈路線的絕景景點

名物美食

↓富山縣民異口同聲大讚好吃的大岩素麵

↑室堂轉運站剪票口旁的立山名產「立食蕎麥麵」

立山蕎麥麵

大岩素麵（上市町）

標高3000m等級的群山連綿不絕，全球屈指可數的山岳觀光路線

立山黑部阿爾卑斯山脈路線

特別附錄

這條山岳觀光路線橫越北阿爾卑斯山，從富山縣的立山站連接到長野縣的扇澤站。從富山市街接連搭乘地軌式纜車等交通工具，約2小時就會抵達大自然遼闊美景遍布雲上的室堂。在到達室堂之前，路途中會有巨木茂盛生長的原生林、夢幻濕原等絕景接連不斷。

←國家天然紀念物的雷鳥

擁有優良漁場 有國寶的製造業城鎮

新湊・冰見・高岡

●しんみなと・ひみ・たかおか

這處美食區域擁有富山灣首屈一指的好漁港，像是以寒鰤聞名的冰見漁港、以白蝦為特產的新湊漁港。在富山縣第2大都市高岡，能飽覽縣內唯一的國寶高岡山 瑞龍寺、山町筋等歷史景觀。御車山祭、新湊曳山祭等祭典的文化也很豐富。

大佛也是高岡銅器的象徵

P.61

必看SPOT
內川周邊

1. 船隻往來的內川周邊是宛如水都威尼斯的港町。架設著12座橋的內川帶有獨特風情，經常出現在電視劇和電影的場景裡
2. 若要瞭解已登錄為UNESCO非物質文化遺產的祭典，就前往高岡御車山會館
3. 冰見番屋街有冰見牛和鰤魚、冰見烏龍麵等豐富的當地美食

名物美食

白蝦料理
棲息在富山灣海底的珍貴品種蝦。頂級的甜味十分可口

鰤魚料理
是富山灣冬季的味覺王者，是帶有油脂的冰見寒鰤

五箇山・白川鄉・砺波・城端・井波

●ごかやま・しらかわごう・となみ・じょうはな・いなみ

留存著日本原生風景的山間區域百花盛開的砺波春天也不容錯過

以合掌造集落廣為人知的五箇山白川鄉，是已登錄為世界遺產的人氣觀光地區。一走進山間的小集落，就會被日本原生風景包圍，宛如誤入童話故事中一般。砺波的春天也不容錯過，一望無際的花田裡盛開著色彩鮮豔的鬱金香。

P.75

→也要享受人氣的織物體驗

必看SPOT
瑞泉寺

1. 木雕之城井波有井波木匠的精心之作——瑞泉寺等許多漂亮的木造建築
2. 700種鬱金香百花齊放的砺波鬱金香博覽會是春季的風物詩
3. 五箇山留存著合掌造的建築樣式和民謠（筑子節）等獨特文化
4. 3月時五箇山會舉行夢幻的夜間點燈

川魚料理（庄川香魚・岩魚）
清澈的庄川是川魚的寶庫。用炭火烤現撈川魚

五箇山蕎麥麵
以石臼研磨的粉末香氣濃厚，口感十分滑順的手打蕎麥麵

名物美食

享譽世界 的設計之都

富岩運河環水公園有2008年獲選為「世界最美星巴克」的店鋪。這處由都市計畫孕育而生的富山全新勝地，夜間的點燈美景也一定要看。

（地圖標示）
灘浦IC
冰見北IC
冰見IC　ひみ
冰見南IC
氷見線
雨晴
万葉線
高岡北IC　能越自動車道
高岡IC
こしのかた
新湊
たかおか　こすぎ
高岡　高岡PA
高岡南IC
福岡PA　城端線
福岡IC　北陸新幹線
小杉　呉羽PA
小矢部東IC　富山西IC
となみ
小矢部IC
砺波IC　小矢部砺波JCT
小矢部川SA
福光IC
福岡IC
じょうはな　城端SA
城端
東海北陸自動車道
井波
八尾
えっちゅうやつお
五箇山IC　五箇山
飛驒白川PA　白川鄉
白川鄉IC

必看SPOT
岩瀨

1. 富山輕軌的終點——岩瀨。過去因北前船往來而繁榮的港町。歷史的街道留存至今
2. 3天共20萬觀光客造訪的「歐瓦拉風盂蘭盆節」

名物美食　居酒屋

↑若要享用富山的海產和地酒，居酒屋絕對不能錯過

富山灣壽司
↑富山縣內壽司店所提供的當季魚10貫套餐

富山黑拉麵

→以深色醬油高湯為一大特徵的當地話題拉麵

旅行 Point

旅行的最佳季節是
每個季節都有各自的優點，但若是著重美食的旅行則最推薦冬天，寒鰤和螃蟹等冬季海鮮的滋味格外可口。若是著重觀光，只要掌握祭典和紅葉、雪景等季節特有的當季樂事，旅行的樂趣就會倍增。

住幾晚才能暢遊？
若要飽覽富山多彩多姿的魅力，推薦1～2晚的行程。希望您以住宿地點為據點，悠閒地享受散步和美食。許多住宿都能讓女性的旅行氣氛更加高漲，不僅會提供美容保養方案或浴衣出租的服務，而且隨處都能感受到真誠款待顧客的心意。

縣內的移動方法是
以身兼轉運站的富山站為中心，前往各大觀光地區的地方鐵道和觀光定期巴士都有運行各種路線。在富山市內觀光，搭乘環狀駛繞的路面電車「富山輕軌」會很方便。若想巡遊更多區域，選擇租車自駕則能節省時間。

成為旅行起點的是富山站
旅行的起點最推薦富山站。不僅交通路線方便，在車站內的觀光服務處也能取得對旅行有幫助的手冊。車站為配合北陸新幹線的開業已經過改裝，商業設施也很豐富。最適合當作伴手禮的當地商品齊聚一堂。

確認話題資訊！

富山的 新聞 & 話題景點

2017年富山縣美術館在富山站北口區域開幕，街上呈現出更勝以往的熱鬧氛圍。製造業和傳統產業的活躍也相當亮眼，不僅在2018年春天有「公路休息站 雨晴」開幕，其他各類能發現富山魅力的全新觀光景點也讓人越發期待。

① 富山市

富山站北變得更加好玩了！富山縣美術館開幕！

●とやまけんびじゅつかん

室外展示著木雕作家三澤厚彥的作品

2017年8月OPEN

建築物採用縣產木材和鋁等建材
©富山縣美術館

Library 在圖書區能悠閒地閱讀雜誌和專業書籍

Atlier 工作室會舉辦體驗型講座
富山縣美術館©小川重雄

用身體感覺藝術和設計　　P.14

以「藝術＆設計」為概念，展示歷年來受到高度評價的海報和椅子收藏，並不時規劃全新的活動和展示。擬聲詞的屋頂陳列著以擬聲詞和擬態語來表現的獨特玩具，已成為一處大人小孩都能暢玩的設施。

富山站北的推薦景點

星巴克 富山環水公園店
●すたーばっくす こーひー とやまかんすいこうえんてん

P.15

外面是一片秀麗運河景致與公園地標天門橋

秀麗景色廣獲好評
能從店內看見的美麗景色，不論早晚都深獲好評。到了櫻花盛開的季節，也很推薦在室外度過悠閒時光。

北陸電力能源科學館 Wonder Laboratory
●ほくりくでんりょくえねるぎー かがくかん わんだー・らぼ

體驗科學的不可思議
能透過實驗和工作、遊戲來學習能源和電力相關知識的科學館。週末也會舉辦實驗教室和活動。

交通方便，能全家同樂

☎076-433-9933　🕘9:00～17:00　週一（逢假日則翌日休）🆓免費　所富山市牛島町18-7 アーバンプレイス3・4F　🚉富山站步行2分　Ｐ無　**MAP P.55 C-1**

③ 魚津

前往電影《羊之木》的外景地

2018年4月於台灣上映

前受刑人的男女6人以港町為舞臺展開衝擊與希望的人性懸疑電影

在以魚津為主的富山縣內拍攝
吉田大八導演的電影《羊之木》，魚津市被選為其主要拍攝地，曾在市內的餐飲店和魚津市公所、魚津港等處進行拍攝。

出演：錦戸亮、木村文乃／松田龍平等人　導演：吉田大八
©2018《羊之木》製作委員會
©山上龍彥、五十嵐三喜夫／講談社　發行：Asmik Ace

② 冰見・高岡

2018年4月25日OPEN

能一次暢遊雨晴海岸和立山連峰！公路休息站 雨晴
●みちのえき あまはらし

眼前即遼闊的雨晴海岸

富山縣內第15座公路休息站開幕
「公路休息站 雨晴」於2018年4月25日在高岡市的國道415號旁開幕。3層樓的建築裡包含資訊提供設施和飲食店、商品銷售空間。從展望天臺能欣賞雨晴海岸和立山連峰的景色。

☎0766-53-5661　所高岡市太田24-74　🚉JR冰見線雨晴站步行5分　Ｐ39輛　**MAP P.97 C-1**

讓人有點意外的東西!? 你知道嗎？

富山的No.1

「名水百選」選定數
富山縣以穴之谷的靈水為首，清水在各處湧現。在環境省挑選日本各地優質清水的「名水百選」中，透過1985年和2008年的調查可知，富山縣共計8處清水雀屏中選，和熊本縣並列全國第一。

住宅自有率
富山縣民的住宅自有率為日本第一，一家平均住宅面積、一棟住宅平均總面積、每戶平均住房數也同位列第一，富山縣的居住水準在全國當中也是名列前茅。

藥都富山
富山的醫藥品產業以300年以上的歷史產自富山，目前仍是支撐縣內經濟的主要產業之一。2015年的醫藥品生產金額為全國第一，人口平均的醫藥品生產金額和製造所的數量也都是全國第一。

棒球的球棒

福光所生產的球棒就連王貞治和一郎選手都很愛用

南砺市福光的木製棒球棒生產支數為日本第一。自大正末期開始生活用高超的木工技術生產球棒，目前每年約生產20萬支。在南砺球棒博物館中，展示著大約500支職業棒球選手的球棒。

⑥ 專為成人提供的富山灣壽司
富山灣壽司 酒席套餐登場！

品嘗一次富山的魅力

富山灣壽司5貫和地酒、魚類配菜的套餐「富山灣壽司 酒席套餐」。老闆會配合當天的壽司選擇地酒給顧客。能學到富山灣生產的當地壽司食材和地酒的相關知識，也是一件樂事。縣內有20家壽司店會供應，奢侈地享用富山當地的美味料理吧。

HP http://www.toyamawan-sushi.jp/ikkon/

MENU

●富山灣壽司 5貫(附湯)
●當季的地魚 生魚片拼盤
●富山的地酒(1合)
●富山當地下酒菜

5400円

部分店家需要預約，請事先確認再前往吧

想抱著期待光顧看看會提供什麼樣的名酒

附湯品也是讓人開心的服務

---

④ 關注町工廠的美術館！ 2017年4月OPEN
Factory Art Museum Toyama

●ふぁくとりー あーと みゅーじあむ とやま

出自町工廠創作者之手，精巧獨特的金屬藝術品

製造鋁製車輪等金屬模具的Fujita Corporation，金屬藝術品美術館在這座工廠的一角開幕了。展示的都是在全國各地製造現場工作的技術者之作品。各種迷人巧思的作品一字排開。

☎ 0766-64-0501 ⏰10:00～16:30 休不定休(事前預約制) ¥1000円(僅初次) 所高岡市福岡町荒屋敷525-9 愛之風富山鐵道福岡站步行30分 P免費

MAP P.97 A-3

一字排開的作品傳達出創作者對於創作的想法

---

⑤ OAI工業株式会社
以富山景色為概念 打造的絲襪很可愛！

●おーあいこうぎょう かぶしきがいしゃ

北陸唯一的絲襪製造商

絲襪會織入使用金銀絲線的螢火魷圖案、以富山灣和立山連峰為意象的圖案，不僅設計好看，也十分好穿。能在工廠的店鋪中購買，不僅是熱門的伴手禮，就連在當地都是人氣商品。

☎ 0765-24-1000 ⏰11:30～13:00、16:00～17:30 休不定休、週六、週日 所魚津市本江850 愛之風富山鐵道魚津站步行19分 P免費

MAP P.96 G-1

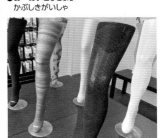

在工廠商店能用更便宜的價格購買

---

⑨ 2016年6月OPEN
去森紀念秋水 美術館看日本刀！

●もりきねんしゅうすいびじゅつかん

不僅有包含重要文化財和重要美術品的日本刀收藏，就連鎧甲和繪畫陶瓷器等其他展示品也很豐富。3層樓的建築裡還附設和風咖啡廳及美術館商店。

☎ 076-425-5700 ⏰10:00～17:30 ¥1000円(團體800円、高中生500円、國中生以下免費)※視企劃展而變動 休逢週一、假日則翌日休 所富山市千石町1-3-6 富山站步行20分 P免費

MAP P.55 B-5

刀劍專用的展示室

---

⑧ 2017年12月指定
越中福岡的菅笠已獲 指定為國家傳統工術品

菅笠的種類也豐富多樣

さんちょんぴん蔵

●さんちょんぴんくら

高岡市福岡地區特產的菅笠已被認定為傳統工藝品，且是富山睽違29年獲指定為傳統工藝品的第6種品項。菅笠能在物產店「さんちょんぴん蔵」購得。

☎ 0766-75-7874 ⏰9:00～17:00 休週一 ¥免費 所高岡市福岡町福岡1077-5 愛之風富山鐵道福岡站步行2分 P無

MAP P.97 B-3

---

⑦ ●ながえぷりゅす
NAGAE＋的 TIN BREATH超受歡迎！

除了手環之外，戒指和耳環也很受歡迎

贈予美國總統夫人 梅蘭妮亞·川普

活用高岡鑄物技術製作的手環「TIN BREATH」。因為是用錫製成，所以能自由地改變形狀。在川普總統訪日之際，安倍首相夫人曾送給梅蘭妮亞夫人當作禮物，因而蔚為話題。

NAGAE＋ 大和 富山店

●ながえぷりゅす だいわ とやまてん

☎ 076-424-1111 ⏰10:00～19:00 休不定休 所富山市總曲輪3-8-6 市電西町電車站步行3分 P收費

MAP P.55 C-5

CHECK!

冰見線·城端線觀光列車
瑰麗山海號

欣賞畫作般的景色

以高岡為起點，路線往海側、山側雙向延伸的冰見線·城端線。行駛在那裡的是觀光列車「Belles montagnes et mer」，愛稱為「瑰麗山海號」。從車窗欣賞接連開展在眼前的秀麗風景吧。

HP https://www.jr-odekake.net/navi/kankou/berumonta/

這也是 那也是！

富山製造

富山縣是製造業興盛的製造王國。即使在全國販售的商品當中，出產自富山的品項也很多。超商常見的那種飲水、懷舊的那種筆記本，其實都是富山製造的。

★MUHI S

對付夏季蚊蟲叮咬—「MUHI」，最推薦「富山MUHI」。由富山縣高岡市的富山化學工業公司和工廠的外用藥品頂尖製造商—池田模範堂」所製造。

要

對付夏季蚊蟲叮咬—最推薦「富山MUHI」咬就搔癢，最推薦富山MUHI有效的那種藥水、對蚊蟲叮咬有效的那種藥水

★Japonica學習帳

昭和45(1970)年誕生，全日本小學生愛用的Japonica學習帳。由富山縣高岡市的SHOWA NOTE所製造。

Ｉ★I LOHAS

LOHAS是把日本天然水裝瓶的礦泉水，富山縣獲選為全國6處的採水地之一。

ilohas いろはす 天然水

季節感！

旅遊最佳

季節行事曆

什麼時候去？要看什麼？

富山全年都充滿精彩之處。四季都會展現各種美景供人欣賞，像是國內最大規模的「砺波鬱金香博覽會」、高岡山的雪景等。以「歐瓦拉風盂蘭盆節」為代表的傳統藝能也深受全國喜愛，就連各個季節的山珍海味也十分豐富。掌握富山的當季資訊，讓旅行的樂趣倍增吧。

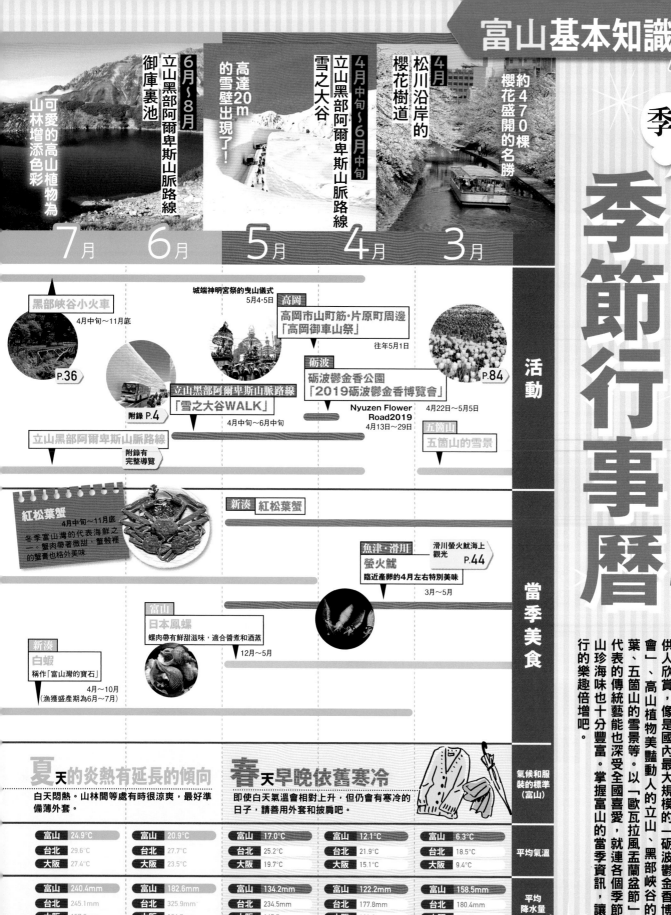

7月

可愛的高山植物為山林增添色彩

御庫裏池

6月~8月 立山黑部阿爾卑斯山脈路線

6月

高達20m的雪壁出現了！

5月

4月中旬~6月中旬 立山黑部阿爾卑斯山脈路線 雪之大谷

4月

松川沿岸的櫻花樹道

3月

約470棵櫻花盛開的名勝

活動

黑部峽谷小火車
4月中旬~11月底
P.36

城端神明宮祭的曳山儀式
5月4・5日

高岡
高岡市山町筋・片原町周邊「高岡御車山祭」
往年5月1日

砺波
砺波鬱金香公園「2019砺波鬱金香博覽會」
Nyuzen Flower Road2019
4月13日~29日
4月22日~5月5日
P.84

立山黑部阿爾卑斯山脈路線「雪之大谷WALK」
4月中旬~6月中旬
附錄 P.4

立山黑部阿爾卑斯山脈路線
附錄有完整導覽

五箇山
五箇山的雪景

當季美食

紅松葉蟹
4月中旬~11月底
冬季富山灣的代表海鮮之一。蟹肉帶有微甜，蟹殼裡的蟹膏也格外美味

新湊 紅松葉蟹

魚津・滑川
螢火魷
臨近產卵的4月左右特別美味
3月~5月
滑川螢火魷海上觀光 P.44

富山
日本鳳螺
螺肉帶有鮮甜滋味，適合醬煮和酒蒸
12月~5月

新湊
白蝦
稱作「富山灣的寶石」
4月~10月
(漁獲盛產期為6月~7月)

氣候和服裝的標準(富山)

夏天的炎熱有延長的傾向
白天悶熱。山林間等處有時很涼爽，最好準備薄外套。

春天早晚依舊寒冷
即使白天氣溫會相對上升，但仍會有寒冷的日子，請善用外套和披肩吧。

平均氣溫				
富山 24.9℃	富山 20.9℃	富山 17.0℃	富山 12.1℃	富山 6.3℃
台北 29.6℃	台北 27.7℃	台北 25.2℃	台北 21.9℃	台北 18.5℃
大阪 27.4℃	大阪 23.5℃	大阪 19.7℃	大阪 15.1℃	大阪 9.4℃

平均降水量				
富山 240.4mm	富山 182.6mm	富山 134.2mm	富山 122.2mm	富山 158.5mm
台北 245.1mm	台北 325.9mm	台北 234.5mm	台北 177.8mm	台北 180.4mm
大阪 157.0mm	大阪 184.5mm	大阪 145.5mm	大阪 103.8mm	大阪 104.2mm

旅遊最佳季節行事曆

2月
白銀與寂靜的世界讓人不禁心醉神迷

1月
五箇山合掌造集落的雪景
12月上旬～3月

12月
從小火車飽覽色彩鮮豔的紅葉

11月
黑部峽谷鐵道的紅葉
9月中旬～11月中旬

10月
優美的舞蹈和樂曲讓人著迷

9月
越中八尾歐瓦拉風盂蘭盆節

8月
9月

高岡
雨晴海岸的絕景
12月上旬～2月下旬

能隔著海洋眺望立山的富山海岸代表觀景點。冬季的海面上雲霧繚繞，彌漫著夢幻氣氛。2014年富山灣獲選為聯合國教科文組織所支持的「世界最美海灣俱樂部」一員。

五箇山
五箇山的雪景
12月～3月

白雪圍繞的五箇山合掌造集落十分夢幻

八尾
越中八尾歐瓦拉風盂蘭盆節
9月1日～3日

魚津的船型萬燈祭
8月第1週五、週六

P.57

黑部峽谷全景展望行程 P.39

黑部
黑部峽谷鐵道的紅葉
9月中旬～11月中旬

城端
城端麥屋祭
9月中旬

男人們身穿黑紋袴，隨著民謠《麥屋節》帶有哀傷曲調的旋律舞動的雄壯姿態，一定要看

朝日町
鱈魚湯
使用整隻大頭鱈的豪邁漁師料理
11月～2月

五箇山
新蕎麥麵
剛採收的新蕎麥不論是香氣或味道都格外美味
10月～11月

新湊
紅松葉蟹
特徵是紅色的外形和鮮甜多汁的味道
9月～5月

富山
岩牡蠣
純天然的牡蠣，肉身肥大，味道濃厚

富山 日本鳳螺

富山
幻魚
棲息在海底的深海魚，是富含膠原蛋白的珍饈
11月～2月

冰見
寒鰤
冬季的「寒鰤」肉質肥美，最為可口
11月下旬～2月上旬

白蝦
5月～8月
透明粉色的漂亮白蝦。是天婦羅、生魚片、壽司等富山美食不可或缺的食材

冬天要做好防寒措施
不通風的羽絨外套和厚大衣、圍巾和手套都很好用。腳下會有許多惡劣地勢，因此穿皮靴和長靴都很方便。

秋天穿毛衣很方便
紅葉季節從山岳地區開始會逐漸轉涼，穿上毛衣或針織外套保暖再出門吧。

※氣象資訊為日本氣象廳所發表的平年值（1981～2010年）。

	富山	台北	大阪
2月	3.0°C	16.5°C	6.3°C
1月	2.7°C	16.1°C	6.0°C
12月	5.7°C	17.9°C	8.6°C
11月	10.8°C	21.5°C	13.6°C
10月	16.4°C	24.5°C	19.0°C
9月	22.3°C	27.4°C	25.0°C
8月	26.6°C	29.2°C	28.8°C

	富山	台北	大阪
2月	172.1mm	170.3mm	61.7mm
1月	259.5mm	83.2mm	45.4mm
12月	247.0mm	73.3mm	43.8mm
11月	234.4mm	83.1mm	69.3mm
10月	160.7mm	148.9mm	112.3mm
9月	220.2mm	360.5mm	160.7mm
8月	168.3mm	322.1mm	90.9mm

新氣象吹拂而過 春天來臨

春 *Spring*

以阿爾卑斯群山為背景，由川邊的櫻花街樹、油菜花和鬱金香地毯交織出的絕景，美不勝收。4月中旬是最漂亮的時候

鬱金香
砺波市 P.84

←通知富山春天來臨的各種鬱金香。砺波市內自4月底起也有700種、300萬株鬱金香盛開的活動

螢火魷的投岸自殺 P.44

←3月～6月，螢火魷為了產卵來到富山灣。在富山市和射水市、滑川市等沿海地區都能看見漂浮著藍白光芒的神祕光景，具有一早出門觀賞的價值

舟見的四重奏
朝日町
☎0765-83-2780 (朝日町觀光協會)
MAP P.94 E-1

任君挑選！ 景色美不勝收！

富山的 絕景景點

擁有眾多山海景色的富山，蘊含許多想以照片收藏的美麗風光，帶著相機出門捕捉吧！

夜高祭
砺波市
☎0763-33-2109
(砺波夜高振興會)

↑每年6月第2週五、週六舉辦的祭典。超過6m的行燈會相互碰撞，大行燈隨著氣勢磅礴的吆喝聲碰撞的瞬間，氣氛將會達到最高潮

↓約1萬年前火山爆發所形成的火山口湖。7～10月的美麗碧藍水面會倒映出立山的英姿。周邊也能看見雷鳥

觀看湖景 便能暑氣全消

御庫裏池
立山町 附錄P.20

稱名瀑布
立山町 附錄P.25

➡350m的落差號稱日本第一的壯觀瀑布。從雪水開始流入瀑潭的春天到夏天，不僅水量會增加，水花也會四處飛濺。十分適合炎熱夏天的景點

夏 *Summer*

←撒上水菜和白菜，連同豐盛的蔬菜一起吃。口味健康，也深受女性歡迎

入口即化的冬季味覺國王

在這裡吃吧！
一到冬天的寒冷時期，縣內的料亭和居酒屋就能看見鰤魚。許多人也會在超市購買，再帶回家與家人共享。

鰤魚涮涮鍋
鰤魚會從12月左右開始來到北陸外海，12～3月為盛產期。除了燒烤、燉煮之外，放入鍋裡涮熟享用的「鰤魚涮涮鍋」也是絕品。只要放入高湯中涮一涮，就能去除多餘的油脂和腥味，因此也很推薦給不擅長吃生魚的人。

MENU
雙層起司漢堡／1512円
大口咬下，加倍美味

肉品專家親手設計的漢堡

➡飽滿多汁的100%和牛漢堡，外國人也大力推薦

SHOGUN BURGER
●しょうぐんばーがー

在富山持續經營30年的老牌燒肉店所打造的漢堡店。2017年4月全新開幕。
☎076-461-3929
⏰平日為11:00～16:00、18:00～21:30、週六為11:00～21:30、週日為11:00～19:30 ❌不定休 📍富山市総曲輪3-3-21 🚋市電グランドプラザ前電車站步行2分
🅿無
MAP P.55 C-4

↑位在富山市街上的店鋪。外帶或內用都可以

在IG曬照一定很吸睛！美食小物

Gourmet Item

歐瓦拉風盂蘭盆節
富山市
P.57

↑3天就讓大約20萬觀光客為之入迷的「歐瓦拉風盂蘭盆節」。舞者隨著歐瓦拉小調的旋律在八尾的街上跳舞前進。數千盞雪洞燈點亮的夜晚，歌舞遊行也彌漫著風情

→自9月23日起舉行3天的祭典會把該年度的熱門話題或活動選為主題，並以蔬菜花草裝飾出工藝品。超過10m的藝術品等精心之作一字排開

作物祭
高岡市
☎0766-64-1426
（福岡町つくりもんまつり実行委員会）

色彩繽紛的紅葉旺季！
沉醉於令人悸動的美景

黑部峽谷的紅葉
黑部市
P.36

小火車宛如沿著日本第一深V字峽谷的大自然景觀行駛，能從小火車裡飽覽橋和山峰等豐富精彩的景色。要小心別錯過曬

白雪在澄澈藍天下
格外潔白耀眼

五箇山合掌造
南砺市
P.76

←留存著日本原生風景的合掌造集落。還能盡情飽覽只有這個時期才能看見的生活風景，像是在五箇山和紙的製造過程中不可或缺的「雪曬」等

環水公園 P.15
燈光秀
富山市

↑全年都會舉行的環水公園夜間點燈。冬天能看見許多聖誕節或情人節等活動限定的燈飾。映照在夜景上的燈光也不容錯過

←能隔著富山灣眺望立山連峰絕美景色的人氣景點。同時也是松尾芭蕉曾歌頌的歷史相關勝地。在嚴峻的日本海冬季，身處在清澈空氣中望去的絕景格外秀麗

P.73
雨晴海岸
高岡市

吃一口就會變成愛好者的馬卡龍

寶石般的展示櫃會有季節限定風味和新商品持禮登場

Monsieur J
◉ムッシュー・ジー

法籍糕點師親自經營的烘焙店，超正宗的馬卡龍深受歡迎。費心嚴選每一項食材的甜點，無論哪一種都是絕品美食。

☎076-461-5242 ⏰10:00～18:00 休週一、週二 富山市総曲輪4-10-9 1F 市電大手モール電車站步行4分 P免費 MAP P.55 B-4

↑店裡陳列著蛋糕和烘焙點心

特徵是糯米特有的芳香和清脆口味。能在超商等處購得

色彩繽紛的寒餅簾子

寒餅

「寒餅」據說是和「煎餅」等米果相傳一脈，從前是當作冬天的乾糧，現在則是作為零食的常見縣民美食。製作寒餅時會混入喜歡的食材，因此曬乾時就能欣賞色彩鮮明的寒餅簾子。

魚糕是把能在富山灣捕獲的豐富鮮魚肉片泡入水中，加入鹽拌勻，再捏出造型下去蒸。鯛魚或龜鶴、松竹梅等經過上色成形的造型魚糕，常作為婚禮紀念品等吉祥物之用。

細工魚糕

亮眼吸睛的魚

↑縣內也有許多製造場能參加細工魚糕的裝飾體驗

「擬聲詞的屋頂」四處都裝設著以象徵擬態語、擬聲語等擬聲詞為靈感的遊樂器材

前往 ART 的富山站北！
矚目度MAX!

富山站北口區域以2017年8月全面開館的富山縣美術館為首，充滿著許多富有設計感的美麗建築。可以享受稍微成熟的美術館散步，或是在大人小孩都能樂在其中的設施裡玩樂，度過一段興高采烈的時光。

©富山縣美術館

三澤厚彥親手打造的木雕熊雕像等「ANIMALS」系列廣獲好評，作為攝影景點深受歡迎

從美術館能一望立山

Gourmet

初次在當地開分店的洋食店、在當地廣受歡迎的甜點店都在館內開分店了。把立山連峰的景色當作佐料來用餐吧。

在富山享用鬆軟的佳餚
日本橋たいめいけん 富山店
●にほんばしたいめいけん とやまてん

☎076-471-6306
🕙11:00～21:15 (11月16日～3月15日為～20:15)
🈺準同美術館休館日

香濃鬆軟的雞蛋讓人口水直流的蒲公英蛋包飯（1680円）

位在東京・日本橋的老牌洋食店在當地開的第一家店。能品嘗招牌餐點「蒲公英蛋包飯」，以及由茂出木大廚監製、使用富山食材的原創菜色。來享用在任何年代都深受喜愛的日本洋食吧。

用豐盛蔬菜搭配貝果
Swallow Café
●すわろうかふぇ

☎076-433-6755
🕙10:00～20:00
🈺準同美術館休館日

以貝果拼盤和每日湯品搭成套餐的Swallow Plate（1080円）

縣內人氣貝果專賣點所監修的咖啡廳。能享用各式各樣的餐點，像是種類豐富的香濃Q軟貝果、不吝惜使用縣產鮮蔬的沙拉、味道和外觀都很可口的甜點。

一邊被縣產素材包圍，一邊用五感享樂

A 富山縣美術館
とやまけんびじゅつかん

出自日本代表性的建築師內藤廣之手，奢侈地使用大量富山縣產木材和鋁打造的美術館。藝廊和屋頂等許多區域都能免費暢遊，大人小孩都會樂在其中。

☎076-431-2711 🕙9:30～17:30、擬聲詞的屋頂8:00～21:30 🈺週三(逢假日則翌日休)、擬聲詞的屋頂為12月1日～3月15日休園 ¥300円(收藏展)、企劃展視展覽而異 📍富山市木場町3-20 🚃富山站北口步行15分 🅿收費
**MAP P.54 B-1**

Shop

和展覽、收藏品相關的商品和書籍等，適合當作伴手禮的品項一字排開。

販售以越中和紙製成的小物、縣內的工藝作品。也能只順道前往商店看看。

MOUNTAIN COLLECTOR手帕

藉由手帕就能把山的景色帶走的產品。也有美術館限定的設計。

明信片

把三澤厚彥的作品製成明信片。在明信片上寫下旅行的感動再送出去吧。

☎076-471-5175
🕙10:00～18:00
🈺準同美術館休館日

富山縣美術館©小川重雄

收藏作品
收藏畢卡索和米羅、棟方志功等國內外的20世紀美術作品，以及能實際坐下的椅子名作等品。

海報觸控看板
能搜尋美術館收藏的約3000張海報。

TADギャラリー
TAD Gallery

TAD Gallery
當作縣民發表兼展示場所善加使用的免費入場藝廊。

FLOOR GUIDE

R
◆擬聲詞的屋頂

3F
◆展示室5～6
◆工作室
◆餐廳「日本橋たいめいけん 富山店」

2F
◆展示室1～4

1F
◆TAD Gallery
◆咖啡廳「Swallow Cafe」
◆美術館商店
◆停車場

水資源豐富的
富山水岸公園

C 富岩運河環水公園
ふがんうんがかんすいこうえん

擁水岸和草皮的遼闊公園，能一望運河絕景。有能眺望立山連峰的展望塔和咖啡廳，週末也有許多人攜家帶眷前來，十分熱鬧。日落～22時的點燈會依照季節改變色調，千萬別錯過了。

📞076-444-6041　⏰自由入園（展塔為9:00～21:30）　休無休　所富山市湊入船町　🚃富山站步行9分　🅿免費（一部收費）
MAP P.54 B-1

D 樂翠亭美術館
らくすいていびじゅつかん

用五感享受
四季的更迭

能一邊眺望過遊式日本庭園，一邊鑑賞藝術作品

美術館商店也有販售作家的作品

這座全新感覺的美術館活用了1950年代興建的日本宅邸和庭園，可鑑賞現代作家和人間國寶的作品。能購買原創商品和富山知名點心的美術館商店也想順便去逛逛。

📞076-439-2200　⏰10:00～16:30　休週三（逢假日則翌日休）　💴視企劃展而異　所富山市奧田新町2-27　🚃富山站北口步行10分　🅿免費
MAP P.55 D-1

大展廚藝的各種佳餚

E Lu PARQS
るぱーくす

義式咖啡廳＆餐廳。風味香醇的咖啡採用講究的萃取方法沖泡嚴選咖啡豆，是讓人想品嘗一番的珍品。

晚餐能從4種全餐中挑選。也提供單點料理

📞076-433-3358　⏰13:00～22:30　休週二、每月2次週三　所富山市下新町35-8 PARQS358 1F　🚃富山站步行15分　🅿免費
MAP P.54 B-1

移動搭這個便利！

路面電車的城市 富山

復古電車

行駛在富山市內的電車，是市民用來通勤、通學、購物等重要的代步工具。黑色和銀色的現代感車廂、感覺懷舊的設計車廂都會繞著市內行駛。

紀念富山市內軌道開業100年的復古電車裡面

連接富山站和岩瀨的富山輕軌（通稱PORTRAM）

環繞富山市區的CENTRAM

在夜晚的公園
閃耀著夢幻光芒

B 星巴克
富山環水公園店
すたーばっくす こーひー とやまかんすいこうえんてん

融入閑靜公園景觀的簡約設計店鋪。從寬敞的大窗戶能看見映入眼簾的公園地標「天門橋」。外帶一杯飲料，坐在草皮上享用也不錯。

📞076-439-2630　⏰8:00～22:30　休無休　所富山市湊入船町5　🚃富山站步行9分　🅿免費
MAP P.54 B-1

能盡情飽覽
富山的水邊風景

從環水公園巡遊中島閘門和岩瀨的運河航程。可以連同各個季節的風景一起欣賞。

高地落差最高2.5m的水電梯是航程最精彩的地方，一定要看看

富岩水上線
ふがんすいじょうらいん

📞076-482-4116（富岩船舶）　⏰環水公園出發為9:45～15:55、平日為10:10～15:30　休11月下旬～隔年3月下旬　💴中島來回1200円、岩瀨單程1500円（附輕軌單程車票）　所富山市湊入船町　🅿免費（部分收費）　**MAP P.54 B-1**

公共自行車
「Cyclocity」 ➡P.17

🚲

富岩運河
能從環水公園出發
環遊運河至岩瀨
（→P.56）

多加感覺！

站北 ART

北陸電力能源科學館Wonder laboratory
能體驗科學和能源等奇妙之處的科學館（→P.8）

PORTRAM
岩瀨街頭散步
是從終點站的
岩瀨濱站開始

JR富山駅

大人小孩都會樂在其中

F KNB入船兒童館
けーえぬびーいりふねこどもかん

由富山電視台企劃及營運的設施，充滿許多創意十足的遊樂項目。也會舉辦主播朗讀繪本的聚會等活動。

📞076-471-6543　⏰10:30～16:30　休週二　所富山市湊入船町3-30 KNB入船別館1F　🚃富山站步行10分　🅿免費
MAP P.54 B-1

建築物採整片玻璃窗，開放感十足。即使是天氣不佳的日子也能在室內盡情玩樂

攝影棚小屋
能實際體驗電視節目的主持人和導播的工作。一起享受播報新聞或切換攝影機的樂趣吧。

木球泳池
鋪滿直徑約4cm木球的泳池。能身處在木頭的溫柔和溫暖中玩樂。還有腳底按摩的效果!?

戴爾·奇胡利《Toyama Float Boat》
2015年、H60×W917.5×D657.5cm
富山市玻璃美術館收藏

在街頭 四周散步！

玻璃之街
Town of Glass

富山市

位在富山市中心的富山站南口，範圍遼闊。想順便前往的景點都緊密地集中在一起，十分適合悠閒地散步！

玻璃之街和富山的代表景點

A 富山市玻璃美術館
とやましがらすびじゅつかん

位在富山市中心的複合設施「TOYAMAキラリ」內的美術館。常設展示著能接觸現代玻璃美術巨匠戴爾·奇胡利的世界觀的作品。

☎076-461-3100 ⏰9:30～18:00（週五、週六為～20:00）休第1、3週三 常設展：成人、大學生200円 富山市西町5-1 市電西町電車站即到 無 MAP P.55 C-5

←從富山站前沿街展示的作品。許多都集中在富山城址公園附近

↓展示富山市所收藏的玻璃作家作品。構造和色調視作品而不同

小林貢 1990年《青のコンポジション》
富山市玻璃美術館收藏

街道上隨時都能欣賞的玻璃作品

街頭美術館

打算在富山市內的街道展示玻璃作品，把整條街道打造成玻璃美術館而展開的企劃。在商店街和大街上展出的作品也會定期更換。

☎076-461-3100
（富山市玻璃美術館）
⏰休自由參觀 富山市新富町JR富山駅北口～富山市本丸城址大通り東側步道～富山市大手町 富山站步行7分～20分 無 MAP P.55 C-4

製作自我風格的手工玻璃

富山玻璃工房
とやまがらすこうぼう

來自全國各地的年輕玻璃作家的活動據點。除了展示、販售作家的作品之外，還能參加工房體驗和吹玻璃等體驗活動。來製作紙鎮等世界上獨一無二的原創作品吧。

能在玻璃作家的協助下享受體驗的樂趣

☎076-436-3322（體驗受理）・☎076-436-2600（展示、販售）
⏰9:00～17:00（體驗為9:00～12:00、13:00～16:00）休無休 富山市古沢152 富山站搭地鐵巴士20分，ファミリーパーク前下車，步行5分 免費
MAP P.97 D-3

採用「麵筋」的和風咖啡廳

不室屋聖代

麵筋的美味新發現
FUMUROYA CAFÉ TOYAMAキラリ店
●ふむろや かふぇ とやまきらりてん

咖啡廳·美術館商店 ⏰9:30～19:00（週五、週六為～20:00）休第1週三

富山商品齊聚一堂
美術館商店

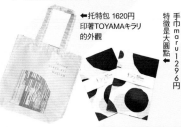
→托特包 1620円
印著TOYAMAキラリ的外觀

手巾maru 1296円
特徵是大圓點

還有這些！ **街頭SPOT**

理念為「生活價值創造者」。週未有許多市民造訪

立體停車場也很完善。停好車再來享受街頭散步吧

愉快地生活，讓心靈更豐富

B Toyama Shimin Plaza
とやましみんぷらざ

舉辦許多讓生活也能接觸藝術的活動。歡迎親子蒞臨的咖啡廳、供應北歐雜貨的商店等店家齊聚一堂，充滿能讓生活更加精彩的樂趣。

☎076-493-1313 ⏰休視店鋪而異 富山市大手町6-14 市電大手モール電車站即到 收費
MAP P.55 B-4

新街頭據點誕生

C ユウタウン総曲輪
ゆうたうんそうがわ

複合設施中包含具備天然溫泉的飯店和電影院。能品嘗新鮮海產的迴轉壽司和居酒屋也比鄰而立。

☎076-491-3500 ⏰休視店鋪而異 富山市総曲輪3丁目9-3 市電大手モール電車站即到 收費
MAP P.55 B-5

街頭深度景點

這裡也去一下吧！

採用木材與和紙的明亮親子空間備有許多繪本

能在利用舊知事公館庭園的靜謐空間中享受富山的四季

和富山有關的作家及作品讓人著迷

E 高志之國文學館
こしのくにぶんがくかん

從《萬葉集》的和歌到現代的電影、動畫、漫畫皆有，介紹富山相關的作家與作品。藉由具備朗讀和影片功能的鑑賞裝置、電子繪卷，就能快樂地學習大伴家持的優秀和歌。在圖書館裡拿起和富山有關的作品，就能悠閒地享受閱讀的樂趣。

☎ 076-431-5492　　🕐 9:30～17:30　　休 週二（逢假日則翌日休）　💴 視企劃展而異　🏠 富山市舟橋南町2-22　🚃 市電縣廳前電車站步行5分　🅿 收費（使用館內設施則3小時免費）
MAP P.55 A-3

有茶室的美術館

D 富山市佐藤紀念美術館
とやましさとうきねんびじゅつかん

位在富山城址公園內的美術館，能在寧靜的氛圍中鑑賞作品。收藏中國、日本、波斯等國的古陶瓷，以及日本近世繪畫等東洋的古代藝術品。館內的茶室也會舉辦呈茶，能享用季節點心和抹茶（收費）。

☎ 076-432-9031　　🕐 9:00～16:30　　休 不定休　💴 210円　🏠 富山市本丸1-33　🚃 市電縣廳前電車站步行5分　🅿 無
MAP P.55 B-3

和城址公園氛圍相襯的石牆是標誌

公共自行車「Cyclocity」

隨時都能使用的便捷共享單車。1日PASS的基本費為300円，並按照使用時間支付使用費。能在飯店等合作設施申請使用。

シクロシティ株式会社
🌐 http://www.cyclocity.jp
☎ 0120-979-496
（週六日、假日以外的10:00～17:00）

松川

櫻花勝地，春天因人潮而熱鬧不已。河邊的藝術品引人矚目

オーバードホール

JR富山駅

地鉄ビル前

新富町　桜橋

県庁　F 市役所

E

富山城址公園　D

丸の内

富山国際会議場
大手町フォーラム

ブロカント通り
H I J

荒町

B

C

GRAND PLAZA

市民的休憩場所。也會舉辦活動

GRAND
停車場

A

P

G

西町

（GRAND
停車場內）

位在舉辦活動和會議的富山縣民會館1F

在ブロカント通り順便逛逛

街道上林立許多光看就讓人興奮不已的雜貨店和書店。去這裡看看，去那裡逛逛吧。

「ブロカント Brocante」是指人們長時間愛惜的「美麗老舊雜物」之意。

書蟲必逛的舊書店

H 古本ブックエンド 1号店
ふるほんぶっくえんど いちごうてん

有許多優質的書，店家的支持者也很多

販售電影、音樂、設計、美術用書等多領域商品的舊書店。在緊密排列的書架中，不僅有全國罕見的一本書，也有能瞭解富山魅力的自費出版品。

☎ 076-493-6150　　🕐 12:00～19:00　　休 週三　🏠 富山市総曲輪2-7-12　🚃 市電荒町電車站步行5分　🅿 無
MAP P.55 C-4

綻放出老闆的品味

I 林ショップ
はやししょっぷ

窯場的器皿和盤子等從全國各地進貨的商品一字排開

這家選貨店陳列著身兼作家的林老闆親自前往進貨的器皿和小物。店內充滿民俗工藝品和手工商品，能讓每天的生活變得更加豐富。

☎ 076-424-5330　　🕐 11:00～19:00　　休 週二、週三（不定休）　🏠 富山市総曲輪2-7-12　🚃 市電荒町電車站步行5分　🅿 無
MAP P.55 C-4

童書專賣店

J デフォー 子どもの本の古本屋
でふぉー こどものほんのふるほんや

非賣品的立體繪本也能自由閱讀

專賣嬰兒至高中生等兒童用書的舊書店。店內的繪本幾乎都在500円以下，就連小朋友也能輕鬆購買。窩在讀書空間裡放鬆也不錯。

☎ 090-6273-8370　　🕐 11:00～17:00　　休 週三、週五　🏠 富山市総曲輪2-7-12　🚃 市電荒町電車站步行5分　🅿 無
MAP P.55 C-4

↑音樂和文化雜誌也密集地一字排開

←椰子奶油蛋糕300
適合搭配以清爽酸味為特徵的Jazz咖啡500

四周環繞著唱片和書籍，享受最幸福的時光

G café 54
かふぇ ふぃふてぃーふぉー

一邊被爵士和世界音樂等種類廣泛的唱片、CD包圍，一邊享用咖啡廳原創的綜合咖啡稍作休息。紅茶和甜點連食材都經過嚴選，各項細節都充滿著老闆的堅持。十分適合在街頭散步的途中來休息。

☎ 076-461-4517　　🕐 11:00～17:00　　休 週二、第1、3週三　🏠 富山市中央通り1　🚃 市電中町電車站即到　🅿 無
MAP P.55 C-5

富山的工藝品、產業商品齊聚一堂

F D&DEPARTMENT TOYAMA
でぃあんどでぱーとめんと とやま

發掘及介紹「日積月累的本地風格設計」的「D&DEPARTMENT」富山店。可以同時享受兩種樂趣，能在商店購買採用傳統工藝的商品，也能在餐廳品嘗以當地當季食材入菜的料理。

☎ 076-471-7791　　🕐 10:00～19:00（餐廳為～18:00）　　休 準同設施的休館日　🏠 富山市新総曲輪4-18 富山県民会館1F　🚃 市電縣廳前電車站步行5分　🅿 收費
MAP P.55 C-3

收藏約2500項木製模具的木型倉庫。其中包含實際使用中的模具，因此工匠偶爾也會來拿取

體驗存活在
現代的傳統技術

有工廠參觀和鑄物體驗
還有咖啡廳美食！

能作是製造產業的樂園！

在鑄物之城高岡深受國內外高度評價的鑄物製造商——能作，其作為產業觀光設施的全新辦公建築開幕了。只要穿過採用多達400片黃銅的入口，能充分享受製物樂趣的空間隨即映入眼簾。

鑄物製造商能作
可參觀的新辦公建築！

能作（のうさく）

📞 0766-63-0001　🕙 10:00～18:00，工廠參觀為9:30～17:00（各約60分鐘，1天5次，需預約）　🈺 週日、假日（工廠參觀有不定休）　📍 高岡市オフィスパーク8-1　🚌 新高岡站搭世界遺產巴士28分，能作前下車即到　🅿 免費

MAP P.97 B-4

<u>能在時尚的新辦公建築裡暢遊1天</u>

不僅能參觀工匠實際製造鑄物的現場，還能參加原創商品的鑄物製作體驗。美術館般的時尚建築和內部裝潢也務必參觀。咖啡廳和商店都有豐富多樣的原創商品。

⬆採用黃銅打造的入口牆壁也引人矚目

⬅夜晚會點燈，變成不一樣的感覺

能作代表製品的彎曲錫製器皿「KAGO Square」

瞭解 **KNOW**

FACTORY TOUR ●ふぁくとりー つあー

醒目的照明和榮獲SDA Award的標誌引人矚目

<u>前往工匠揮汗工作的現場</u>

在能作可參觀實際鑄物的製造現場，實際體驗平常看不見的工匠技巧和精神，而這也是本地觀光的最大特色。如果時間剛好，還能看見用1200度融化的黃銅倒入鑄型的「澆鑄」瞬間。

⬅融化黃銅的火焰也值得一看

TOYAMA DOORS ●とやま どあーず

播放富山相關觀光資訊的光雕投影，時間約7分

<u>開心地介紹富山觀光♪</u>

介紹富山精彩之處的光雕投影，以及介紹能作員工所推薦的觀光景點、住宿、餐飲店等資訊的卡片，全都想當作富山旅行的參考。

介紹縣內觀光資訊的卡片。由員工親自取材和攝影，再編纂而成的作品

請感受一下工匠們
的技術和精神！

能作 千春小姐

Challenge 體驗

NOUSAKU LAB ●のうさくらぼ

在採用高鋼銅器傳統製法的錫製品製作體驗中，除了小學生也能體驗的紙鎮之外，還能製作托盤、小碗、酒杯等器皿。

世界上唯一的作品完成了！

挑戰製作錫製托盤。確保金屬流動的洞口，再慢慢地把托盤原型的周圍用沙子壓緊固定住，用稱為生型鑄造法的高岡銅器傳統技法分別製作上型和下型，再把融化的錫倒入合在一起的鑄型中。一開始會很難，但會有人細心指導，因此可以放心體驗。

體驗時間為30分鐘～90分鐘左右

能選擇！ 體驗MENU

◎酒杯	4000円
◎小碗	4000円
◎托盤	4000円
◎筷架2個1組	2500円
◎昆蟲吊墜3個1組	2500円
◎紙鎮	
國中生以上	1000円
小學生	500円

體驗時間
10:00～、11:30～、13:00～、14:30～、16:00～
需事前預約

Start!

1
放入托盤的原型，使用網子放入沙子

2
用叫做STAMP的道具壓緊，固定沙子

3
抽掉管子，修整一下之後要倒入金屬的洞口

4
上型也同樣依序製作

5
上下的鑄型完成後，把兩者疊合，再倒入錫

6

用銼刀等工具研磨，再蓋印就完成了

完成!!
到這裡大約90分鐘。心滿意足地完工了！

在4月下旬左右能從咖啡廳的窗戶看見油菜花田

蘋果派(1500円)自14時起供應，1天限量10個

貝果（原味）230円

美食 Eat

IMONO KITCHEN

●いもの きっちん

在新總公司內的咖啡廳裡，用能作器皿盛裝的豐盛蔬菜咖哩、披薩、貝果等套餐，以及能作的「の」形貝果、起司蛋糕，全都廣受歡迎。以KAGO Square為印象打造的「能作酥脆！蘋果派」好想跟朋友一起分享。

☎ 0766-63-0050
🕐 10:00～17:30
休 無休

能找到珍藏的伴手禮和禮品

插1朵花的「曾呂利」花瓶7020円～

Buy 購物

FACTORY SHOP

●ふぁくとりー しょっぷ

只有在能作總公司販售的限定品項豐富多樣！還有和縣內老牌和菓子店、大野屋、五郎丸屋等店家聯名的點心，以及和工匠所穿上衣不同顏色的原創T恤等商品。酒杯、曾呂利花瓶、KAGO系列也廣受歡迎。

☎ 0766-63-0002
🕐 10:00～18:00
休 無休

車程10分

體驗之後，稍微走遠一點…
用剛做好的酒杯喝杯地酒！

「2013年整修翻新的酒庫「大正蔵」」

↑也能參觀威士忌蒸餾所「三郎丸蒸餾所」

若鶴酒蔵 大正蔵 ●わかつるしゅぞう たいしょうぐら

在創業150多年的若鶴酒造中，能試喝的酒庫參觀體驗深受歡迎。取得喜歡的地酒，用手工酒杯來喝喝看吧！

☎ 0763-37-8159 (預約受理)
🕐 10:00、13:30、15:15 (需預約，人數限制60人)
休 週日　所 砺波市三郎丸208　🚃 JR油田站即到　P 免費
MAP P.97 B-4

在這裡也能購買！ 能作的直營SHOP

能作 マリエとやま店
●のうさく まりえとやまてん

位在JR富山站附近，交通十分便利。購買伴手禮也很方便。

☎ 076-464-6008
🕐 10:00～20:00　休 無休　所 富山市桜町1-1-61 マリエとやま 1F
🚃 富山站即到
MAP P.55 C-2

能作 富山大和店
●のうさく とやまだいわてん

位在富山市區的富山大和5樓，適合挑選禮物和紀念品。

☎ 076-424-1111 (富山大和代表)
🕐 10:00～19:00　休 不定休　所 富山市総曲輪3-8-6 富山大和 5F
🚃 市電西町電車站步行3分
P 收費
MAP P.55 C-5

GALLERY NOUSAKU
●ぎゃらりー のうさく

常備能作的所有商品。附設使用能作餐具的咖啡廳。

☎ 0766-21-7007
🕐 10:00～18:00　休 週一　所 高岡市熊野町1-28　🚃 高岡站搭計程車10分　P 免費
MAP P.97 C-2

富山的**美味!!**美食大集合 **1**

海鮮美食

MAP P.55 B-2

富山市 せん 富山駅前店
●せん とやまえきまえてん

堅持選用在富山灣捕撈的新鮮海產和冰見牛等當地食材的菜色一字排開。白蝦刺身和螢火魷的沖漬等單點料理也很豐富。

📞076-405-1000 🕐17:00～23:30（週日～週四）、17:00～翌日1:30（週五、週六、假日前日）🈺無休 🏠富山市新富町2-4-1 🚃富山站步行3分 ※中午僅預約時營業

富山灣的寶石

白蝦

透著淡紅色的白蝦，被稱作「海中貴婦」、「富山灣的寶石」。生吃軟嫩鮮甜，油炸也很美味。

最佳季節為4月～10月

最推薦！
MENU
白蝦什錦炸物／950円
剛炸好的熱騰騰白蝦帶著Q軟口感，鮮甜滋味會在口中擴散開來，讓人一吃就上癮

MORE 這個也很推薦
生魚片拼盤（2030円～）是把在日本海捕撈的早晨現撈鮮魚精緻裝盤後供應，和富山的地酒也十分相配

襯托出白蝦口感和甜味的絕妙炸法

富山市 白えび亭
●しろえびてい

把白蝦美味宣揚到縣內外的白蝦料理專賣店。裹著薄麵衣的白蝦甜味在口中擴散開來。

📞076-433-0355 🕐10:00～21:00 🈺無休 🏠富山市明輪町1-220 JR富山駅1F きときと市場「とやマルシェ」內 🚃富山站內 🅿有合作停車場
MAP P.55 C-2

在蝦子料理專賣店享用酥脆天婦羅和Q軟生魚片

最推薦！
MENU
白蝦天婦羅蓋飯定食／1260円
酥脆麵衣襯托出白蝦的鮮甜

MORE 這個也很推薦
用手剝殼的白蝦刺身蓋飯定食（2480円）也很受歡迎。濃厚的甜味讓人口水直流

清流從標高3000m等級的立山連峰流入水深1000m的富山灣，這種壯觀地形被稱為孕育頂極海產的「天然魚塘」。在這樣的富山誕生出的「4種食材」，可以在以下介紹的店家和知名料理盡情品嘗。

最推薦！
MENU
螢火魷御膳／2200円
生魚片、天婦羅、醋味噌拌菜、乾貨、土佐煮的5種料理搭配滑川產的越光米一起品嘗

春天的風物詩

螢火魷

在黎明的海上閃耀著光輝，為富山春天的當季風景。能用沖漬、釜揚、天婦羅等多種方法享用。

最佳季節為3月～5月

一邊遠眺春天的海洋，一邊大吃螢火魷料理

滑川 海老源 海遊亭
●えびげん かいゆうてい

有大型梯形水槽的海鮮餐廳。自製的螢火魷鹽辛「うみあかり」最適合當作伴手禮。

📞076-475-5656 🕐11:00～13:30、17:00～20:30（週六、週日、假日為11:00～20:30）🈺不定休 🏠滑川市上小泉2155 🚃富山地方鐵道中滑川站步行15分 🅿免費
MAP P.96 G-2

MORE 這個也很推薦
點全餐（5400円）或迷你全餐（3780円）就能享用豐富多彩的螢火魷料理

MORE 這個也很推薦
放上螢火魷一夜干的螢火魷羅勒香菇披薩也廣受歡迎

滑川 パノラマレストラン 光彩
●ぱのらまれすとらんこうさい

位在螢火魷博物館2樓的餐廳。能一邊欣賞富山灣一邊品嘗各種螢火魷料理。

📞076-476-1370 🕐3～8月為11:00～21:00、9～2月為11:00～17:00 🈺週二（3月20日～5月31日無休營業）🏠滑川市中川原410 🚃愛之風富山鐵道滑川站步行8分 🅿免費
MAP P.44 A-1

最推薦！
MENU
螢火魷鹽辛「うみあかり」／540円
以獨家秘方製成的自製鹽辛，凝縮著螢火魷獨特的可口滋味，讓人想一吃再吃

飯菜和地酒都很推薦

自製的絕品鹽辛

新鮮可口的海鮮美食

冰見 割烹かみしま
●かっぽうかみしま

充滿冰見烏龍麵和冰見牛等當地可口美食的餐廳。在寒鰤的季節能享用鰤魚涮涮鍋和鰤魚白蘿蔔等料理。

📞 0766-72-3399
🕐 17:00～21:30 休週一
所 冰見市本町17-17
🚉 JR冰見站步行15分
🅿 免費　**MAP** P.68 A

富山灣的王者

寒鰤

曾在日本海的驚濤駭浪中磨練的寒鰤，肉質肥美，格外美味。在冰見捕獲的「冰見寒鰤」是享譽全國的品牌魚。

最佳季節為12月～2月

用涮涮鍋品嘗新鮮寒鰤

享用冰見的口味！

MENU
寒鰤涮涮鍋
／1人份2700円～
（照片為3人份）
曾在日本海的驚濤駭浪中磨練的寒鰤，肉質肥美，格外美味。能在冰見捕獲的「冰見寒鰤」是享譽全國的品牌魚

MORE 這個也很推薦
花一天熬煮成焦糖色的鰤魚白蘿蔔，香濃口味搭配地酒或米飯都很適合

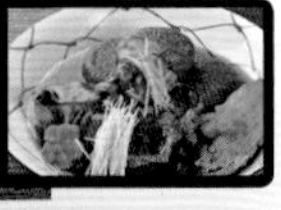

冰見 ばんや料理 ひみ浜
●ばんやりょうり ひみはま

ばんや是指漁夫的工作小屋。在冰見漁港前面能享用到食材經嚴選的奢華漁師料理。

📞 0766-74-7444
🕐 11:00～14:00、17:00～19:00（食用完打烊）、週一～週四的晚上需預約 休不定休
所 冰見市比美町21-15
🚉 JR冰見站步行12分　🅿 免費
MAP P.68 A

肥美鮮甜的味道讓人驚豔，使用大隻鰤魚的頂級口味

最推薦！
MENU
鰤魚白蘿蔔／500円（沒有放魚頭）
為一道絕品料理，特別只使用10kg以上的肥美大魚

MORE 這個也很推薦
能品嘗生魚片、鰤魚涮涮鍋、鹽燒、鰤魚白蘿蔔等的寒鰤饗宴（7500円）深受歡迎

若來到富山，絕不容錯過!!
新鮮可口 4大

新鮮可口的海鮮美食

富山市 酒と人情料理 だい人
●さけとにんじょうりょうりだいと

在老宅風格的居酒屋店內，可吃到活用富山食材的料理。能透過種類豐富的餐點品嘗早晨捕獲的當季海產。

📞 076-431-0122
🕐 17:30～24:00 休週日
所 富山市新富町2丁目5-1 はまのやビル1F
🚉 市電新富町電車站即到
MAP P.55 B-2

MORE 這個也很推薦
整隻螃蟹的甲羅燒（1700円）充滿濃厚的蟹膏，和富山的日本酒十分搭配

富山灣的女王

紅松葉蟹

建立「高志紅蟹」品牌的富山灣名產，蟹肉的甜味和濃厚蟹膏格外可口。

最佳季節為9月～5月

MORE 這個也很推薦
附1隻釜鍋水煮紅松葉蟹的螃蟹饗宴套餐（3996円）等平價定食也深受歡迎

濃厚的蟹膏是絕品！能盡情大啖螃蟹的全餐料理

最推薦！
MENU
螃蟹全餐／10800円～
（11～隔年3月，需預約）
能吃遍螃蟹火鍋、螃蟹生魚片、甲羅燒等螃蟹料理的奢華全餐

最推薦！
MENU
紅松葉蟹的漁港現煮／1500円
熱呼呼地品嘗整隻剛汆燙好的螃蟹。能實際品嘗紅松葉蟹天然滋味的一道佳餚

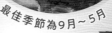

新湊 割烹かわぐち
●かっぽうかわぐち

能品嘗白蝦和螢火魷等各種季節食材的店。螃蟹料理廣獲好評，每年光顧的回流客也很多。

📞 0766-84-1331
🕐 11:30～14:00、17:00～21:00
休週一（逢假日則翌日休）
所 射水市中央町19-31　🚉 萬葉線新町口站即到　🅿 免費
MAP P.65 A

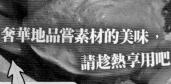

奢華地品嘗素材的美味，
請趁熱享用吧

すし玉 富山駅店

●すしたま とやまえきてん

位在JR富山站附設商業設施的壽司店。在交通位置良好的店裡，能品嘗每天早上從富山、石川縣內港口直送的鮮魚。米飯只使用縣內生產的越光米。

📞076-471-8127　🕐11:00～21:15　🈺無休
📍富山市明倫町1-220 JR富山駅1Fきときと市場「とやマルシェ」內　🚉富山站內
🅿有合作停車場

MAP P.55 C-2

最推薦！
天然鰤魚腹肉／540円
使用在富山、石川、新潟捕獲的鰤魚。特徵是天然食材持有的豐富甜味。

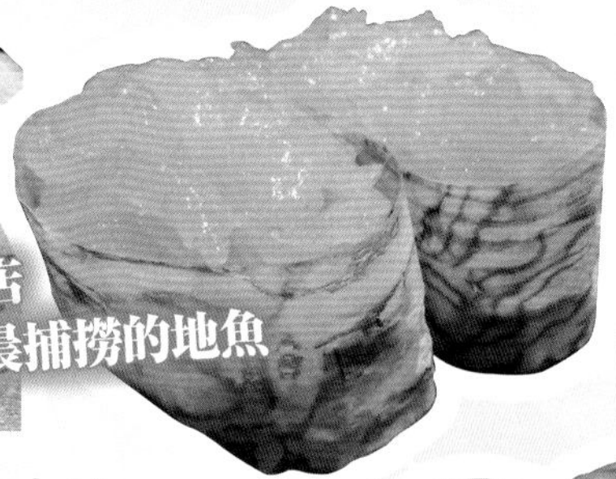

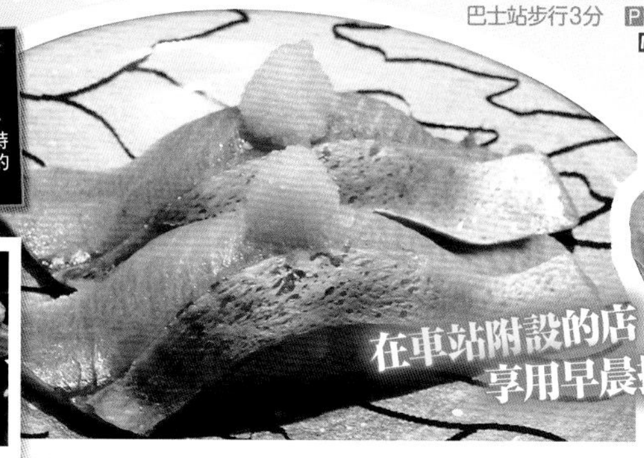

店長 私心推薦
光輝號列車／1512円
菜名和新幹線有關的人氣餐點。當季最美味的7種握壽司一字排開。

店長 私心推薦
冰見饗宴（附味噌湯、1杯飲料）660円
從當天自冰見漁港進貨的魚當中，嚴選出5種握壽司食材。味噌湯的食材當然也是冰見生產。

別家店也要Check！

富山ファボーレ店
📞076-465-1897　🕐11:00～21:30
🈺無休　📍富山市婦中町下轡田165-1
🚉富山站搭富山地鐵巴士20分，宮ヶ島巴士站下車即到　🅿免費
MAP P.97 D-4

富山掛尾店 **P.51**
📞076-491-1897
🕐11:00～21:15　🈺無休
📍富山市掛尾栄町5-8　🚉富山站搭富山地鐵巴士13分，今泉巴士站步行3分　🅿免費
MAP P.54 B-4

最推薦！
手工剝殼白蝦／756円
由於是以手工方式細心剝除每一隻蝦殼，因此能直接享用到柔軟蝦肉的口感。

富山的 **美味!!** 美食大集合 **2**

店長 私心推薦
冰見饗宴拼盤（1天限量20份）1080円
這道豐盛拼盤只使用當天在冰見現撈的魚類，例如冬季是鰤魚，夏季是鮪魚。

在車站附設的店享用早晨捕撈的地魚

雖然平價，品質卻很高！
迴轉壽司

以高品質廣獲好評的富山迴轉壽司，推薦給想輕鬆品嘗新鮮地魚的人。下面嚴選出富山市和港町冰見市的名店加以介紹。

最推薦！
冰見產 醋鯖魚／259円
堅持自製的一道佳餚，醋的味道恰到好處。能確實品嘗到鯖魚原本的風味。

要在富山市品嘗冰見的魚，就來這裡！

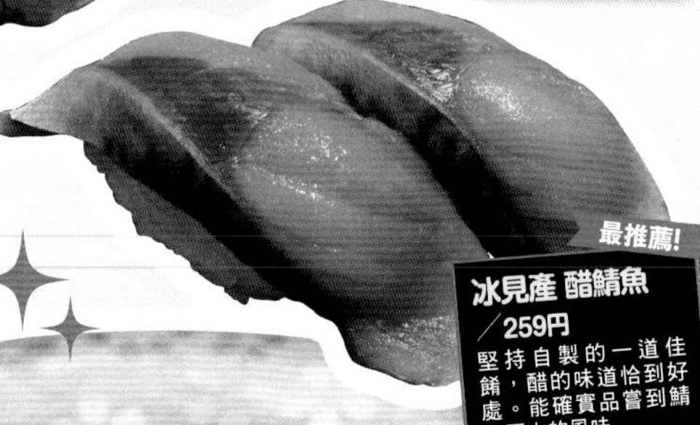

最推薦！
炙烤特選冰見牛菲力（1貫）518円
嚴選A4～A5等級的牛。在口中自然化開的軟嫩口感和芳醇香氣都是極品。

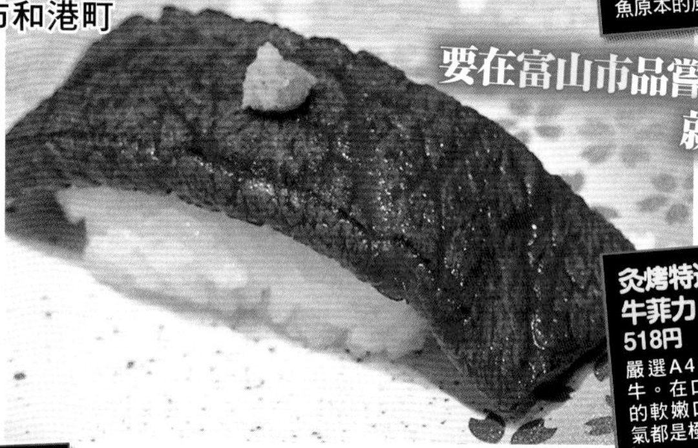

用良心價格供應當地直送的鮮魚

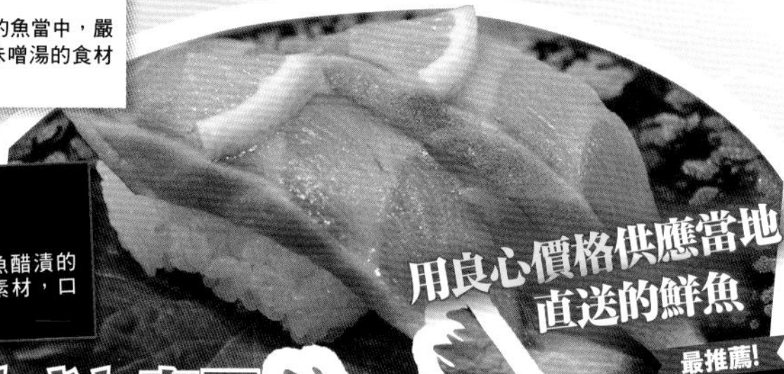

最推薦！
櫻鱒／302円
買進整條鱒魚醋漬的佳餚。活用素材，口味溫和適中。

最推薦！
黑鹽辛魷魚／357円
把以墨魚汁製作的鹽辛魷魚捲成軍艦捲。享用獨特風味，外觀也很吸睛。

氷見きときと寿司 氷見本店
●ひみきときとずし ひみほんてん

開店30年一直深受喜愛的知名餐廳。盡可能堅持選用當地的魚，並進貨以店長精準眼光親自鑑定的海鮮。平實的價格也讓人心滿意足。

📞0766-91-5114　🕐11:00～21:00
🈺無休　📍氷見市上梁65
🚉JR冰見站車程8分　🅿免費
MAP P.97 B-1

寬敞明亮的店內

別家店也要Check！

飯野店
📞076-452-0011　🕐11:00～21:00
🈺無休　📍富山市新屋6-1　🚉富山地方鐵道上飯野巴士站步行10分　🅿免費
MAP P.96 E-3

黑部店
📞0765-57-2488　🕐11:00～21:00
🈺無休　📍黑部市前沢1549　🚉愛之風富山鐵道黑部站步行23分　🅿免費
MAP P.96 H-1

當天的推薦菜單也確認一下吧

粋鮨 富山店
●いきずし とやまてん

能在富山市內品嘗每天早上在冰見港捕撈的海味。星鰻和蟹膏等美食都是耗時耗力烹調而成的自製餐點。也能品嘗冰見牛等魚類以外的當地食材。

📞076-451-0808
🕐11:00～20:45　🈺無休　📍富山市飯野8-4　🚉富山地鐵巴士金泉寺巴士站步行16分　🅿免費
MAP P.96 E-3

高岡店
📞0766-21-8193
🕐11:00～21:00　🈺無休　📍高岡市あわら町110　🚉萬葉線廣小路站步行2分　🅿免費
MAP P.74 B-1

別家店也要Check！

三井アウトレットパーク北陸小矢部店
📞0766-78-3253　🕐11:00～21:00
🈺無休　📍小矢部市西中野972-1 5008
🚉愛之風富山鐵道石動站搭加越能鐵道巴士9分，終點下車即到　🅿免費
MAP P.97 A-3

迴轉壽司&富山灣壽司

小政寿司

魚津 ●こまさずし

能品嘗以魚津港為中心在當地捕獲的當季地魚。鰤魚白蘿蔔等單點料理和地酒也很豐富，獨自一人也能前往的自在感覺很吸引人。深夜順路去吃個壽司也不錯。

☎ 0765-22-5383
🕚 11:30～24:00 休 不定休
🏠 魚津市上村木1-6-9 愛之風富山鐵道魚津站步行10分 P免費
MAP P.44 D-1

大概預算
中午700円～、晚上3000円～

昆布襯托出可口滋味的一牡蠣
蠣昆布燒
（600円）

便宜又好吃！大啖人氣店的絕品料理和地酒

本店的
富山灣壽司 2500円

能品嘗在魚津港捕獲的日本鳳螺、鰤魚、甜蝦、比目魚等鮮魚。附分量飽滿的鰤魚白蘿蔔，讓人心滿意足。
※壽司食材視季節而異

松葉寿司

冰見 ●まつばずし

對味道很嚴格的當地客人也常光顧的冰見名店。店內只有和式座位，能一邊放鬆一邊品嘗壽司。富山灣壽司的食材隨季節而異，圓花鰹和赤點石斑魚等當地食材豐富多樣。

☎ 0766-72-0266
🕚 11:30～13:30、17:00～21:00 休 週日
🏠 冰見市丸の内7-21 JR冰見站步行15分 P免費
MAP P.68 A

大概預算
中午1300円～、晚上4000円～

在和式座位放鬆休息 大啖冰見美味

本店的
富山灣壽司 2700円

圓花鰹和赤點石斑魚等當地食材一字排開。熱騰騰的湯品是裝滿冰見傳統小魚的「ちゃん鉢」
※壽司食材視季節而異

甜味會在口中擴散的水煮魷魚（9～11月）350円

剛捕獲的10貫 新鮮可口佳餚

浪花鮨本店

新湊 ●なにわずしほんてん

每次進貨都是親自前往1天舉行2次的新湊港拍賣會，把剛捕獲不久的鮮魚直接送到店裡，因此鮮度絕佳。以熟練技巧將大隻鰤魚快速剖開，壽司分量豐盛飽滿。

☎ 0766-82-6800
🕚 11:30～14:00、16:30～21:00
休 週一 🏠 射水市西新湊13-15 萬葉線西新湊站即到
P免費 MAP P.97 C-2

本店的
富山灣壽司 2600円

60～80cm的鰤魚和比目魚、紅松葉蟹、白蝦等在新湊港捕獲的優質鮮度壽司材料一字排開。醋飯使用Q軟的ミルキークイーン
※壽司食材視季節而異

大概預算
中午3300円～、晚上5500円～

富含脂肪的鹿角魚200円的肝臟也烤出好吃

放滿當季山珍海味的10貫

富山灣壽司

富山約有60家壽司店會提供使用富山新鮮海產的10貫套餐「富山灣壽司」。奢侈地享用從當地漁港和市場進貨的新鮮壽司食材吧。

美喜鮨本店

富山市 ●みきずしほんてん

從市場或海港進貨的嚴選食材會經由傳承3代的老店技術變成精緻壽司。能品嘗裝著赤鮭和赤點石斑魚等高級魚的高級富山灣壽司。

☎ 076-432-7201
🕚 11:30～13:30、17:00～22:00(食材售完打烊)
休 週三 🏠 富山市櫻町1-7-5
🚃 富山站步行3分 P無
MAP P.55 C-2

大概預算
中午3500円～、晚上5000円～

最高級食材和江戶風格的職人技藝

本店的
富山灣壽司 3780円

裝著赤鮭和赤點石斑魚等高級魚的人氣套餐。冬天會有寒鰤和香箱蟹登場
※壽司食材視季節而異

把魷魚黑墨辛製成細捲的「黑墨捲」800円

耗費心力捏製的絕品壽司

大概預算
中午2000円～、晚上6000円～

本店的
富山灣壽司 3240円

能品嘗當天現撈的當季壽司食材。其中的赤鯨握壽司是以熱水汆燙，因此能享用柔嫩魚肉在口中化開的美妙滋味
※壽司食材視季節而異

富含海洋風味的小碗日本鳳螺500円

美乃鮨

富山市 ●みのずし

這家江戶風格壽司名店會耗費心力把新鮮素材製成30種以上的壽司，陳列在展示櫃中。襯托出素材味道的技術格外出色，有許多遠道而來的回流客。

☎ 076-422-3034
🕚 11:30～14:00、17:30～21:00
休 週日、假日的週一 🏠 富山市丸の内2-3-4 市電丸之內電車站即到
P免費 MAP P.55 B-4

寿司竹

新湊 ●すしたけ

以眼光精準的老闆參加港口拍賣得標的優質新鮮壽司食材為傲。用當地特有的良心價格就能品嘗新湊當季的口味。奢華的海鮮蓋飯也超受歡迎。

☎ 0766-82-3329
🕚 11:30～20:30 休 週二 🏠 射水市立町8-8 萬葉線新町口站步行3分
P免費 MAP P.65 A

大概預算
中午2700円～、晚上5000円～

早上和中午在港口得標的優質當地壽司食材

本店的
富山灣壽司 2700円

正因為離海很近才能享有的良心價格，讓人感到心滿意足。能享用蟹膏和白蝦的軍艦捲、日本鳳螺等新湊優質的當季食材
※壽司食材視季節而異

黑部漁港
くろべぎょこう

橋梁移動、漁船不斷往來
滿溢旅行氣圍的港町

說到黑部，就屬水壩最為知名，但是有可動式橋梁和海底步道的漁港也是精彩景點。在不是公路休息站的魚之站能享受美食和購物的樂趣。

黑部漁港陳列著剛捕撈上岸的新鮮海產

以炭火烤現撈的魚和一夜干
聞起來就很美味

炭燒きレストラン航海灯
黑部
●すみやきれすとらん こうかいとう

位在魚之站「生地」裡的餐廳。在黑部漁港捕撈的海鮮類、稱作鹽物的黑部名產乾貨，都能以炭烤方式享用。鮮度優質的生魚片定食也深受歡迎。

📞0765-57-3567 ⌚11:00～15:00 休週三(繁忙期除外) 🏠黑部市生地中區265 🚃愛之風富山鐵道生地站搭新幹線生地線巴士5分，魚的駅生地下車即到 🅿免費
MAP P.94 E-1

最推薦!
MENU
炭火燒烤、地魚
／600円～
以熱呼呼的炭火烘烤鯛魚和鰈魚等當季鮮魚、凝縮著美味的自製乾貨

由直售棟「とれたて館」和餐廳棟「できたて館」構成的魚之站

名産 しおもん
しおもん用漢字寫作「塩物」，是指乾貨或一夜干的方言。只用當天捕撈的魚和鹽製作的手工鹽物，是能發揮素材天然美味的樸素味道。

黑部、魚津、新湊、冰見。富山自豪的4大漁港是海味聚集的寶庫。作為旅情十足的觀光景點，近年來也廣受歡迎。

氷見:寒鰤
黑部:乾貨
新湊:白蝦
魚津:螢火魷

富山的4大漁港熱鬧非凡！
透過午餐享用漁港美食

若要品嘗早上捕撈的鮮魚，漁港就是最佳選擇。以實惠的價格就能享用不吝惜使用新鮮海產的料理。眺望著方言交錯飛舞的場景也十分有趣。

海風亭
魚津
●かいふうてい

這家店能品嘗以大量海鮮入菜的日本料理，海鮮都是從全國數一數二的管理制度為豪的魚津市場直接進貨。名產是漫畫《美味大挑戰》曾介紹的龍田揚幻魚（700円）。

📞0765-22-7303 ⌚11:30～14:00、17:00～21:00 休週日、假日 🏠魚津市釈迦堂1-13-5ホテル美浪館1F 🚃愛之風富山鐵道魚津站即到 🅿免費
MAP P.44 D-1

店內具備吧檯座位、一般桌椅、和式座位

最推薦!
MENU
海鮮蓋飯／1290円
裝著豐盛當季地魚的奢華海鮮蓋飯。和富山縣產的醬油也十分搭配

曾被《美味大挑戰刊載》的嚴選素材日本料理店

在魚商組合直營的餐廳
享用海港的款待

幻魚房
魚津
●げんげんぼう

位在公路休息站蜃気楼的魚津魚商組合直營的餐廳。用便宜的價格就能品嘗在魚津漁港捕獲的新鮮海產。週日有當地壽司職人製作的限量壽司菜單。

📞0765-22-0210 ⌚11:00～15:00 休第2週三 🏠魚津市村木定坊割2500-2海の駅蜃気楼內 🚃愛之風富山鐵道魚津站搭魚津市民巴士6分，海の駅蜃気楼下車即到 🅿免費
MAP P.44 C-1

在海市蜃樓搖曳的海港
大啖罕見的地魚

魚津港
うおつ

春天會出現海市蜃樓的夢幻魚津港。作為遠洋漁船聚集的港町而繁榮，和人口數相比的酒館數量可謂全國數一數二。

以海市蜃樓勝地而聞名的魚津港

富山的
美味!!
美食大集合
3

24

透過午餐享用漁港美食

能奢侈地享用白蝦和螃蟹的人氣店

新湊漁港
しんみなと

新湊是富山縣內屈指可數的漁場。漁場距離漁港非常近，因此能立刻運送剛捕撈的魚，而且拍賣會不只早上，13時也會舉辦。可以獲得更加新鮮的魚。

活用漁場和漁港的近距離，舉辦全國少見的中午拍賣會

新湊 きときと食堂
●きときとしょくどう

位在新湊漁港前，內行人才知道的名店。用實惠的價格就能品嘗以剛捕撈的海產入菜的定食和蓋飯。從一大早就開始營業，因此也適合當作早餐。

鮮度優質！經營的人氣食堂 鮮魚販賣店

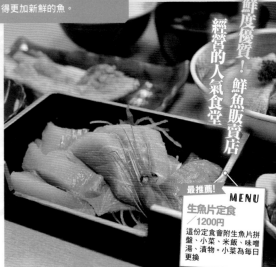

最推薦！
MENU
生魚片定食 ／ 1200円
這份定食會附生魚片拼盤、小菜、米飯、味噌湯、漬物。小菜為每日更換

新湊 割烹かわぐち
●かっぽうかわぐち

因許多觀光客而熱鬧非凡的人氣店，備有定食到正宗懷石料理等種類豐富的餐點。名產是在新湊捕獲的白蝦和螃蟹料理，在盛產期還有提供水煮螃蟹的當地配送服務。

菜單豐富多樣，從小孩到老人等當地支持者眾多

☎0766-84-1331
🕐11:30～14:00、17:00～21:00 休週一（逢假日則翌日休）🚏射水市中央町19-31 🚃萬葉線新町口站即到 🅿免費
MAP P.65 A

☎0766-54-0310（代表號碼）
🕐5:30～14:00，週日、假日為7:00～ 休週三 🚏射水市八幡町1-1100 🚃萬葉線東新湊站步行5分 🅿免費
MAP P.65 A

黃色招牌是標誌

最推薦！
MENU
海鮮蓋飯（上）套餐 ／ 2700円
紅松葉蟹和白蝦、螢火魷等當季的當地海鮮豐富多樣。附豆腐料理和小菜，十分划算

最推薦！
MENU
主廚精選白蝦天婦羅蓋飯 ／ 2000円
白蝦天婦羅蓋飯、生魚片、味噌湯、小菜的套餐。優質鮮度和絕妙的調味會讓人吃上癮

活用素材的絕品料理
以酥脆的白蝦天婦羅蓋飯搭配Q軟生魚片

擁有溫暖接待和值得信賴的味道 傳承3代的人氣店

最推薦！
MENU
海鮮蓋飯 ／ 1650円
鰤魚、條石鯛、昆布醃鱈魚、甜蝦等冰見特有的海產豐富多樣

冰見 海鮮料理おがわ
●かいせんりょうりおがわ

地魚料理和冰見烏龍麵廣受當地人喜愛的店。店裡舒適的家庭式氛圍也是人氣的祕訣。團體客也能來店用餐（需預約）。

這家店能讓人吃到美味的當地產珍貴食材

☎0766-74-0084 休不定休（元旦會營業）🚏氷見市伊勢大町2-7-51 🚃JR氷見站步行4分 🅿免費
MAP P.68 A
🕐6:00～19:00

早上6時開始營業，因此當作早餐也OK

冰見漁港
ひみ

冰見漁港以縣內首屈一指的漁獲量自豪。冬季在富山灣用定置網捕獲的鰤魚，是稱作「冰見寒鰤」的最頂級品牌魚。

能從2樓參觀每天早上6時左右開始的拍賣會情況（週日、假日、週三為不定休，需確認）

冰見 しげはま

昭和20（1945）年創業，長期受到當地人喜愛的割烹料理店。溫暖的接待和無庸置疑的口味廣獲好評。附生魚片和烤魚的豪華定食，冬季限定的鰤魚全餐都廣受歡迎。

☎0766-72-0114
🕐12:00～13:45、17:00～21:45 休週四 🚏氷見市丸の内2-18 🚃JR氷見站步行15分 🅿無
MAP P.68 A

しげはま原創的碎切鮮魚石燒蓋飯1080円

麵

最喜歡麵類的富山縣民。下面介紹以富山黑拉麵為主的拉麵店、廣獲當地顧客喜愛的烏龍麵店。嚴格把關的口味肯定會讓人吃上癮！

西町大喜本店

富山市 ●にしちょうたいきほんてん

昭和22（1947）年創業。為了替徵戰後復興工作的勞動者補充鹽分，而想出把拉麵當作配菜的黑拉麵發祥店。漆黑的高湯讓人驚奇不已。

☎ 076-423-3001
⏱ 11:00～20:00　休 週三（逢假日則翌日休）　所 富山市太田口通り1-1-7
🚃 市電グランドプラザ前電車站即到　P 無
MAP P.55 C-5

最推薦！MENU
中華蕎麥麵／750円～
以濃口醬油的高湯搭配粗粒胡椒的口味會讓人上癮。硬的粗麵搭配豐盛叉燒讓人心滿意足

始祖的味道就在這裡！
富山黑拉麵的發祥店

麵家いろは CiC店

富山市 ●めんやいろは しっくてん

在東京拉麵展榮獲5次日本第一的名店。特徵是以魚醬製成的祕傳黑胡椒和富山灣鮮魚熬製的溫和高湯。入口瞬間就化開的叉燒也是人氣的祕訣。

☎ 076-444-7211　⏱ 11:00～翌日1:30（週日、假日為～22:30）　休 無休
所 富山市新富町1-2-3 CiCビルB1F
🚃 富山站即到　P 收費
MAP P.55 C-2

在東京拉麵展勇奪日本第一！
全國知名的人氣店

富山縣民今天也在吃！
縣民 LOVE
Part1

以因漆黑高湯而聞名的富山黑拉麵為先鋒，富山有許多會讓人吃上癮的美食。下面介紹最推薦的縣民美食，有觀光期間不容錯過的店，也有當地顧客大排長龍的店！

美食

漆黑的高湯十分下飯！
富山黑拉麵

作為富山當地拉麵而聞名全國的黑拉麵。充滿醬油味的漆黑高湯搭配白飯一起吃，真是一大享受。
★這裡是富山口味變成配菜的濃厚口味是為了戰後的身體勞動者而誕生的歷史悠久口味。
★實際品嘗的評語 黑拉麵當中也有清爽系和溫和系，品嘗比較看看也很有趣！

最推薦！MENU
富山黑拉麵味玉拉麵／890円
拉麵口味清爽，香濃美味易入口，吃起來和看起來的感覺全然不同

糸庄 ●いとしょう

富山市

口味從創業至今超過45年都沒變過，持續受到喜愛的烏龍麵店。招牌菜單的燉煮內臟烏龍麵會放入豬內臟、蔥、金針菇、天婦羅炸蝦、紅卷魚板，分量非常豐盛。也很推薦多點一顆蛋。

☎ 076-425-5581　⏱ 11:00～24:00
休 週二　所 富山市太郎丸本町1-7-6　🚃 地鐵巴士花園町巴士站即到　P 免費
MAP P.54 B-3

深受當地居民喜愛的人氣烏龍麵店

最推薦！MENU
燉煮內臟烏龍麵／850円
味噌基底的高湯滲入Q彈有嚼勁的冰見烏龍麵，肯定會吃上癮

最推薦！MENU
蔬菜拉麵／600円
8番らーめん的必吃商品。麵是粗麵，能從味噌、醬油、鹽、奶油風味4種口味中選擇

絕對輕鬆自在且容易親近的北陸人氣店

8番らーめん 富山駅店

富山市 ●はちばんらーめんとやまえきてん

主要在北陸設店的連鎖店。因為和國道8號有關，所以取名為「8番らーめん」。必吃的人氣商品是富含炒蔬菜的蔬菜拉麵。

☎ 076-443-2782
⏱ 10:00～21:45　休 無休
所 富山市明輪町1-230 クラルテ2F
🚃 富山站內　P 收費
MAP P.55 C-2

ラーメン一心

富山市 ●らーめんいっしん

高湯講究無添加且經過多次嘗試，終於以和歌山的濃厚醬油豚骨和喜多方的小魚乾、濃厚醬油醬汁調配出溫和的口味。

☎ 076-433-7258　⏱ 11:30～14:30、18:00～22:00　休 週日
所 富山市櫻町1-1-36 地鉄ビル1F
🚃 富山站步行3分　P 使用地鐵大樓停車場
MAP P.55 C-2

無添加化學調味料
十分講究的自製麵條

最推薦！MENU
黃金煮玉子拉麵／830円
水煮蛋會在以溫和湯頭自豪的滷蛋醬汁中靜漬2天，相當美味

麵粉料理

說到富山深受任何年齡歡迎的麵粉料理，就是ぼてやん多奈加的御好燒。連當地居民都會排隊購買，讓人不禁想品嘗的靈魂美食就是這個！

四角形的御好燒讓人驚豔

分量紮實飽滿的靈魂美食

最推薦！
MENU
御好燒（綜合口味）／860円（有價格修訂）
添加豬肉、魷魚、鮮蝦的人氣綜合口味。最後在上面淋上黃芥末醬作裝飾

富山市 ぼてやん多奈加 富山駅前店
●ぼてやんたなかとやまえきまえてん

1978年創業的人氣御好燒店。特徵是為了能把麵糰煎得勻稱而做成四角形煎烤，有厚度的鬆軟御好燒十分有飽足感，還能預約外帶。

📞 076-442-2152　🕐 11:00～14:30、17:00～22:00（週六、週日、假日為11:00～22:00）　🚫 不定休　📍 富山市新富町1-2-3 CiC B1F　🚃 富山站即到　🅿 收費　**MAP P.55 C-2**

麵糰帶有厚度，因此要花30分鐘以上細細煎烤

位在站前大樓CiC地下樓層的店舖，經常湧現排隊人潮

朝日町 栄食堂
●さかえしょくどう

這間人氣食堂開在擁有「鱈魚湯街道」別名的國道8號旁。一到冬天，店裡就會出現了為了鱈魚湯而來的當地人和卡車司機，十分熱鬧。

📞 0765-83-3355　🕐 7:30～19:30　🚫 第4週一（逢假日則翌日休）　📍 朝日町境647-1　🚃 愛之風富山鐵道越中宮崎站步行15分　🅿 免費　**MAP P.94 F-1**

位在富山和新潟的縣境。店內平常總是因當地人而熱鬧不已

鱈魚和牛蒡的豐富滋味
鱈魚湯（朝日町）

把拿掉內臟的整隻鱈魚切塊後熬煮，為朝日町宮崎地區的鄉土料理。一到冬天，「鱈魚湯」的旗幟就會沿著街道一字排開。
★ **這是富山口味** 新鮮鱈魚中只加入牛蒡和蔥調味的簡單口味。
★ **實際品嘗的評語** 食材美味和味噌風味融和在一起，十分好吃！從身體裡面溫暖起來。

湯品

想在寒～冷的冬天喝碗暖呼呼的鱈魚湯，溫暖一下身體。鮮度優質的鱈魚中只添加牛蒡和蔥的簡單口味，就是富山風格。

在冬天的鱈魚湯街道上
因排隊人潮而格外熱鬧的人氣店

最推薦！
MENU
鱈魚湯／800円
加入大量肝臟和白子的鱈魚湯，連同鍋具出餐的豪華感也很有魅力。自己獨享充滿整個鍋子的鱈魚滋味吧。

便利商店？？

鬆軟漢堡麵包的溫和手工漢堡

販售手工漢堡和奇特類型三明治等商品的趣味便利商店。在獨特氛圍的店裡讓人興奮不已！

立山町 立山サンダーバード
●たてやまさんだーばーど

因為販售富山黑色可樂餅等罕見食材的三明治和飯糰而聞名的便利商店。也有原創小物等商品，能夠享受挑選伴手禮的樂趣。能在店內座位品嘗購入的商品。

📞 076-483-3331　🕐 5:00～20:00　🚫 無休　📍 立山町横江6-1　🚃 富山地方鐵道横江站步行3分　🅿 免費　**MAP P.96 F-5**

以黃色招牌為標誌的便利商店

滑川市 ハンバーガーとコンビニの店 うずや
●はんばーがーとこんびにのみせうずや

能品嘗手工漢堡的便利商店。店內放著傳統的投幣式街機和漫畫書，大人小孩都能暢玩一番。

📞 076-475-0666　🕐 7:00～18:30　🚫 不定休　📍 滑川市高月町386-4　🚃 富山地方鐵道西滑川站步行15分　🅿 免費　**MAP P.96 F-2**

用鬆軟漢堡麵包製成的大漢堡680円

挑戰奇特食材的三明治！

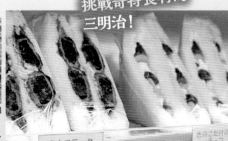
畫著雷鳥等插圖的明信片和徽章很適合當作伴手禮
三明治全是手工製作。有時也會夾入巧克力點心

以外帶給顧客為主。老闆會面帶笑容地交給顧客

富山市 平野屋
●ひらのや

自1935年開始營業的老牌甜點店。持續守護著第2代老闆所研發的冰淇淋食譜,長年深受縣民喜愛。除了冰淇淋最中餅之外,也很推薦霜淇淋和杯裝冰淇淋。

☎ 076-421-7289　⏰10:00～19:00
休週三(6～9月為無休)　富山市一番町5-1
市電大手モール電車站步行3分　P免費
MAP P.55 B-5

冬天也想吃的簡單懷舊口味

在酥脆的最中餅中夾入濃厚的冰淇淋。適合拿來稍微填飽肚子的尺寸,也可以單手拿著邊走邊吃

冰淇淋最中餅

抹茶110円 巧克力120円

任何時候都想吃!

甜點
從縣都吃過一次的熟悉甜點到實際上是富山發祥的最新甜點。請享用有許多甜點愛好者的富山縣民推薦美食吧。

縣民
LOVE
美食 Part2

香味四溢讓人著迷 富山發祥的焦糖可麗餅

可麗餅和烤布蕾的混搭甜點。外層酥脆內層綿密的新食感甜點

富山市 comcrepe本店
●こむくれーぷほんてん

日本第一家創造出「烤布蕾可麗餅」的焦糖可麗餅發祥店。表面以噴槍烤焦的可麗餅,特徵是餅皮輕薄扎實,適合邊走邊吃。草莓可麗餅等口味也廣受歡迎。

☎ 076-491-7017　⏰11:00～19:00
休週三　富山市中央通り1-6-29
市電中町電車站即到　P無
MAP P.55 C-5

烤布蕾可麗餅

烤布蕾可麗餅(左) 550円
草莓千層可麗餅(右) 650円

七越燒(紅豆餡、白豆沙餡、卡士達奶油) 110円
七玉燒(雞蛋沙拉) 180円 →P.33

奢華地裝飾著水果 想吃一次的豪華聖代

富山 COCONUTS ISLAND本店
●ここなっつあいらんどほんてん

聖代大量使用水果的人氣茶飲店。冬天到春天會出現排隊人潮,全是打算品嘗盡量鋪滿草莓的知名草莓聖代。

草莓聖代

900円

持續30年以上深受喜愛的季節限定聖代,在11月下旬～5月左右都能品嘗

☎ 076-466-2232　⏰9:30～21:00　休週三(逢假日則翌日休)
富山市婦中町笹倉87　JR速星站步行15分　P免費
MAP P.97 D-4

縣民親自推薦的大家最喜愛的甜點

富山市 七越 きときと市場 とやマルシェ店
●ななこしきときといちば とやまるしェてん

長達60多年深受縣民喜愛的老店,一直使用富山的清水,並採用能襯托出素材原本風味的製法。內餡所用的紅豆粒餡在縣內的超商也能購買。

☎ 076-432-1204
⏰8:30～20:30
休無休
富山市明倫町1-220 JR富山駅1Fきときと市場「とやマルシェ」內
富山站即到
P無
MAP P.55 C-2

優質甜味讓人滿意的紅豆粒餡、濕潤濃厚的卡士達奶油等各種口味豐富齊全。とやマルシェ限定的白蝦燒也值得關注

インド料理 デリー あわら本店

高岡
●いんどりょうり でりー あわらほんてん

深受當地人喜愛48年的老牌咖哩店。一邊發揮食材的正宗味道，一邊持續嘗試研發合乎日本人喜好的口味。縣內共有4家店，而且都是大受歡迎的新菜單「藥膳咖哩」的認證店。

☎ 0766-25-0796 　🕐 11:00～21:00 　休 無休
🏠 高岡市あわら町13-49 　🚃 萬葉線志貴野中学校前站即到 　P 免費
MAP P.74 B-1

具有獨特氛圍的店內備有許多印度雜貨來販售

真空包裝的咖哩 各465円～。縣內的超市和公路休息站皆有販售

最推薦！ MENU
DELHI午餐／
1030円
咖哩能從3種口味中選擇。推薦凝縮著高岡市產洋蔥美味的「korma咖哩」。

日文也很精湛的KAN主廚

東京DELHI的姊妹店
種類豐富的咖哩醬讓人大飽口福

連最後一滴都想吃光的正宗巴基斯坦咖哩

最推薦！ MENU
雞肉咖哩套餐／
1000円
鬆軟口感讓人口水直流的烤餅，不僅能無限享用，還能打包外帶

套餐附調味清爽的印度香飯、沙拉、香辣可口的印度烤雞拼盤

カシミール

射水市

因口耳相傳能品嘗正宗巴基斯坦咖哩而走紅的店。能從雞肉、羊肉、豆類、蔬菜4種口味中選擇咖哩。多人大力推薦，就連外國客人也經常光顧。

☎ 0766-83-7190 　🕐 11:00～14:30、17:00～21:30
休 無休 　🏠 射水市沖塚原752-1
🚃 北陸自動車道小杉IC車程15分 　P 免費
MAP P.97 C-2

咖哩
悄悄以咖哩為名產而知名的富山縣，有印度和巴基斯坦的正宗咖哩，也有從小吃到大且合乎日本人口味的咖哩，一起去吃這些種類萬別千差的咖哩吧。

濃厚奶油的香氣會勾起食慾

縣民LOVE美食②

インド料理 Taj Mahal 富山本店

富山
●いんどりょうり たーじ・まはーる とやまほんてん

這家印度咖哩的米飯摻入了富山縣產越光米，和香辣的咖哩醬極為搭配。縣內數一數二的辛辣咖哩醬吃過一次就會上癮。

☎ 076-436-0134 　🕐 11:00～22:30
休 無休 　🏠 富山市栃谷199-2
🚃 北陸自動車道富山西IC車程6分 　P 免費
MAP P.97 D-3

能享受印度氛圍的室內裝潢也要關注

鮮嫩多汁的雞肉裹上辛辣的咖哩醬

最推薦！ MENU
印度烤雞定食
1380円
賣點是以烤箱烘烤而成的鮮嫩多汁烤雞，咖哩的辣度能從3種當中選擇。還有實惠的午餐

在除了包裝店內之外的超市購買。咖哩醬也有販售3種真空，也能。

最推薦！ MENU
HAMZA午餐套餐／
1100円
能從最受歡迎的奶油雞等數種口味中選擇。套餐含沙拉、烤餅和印度奶茶

每日咖哩和推薦餐點能從掛在牆上的導覽板確認

HAMZA RESTAURANT

富山
●ハムザレストラン

週末會有許多縣民光顧，廣獲男女老幼好評的人氣店。週六、週日、假日能享受讓人心滿意足的假日吃到飽（1404円），餐點包含4種咖哩和以咖哩及米飯拌炒而成的「印度香飯」。

☎ 076-479-1181 　🕐 11:00～15:00、17:00～22:00
（週六、週日、假日為11:00～22:00） 　休 無休 　🏠 富山市水橋小路503-1 　🚃 富山站搭計程車20分 　P 免費
MAP P.96 F-3

推薦當正餐或點心都可以的夾心麵包

黒と白

コッペパン專門店
富山市
●こっぺぱんせんもんてんくろとしろ

這家縣內首家夾心麵包專賣店能從30種以上的食材中挑選餡料，夾入富山漆黑的黑色夾心麵包或立山白雪的白色夾心麵包中。

☎ 090-9443-9646 　🕐 9:00～18:00（售完打烊）
休 週三、第3週二 　🏠 富山市東田地方1-3-19 　🚃 市電電氣ビル前電車站步行6分 　P 免費
MAP P.55 D-3

推薦品項可在黑板上確認

（白）紅豆奶油220円
（黑）照燒蛋320円

同時享用蓬鬆Q軟的口感

とべーぐる 富山店

富山市
●とべーぐる とやまてん

使用當地新鮮食材的貝果人氣專賣店，每一顆貝果都是經過細心水煮後烘烤而成。

☎ 076-492-6505 　🕐 11:00～16:00 　休 週三、第2週二 　🏠 富山市平吹町5-12 　🚃 市電諏訪川原電車站步行6分 　P 無
MAP P.55 A-4

麵包
在帶有米倉印象的富山縣，麵包的人氣也是根深柢固。絲毫不輸深烤米飯。讓人十分驚豔的新店也要確認一下。

季節限定的種類也豐富齊全

富山的美味!! 美食大集合 5

美食王國「富山」的魅力

富山朝向天然的魚塘「富山灣」，是最高級的寒鰤和白蝦等新鮮海產的寶庫。這座美食王國聚集著海洋、山林、河流、鄉村等處的頂級食材，除此之外，還有受豐沛水源滋潤的大地所孕育的蔬菜、山林所賜予的食材等。

絕佳的地理位置令人滿意

地產地消的旅行餐點

能充分品嘗當地食材的餐廳果真是一處迷人的飲食空間。連同舒適的氣氛和優良的地理位置一起享用特殊的美味餐點吧！

農園餐廳佇立在景觀秀麗的山丘上

↑佇立在綠意懷抱中的餐廳。若受到氣候眷顧，也能一望冰見市街和富山灣

→凝縮著當地食材美味的全餐料理部分餐點（需預約）

↑附設陳列著嚴選富山美食和商品的商店

↑全是自家公司釀造的洋酒。左起為莎當妮葡萄酒3600円、梅洛葡萄酒3600円、蘋果酒1800円

這裡很GOOD！
若天氣好，坐在戶外的露天座位也很舒暢！

→木造的建築物內是以白色為基調的開放式廚房風格

最推薦！MENU
午餐全餐……2600円、3600円
晚餐全餐……6000円～
※需於3天前的15時之前預約
一杯葡萄酒800円～

冰見 SAYS FARM
●せいずふぁーむ

釀酒廠附設的餐廳。位在能一望富山灣和立山連峰的山丘上，能享用以農園採摘的蔬菜和雞蛋、全國知名漁場冰見的新鮮海產入菜的料理。

☎090-7743-8288（預約專線 10:00～16:00）
🕐中午（需預約）11:00～14:30、咖啡廳15:00～17:00、晚上（需預約）17:30～21:30 休不定休
（2月為冬季休業）所 氷見市余川北山238
🚗JR冰見站搭計程車20分 P免費 ※預約專線在午餐時間可能無法接通
MAP P.95 B-1

↓所有料理都附沙拉和飲品

最推薦！MENU
里山咖哩………900円
每週便當………900円

品嘗整份大地賜予的美食吧

→便當以當地蔬菜製成，口味溫和

富山市 食育キャンパス きっちん里山倶楽部
●しょくいくきゃんぱす きっちんさとやまくらぶ

四周環繞著富山市郊閑靜田園的飲食教育學校。健康溫和的餐點活用以當地蔬菜為主的素材滋味，可以盡情享用。蔬菜和加工品的直售區也廣受歡迎。也會舉辦收穫體驗和手作教室。

☎076-411-4401
🕐11:30～13:30
休週一～週四 所富山市開ケ丘43-1 🚗富山西IC3km P免費
MAP P.97 D-4

→能飽覽各個季節的景觀

這裡很GOOD！
店鋪周圍沒有建築物，每個座位的視野都不錯

地產地消的旅行餐點

最推薦！MENU

番茄義大利燉飯午餐	1280円
自製番茄醬蛋包飯午餐	1480円

這裡很GOOD！
能眺望田園風景的窗邊是特等席

←小木屋般的店鋪氛圍和周圍的地理環境也很相襯

品嘗聆聽過莫札特的番茄吧

↓在店鋪旁邊的農園採摘的番茄、使用番茄製作的甜點都能外帶

高岡 農園kitchen moriy
●のうえんきっちん もりー

在料理中使用聆聽古典樂栽培而成的番茄。義大利燉飯、法國吐司、聖代等餐點全都使用番茄，能盡情地品嘗店家親手栽培而成的番茄美味。

☎070-5062-1110
⏰11:00～14:00、14:00～17:30
休週三，第1、3週四 所高岡市今泉223 交高岡站搭計程車25分 P免費
MAP P.97 C-4

↑附前菜和飲品的午餐1080円。料理和甜點都充滿番茄。菜單會依照季節改變

↓用有機肥料培育的蔬菜和果實，好吃得讓人驚艷

農園咖啡廳的完熟果實甜點廣獲好評

最推薦！MENU

主廚推薦蔬菜御膳套餐	
附原創咖啡、季節甜點	2000円
以自種果實製作的手工蛋糕	450円

冰見 稻泉農園 cafe Orchard
●いないずみのうえんかふぇ・おーちゃーど

Orchard是果樹園的意思。利用屋齡100年的老房子，在能眺望庭園的和室或西式房間可以品嘗最新鮮的當季美食。使用櫻桃或覆盆子等水果的原創甜點也很推薦。

☎0766-72-3545
⏰3～12月的11:30～14:30(週六、週日為～16:00) 休期間中週四、週五 所冰見市上田1661 交冰見IC3km P免費
MAP P.97 B-1

這裡很GOOD！
外觀是綠意環繞的歷史悠久老宅

↑在雅緻的日式宅邸店鋪能享用季節感十足的菜色

富山市 Chez Fujii
●シェ・フジイ

在歐洲的星級餐廳修練技藝的主廚和在大阪磨練技術的侍酒師攜手合作，提供能放鬆享用奢華美食的「富山法式料理」。也想享用從頭開始費心製作的料理和葡萄酒間的搭配組合。

☎076-421-5887
⏰11:30～13:30、18:00～21:00(晚上需預約)
休週一 所富山市布瀨本町5-9
交富山站搭地鐵巴士10分，新根塚下車，步行5分 P免費
MAP P.54 B-3

這裡很GOOD！
能享受優雅氛圍的包廂也很推薦

→店鋪位在靜僻的場所，氣氛就像成人的祕密小屋

↓能享用使用當地食材的法式料理

最推薦！MENU

午餐全餐	2160円～
晚餐全餐(需預約)	4320円～
	(服務費另計)

能品嘗當地食材的「富山法式料理」

: 31

把「富山灣的寶石」
做成煎餅

超好吃
當地伴手禮
精選特輯

以 **必買 & 現在最夯** 加以區分

在受惠於山珍海味的富山，有許多裝滿大自然恩惠的伴手禮。可以從必吃的口味來挑選，也可以從包裝來選擇。把美味旅行的回憶帶回家吧。

白蝦紀行
しろえびきこう SHOP Ⓐ Ⓑ

864円(2片17包) 富山柿山

使用富山灣捕獲的白蝦的鮮蝦風味煎餅。調配適當的鹹味讓人口水直流。

藥都特有！

反魂旦
はんこんたん SHOP Ⓐ Ⓑ

1080円(20個) 美都家

此烤饅頭和全國知名的越中賣藥的反魂丹有關。還附贈紙氣球讓人很開心。

濃厚奶油
滿溢出來

甘金丹
かんこんたん SHOP Ⓐ Ⓑ

1296円(8個) ボン・リブラン

鬆軟的海綿蛋糕中裝滿濃厚卡士達奶油的必買伴手禮。

必買
甜點

鬆軟的輕盈口感！

黑蜜玉天
くろみつたまてん SHOP Ⓐ

1300円(10個) 菓子司 林昌堂

這項知名甜點是以雞蛋、砂糖、寒天製成淡雪羹後，於表面塗抹蛋黃再烘焙成金黃色。口味清淡又輕盈。

優質的口感和
咖啡也很相襯

月世界
つきせかい SHOP Ⓐ Ⓑ

486円(1條) 月世界本舖

1897年創業。富山代表性知名點心，把鵝鶉蛋、和三盆糖等材料混合後乾燥而成。

必買

嚴選「說到富山伴手禮就是這個！」的食品。無論男女老幼收到肯定都會很開心。

放入生產者的姓名！
包裝紙也值得關注

大門素麵
おおかどそうめん SHOP Ⓑ

650円(1個350g) となみ野農業協同組合

以擁有160多年歷史而自豪的手延素麵。特徵是強勁的彈力和滑順的口感。

飲用富山
自豪的地酒
比較看看！

必買
酒 &
下酒菜

富山的地酒
療癒的藥箱
とやまのじざけ いやしのくすりばこ SHOP Ⓑ Ⓔ

2592円 北陸酒販

在以富山賣藥郎為印象打造的紅箱中裝滿6種地酒的套組。能品嘗比較看看。

把新鮮螢火魷裝瓶

乾麵
必買

滑順的口感

冰見烏龍麵
ひみうどん SHOP Ⓐ Ⓑ Ⓓ

1425円(細麵3包裝) 海津屋

以手拉方式拉長的烏龍麵。特徵是強勁的彈力和黏性，以及麻糬般的口感與風味。

富山美味水源的地酒

宇奈月啤酒
うなづきびーる SHOP Ⓐ Ⓑ

1290円(3罐裝) 宇奈月啤酒

這種地酒的原料為以黑部名水和大自然恩惠培育而成的「黑部產二条麥」。能享用3種口味。

美味掛保證！

黑作 化妝箱包裝
くろづくり けしょうばこいり SHOP Ⓐ

972円(100g) | **1836円**(200g) 蛯米水産加工

以漆黑外觀驚豔四座的富山珍味。用魷魚的魚身混合肝臟和墨魚汁後熟成發酵的鹽辛。

螢火魷沖漬
ほたるいかおきづけ SHOP Ⓐ Ⓑ Ⓕ

1080円 川村水産

這種香濃可口的鹽辛是在新鮮螢火魷中加入醬油和味醂，再泡入深層水中醃漬而成。

始祖・魚板昆布卷

獻上卷
けんじょうまき SHOP Ⓐ Ⓑ

赤卷**437円**・昆布卷**464円**(小形135g) 女傳

1850年創業。富山城主前田利友所進獻的魚板昆布卷始祖。帶著魚原本的濃厚滋味。

繽紛的顏色
很可愛

散發著復古感的
成人口味汽水糖

高岡ラムネ
たかおからむね
540円(10個)
とこなつ本舗 大野屋 **SHOP Ⓐ Ⓑ Ⓓ**
創業180年的老店,連細節都做得很美的
職人手作技術也值得關注。生薑和柚子
的後味香氣四溢。

使用清酒
「幻之瀧」的酒粕

滋味越嚼越香

幸のこわけ
螢火魷粕漬
さちのこわけ ほたるいかかすづけ
540円 かね七 SHOP Ⓑ Ⓓ
把整條Q彈的螢火魷放入酒
粕中醃漬熟成,口味溫和,
富含風味。

幸のこわけ
乾貨魷魚絲
さちのこわけ すぼしいとするめ
324円 四十物昆布 SHOP Ⓑ Ⓓ
用於松前漬等昆布料理的魷魚絲
乾貨,口感非常有嚼勁。

T五
てぃーご
756円〜(5片裝)
薄氷本舗 五郎丸屋 **SHOP Ⓐ Ⓑ Ⓓ**
一放入口中就如薄冰般融化的薄片干菓
子。能享用櫻花(鹽味)、抹茶(苦味)
等講究的和風天然素材。

現在最夯
會吃上癮的新口感和講究設
計,現在最夯的富山伴手禮
也在持續進化!

甜點
現在最夯

富山素材
的酥餅

柔軟富彈性
的肉球魚板
喵喵魚板
にゃんかま
432円(5個) 生地蒲鉾
繼承魚板素材的獨特柔軟度,口
感溫和。裡面包有奶油起司。

現在
最夯

酒&
下酒菜

SHOP Ⓑ
迷你鱒魚壽司
ミニます寿司
650円 富山ます寿し協同組合
有9家鱒魚壽司店提供,能品
嘗各家店的壽司比較看看。
小尺寸連女性和年長者都能
輕鬆食用。

直徑10cm的
手掌尺寸!

無花果和芝麻
的酥餅
いちじくとごまのさぶれ **SHOP Ⓒ**
580円(6片裝) SAKURA SWEETS
用無花果加以點綴,並使用八尾的
有機栽培芝麻、富山縣產米粉,從
富山灣海洋深層水中抽取的入善之
鹽。

素材味道溫和
寬文三年
あめ屋のマーシュ
かんぶんさんねんあめやのまーしゅ **SHOP Ⓑ Ⓓ**
540円 島川あめ店
只用麥芽水飴和蛋白製成,會在
口中化開的新口感糖果。

油漬日本叉牙魚
はたはたおいるづけ
1404円 つりや SHOP Ⓐ
把新鮮的日本叉牙魚細細
醃漬的絕品。恰到好處的
鹹味讓人胃口大開。

富山站內

在とやマルシェ買東西吃!

縣民的甜點
七越燒
110円〜 七越

七玉燒登場!
能享用優質甜味的紅豆粒
餡、卡士達奶油等各種口
味。塞滿雞蛋沙拉的「七
玉燒」也不容錯過。

海の保存食 つりや
炸魚排 1枚120円
地酒&葡萄酒 1杯200円

以魚漿油炸而成的「炸魚排」
適合當作當地酒和葡萄酒的下酒
菜。

超 熱情推薦!
とやマルシェ
在直通JR富山站的名品店街道
上,海鮮產品、和洋甜點等富山名
產一字排開。也有備齊縣內知名甜
點、工藝品等多種商品的店鋪,很
適合尋找伴手禮。還有鱒魚壽司的
「越中鱒壽司 富乃惠」(P.47)。
除外,餐廳也豐富齊全。不僅有
「白えび亭」(P.20),就連P.22和
P.51所介紹的「すし玉」也有分店
在此,每天總是因享用富山灣海產
的饕客而熱鬧不已。

當作葡萄酒
的下酒菜

SAYS FARM
莎當妮白葡萄酒2016
せいずふぁーむ しゃるどね 2016
3600円 SAYS FARM SHOP Ⓓ
僅用100%自家公司的葡萄為原料,以在北陸
釀出美味葡萄酒為目標而製出的葡萄酒。

出生自海邊
的釀酒廠

富山市 Ⓐ	富山市 Ⓑ	富山市 Ⓒ	富山市 Ⓓ	高岡 Ⓔ	黑部宇奈月溫泉 Ⓕ
きときと市場 とやマルシェ	**ととやま**	**MARIER TOYAMA**	**D&DEPARTMENT TOYAMA**	**雅覽堂**	**黑部市地域観光ギャラリー のわまーと**
きときといちば とやまるしぇ		マリエとまや	でぃあんどでぱーとめんと とやま	がらんどう	くろべしちいきかんこう ぎゃらりー のわまーと
MAP P.55 C-2	MAP P.55 C-2	MAP P.55 C-2	MAP P.55 C-3	MAP P.74 A-1	MAP P.96 H-1
☎076-471-8100	☎076-444-7137	☎076-445-4511	☎076-471-7791	☎0766-22-3623	☎0765-57-2853
⌚商品販售8:30〜20:30、餐飲10:00〜21:30	⌚10:00〜20:00 休第3週二(不定休)	⌚10:00〜20:00 休無休	⌚10:00〜19:00 休準同設施的休館日	⌚9:00〜19:00 休週日	⌚9:00〜19:00 休無休
休無休 所富山市明輪町1-220	所富山市新富町1-2-3 CiCビル1F	所富山市桜町1-61	所富山市新総曲輪4-18 富山縣民会館1F	所高岡市定塚町1239	所黑部市若栗3212-1
交富山站內 P有合作停車場	交富山站即到 P收費	交富山站即到 P收費	交富山站步行10分 P有	交高岡站步行10分 P無	交北陸新幹線黑部宇奈月溫泉站即到 P有

以錫製動物作裝飾

15.0%
冰淇淋湯匙
じゅうごうてんぜろぱーせんとあいすくりーむすぷーん

3240円 TAKATA Lemnos SHOP D

這種湯匙利用鋁的高熱導率,能一邊藉由拿湯匙的手溫融化冰淇淋一邊挖取。由TAKATA Lemnos和設計師寺田尚樹共同製作。

罕見的
冰淇淋專用湯匙

SHIROKANE nuts pool
しろかね なっつぷーる

各3240円 TAKATA Lemnos SHOP E

工匠用手精心削切而成的欅木碗。正中央稍微露臉的山林動物很可愛。

復古時尚的圖案很時髦

名片夾
めいしいれ　**SHOP D**

各1944円　桂樹舍

以300多年傳統自豪的「八尾和紙」。繭型花紋等時尚懷舊的圖案一應俱全。

胖嘟嘟的可愛外形

大寺幸八郎商店 十二生肖系列
おおてらこうはちろうしょうてんえとしりーず

2700円〜 林ショップ SHOP D

以生肖動物為圖樣的銅製裝飾品。在手掌就能容納的小巧鑄造品中,閃耀著出色的作家品味。

店鋪資訊請參閱
P.33▶

作家的手工技藝耀眼奪目
雜貨伴手禮

富山的鑄物與和紙等傳統工藝自古以來便深受喜愛。最近也有品味出眾的商品,由傳統技藝和年輕作家或設計師的藝術感相互結合而成。

\STUDY/
富山的傳統工藝

❖ **高岡銅器**
源自高岡市金屋町,擁有400年以上的歷史。發展方向豐富多彩,從大佛、寺院梵鐘到花瓶等日常用品應有盡有。

❖ **高岡漆器**
昭和50(1975)年獲指定為國家「傳統工藝品」。特徵是帶有溫暖感覺的美麗光澤和高雅設計。

❖ **五箇山和紙・八尾和紙**
以強韌堅固為特徵的越中和紙。手作特有的溫暖感覺和近年來的時尚花樣,廣獲年輕人的喜愛。

❖ **越中瀬戶燒**
在加賀藩的保護下誕生於立山町,傳承420年的傳統越中瀬戶燒。現在仍有4家窯廠持續燒製陶器。

❖ **城端的織物**
江戶時代起便以加賀絹產地而繁榮的城端。一針一線細心編織而成的美麗絹製品,目前富山縣內只有城端在持續製作。

溫柔的肌膚觸感
誘人入睡

Jewel-3D
RADEN COLLECTION
じゅえるすりーでぃーらでんこれくしょん

各7560円　漆器くにもと

採用高岡傳統工藝和貝類的螺鈿飾品,如寶石般閃閃發亮的人氣商品。

SHOP B

把高岡的傳統工藝品做成飾品

在和紙小物上加入現代品味

CARD CASE
かーどけーす

1620円　FIVE SHOP A D

能襯托出五箇山和紙特有溫和觸感的簡單設計深受喜愛。

彩繪體驗也廣受歡迎

招財貓(小)
まねきねこ(しょう)　**SHOP B**

648円〜　とやま土人形工房

富山土人偶是傳承自寬永年間的傳統民俗工藝品。工匠在素燒的土人形上細心彩繪。招財貓、季節小物等商品的設計和尺寸也是豐富多樣。

JOHANAS美髮絲絹
よはなす びがみしるく

各1944円 SHOP A

用2隻蠶製作的蟲繭蠶絲織成「絓絹」的美髮絲絹。因顧客表示鋪在枕頭上睡覺後頭髮會變得光滑而誕生的商品。以絹織品而繁榮一時的城端(JOHANA)品牌。

釋永陽
馬克杯/條紋杯
しゃくながよう まぐかっぷ/らいんかっぷ

照片右起
馬克杯3780円/條紋杯3240円 SHOP D

採用富山的優質陶土和原料,以陶藝家手藝精心製成的越中瀬戶燒。用起來十分順手。

順手好用的
越中瀬戶燒器皿

mini玻璃杯
みにぐらす

各5400円　富山玻璃工房

作為「技法圖鑑系列」製造出來的玻璃容器。能欣賞用各種技法呈現出色調、設計的差異。除了當杯子之外,當成小物收納盒也OK。

能在P.16「富山玻璃工房」購買

和世界上唯一的「喜愛」相遇

盡情飽覽大自然
的絕景和奧祕

黑部峽谷・宇奈月溫泉・魚津・滑川
（くろべきょうこく）（うなづきおんせん）（うおづ）（なめりかわ）

從小火車觀賞絕景和溫泉都很迷人的黑部峽谷・宇奈月溫泉。
在魚津能透過海市蜃樓接觸到富山灣的奧祕。
在充滿山海魅力的區域暢遊大自然吧！

黑部
魚津
滑川
宇奈月溫泉

對肌膚溫和，作為美人湯也廣獲好評的宇奈月溫泉。絕景露天浴池和料理也深受歡迎

富山伴手禮的必買商品！

黑部峽谷啤酒

P.40
宇奈月溫泉

猿飛峽

區域No.1的必看景點

P.36
小火車

能搭乘小火車飽覽日本最深V字峽谷的秘境絕景。

驚奇接連不斷！富山灣的奧祕

P.43
海市蜃樓

P.24
海鮮蓋飯

ACCESS　搭富山地方鐵道前往黑部峽谷！

從富山前往宇奈月溫泉・黑部峽谷

🚃 **鐵道** 搭富山地方鐵道從電鐵富山站到宇奈月溫泉站為1小時40分、1840円。特急為1小時10分、2050円。從富山站利用北陸新幹線（自由座），並於黑部宇奈月溫泉站轉乘，則要55分、2070円（特急2180円）。從黑部峽谷鐵道宇奈月站到櫸平站為1小時20分。

🚗 **車** 要開車到宇奈月溫泉，從北陸自動車道富山IC開往新潟方向為40km、24分，再從黑部IC開下縣道53・14號為13km、20分。若要前往黑部峽谷，可以利用位在車站周邊的2處停車場。

從富山前往魚津

🚃 **鐵道** 從富山站前往魚津・泊方向的愛之風富山鐵道為25分、560円，魚津站下車。

🚗 **車** 從北陸自動車道富山IC開往新潟方向為30km、18分，再從魚津IC開下縣道52號為2km、5分。

從富山前往滑川

🚃 **鐵道** 從富山站搭往魚津・泊方向的愛之風富山鐵道為15分、360円，滑川站下車。

🚗 **車** 從北陸自動車道富山IC開往新潟方向為20km、13分，再於滑川IC開下縣道51號為4km、8分。

鐵道

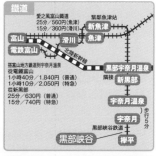

愛之風富山鐵道
25分／560円（魚津）
15分／360円（滑川）
新魚津
富山　滑川　魚津
電鐵富山
北陸新幹線
黑部宇奈月溫泉
鄰接　新黑部

搭富山地方鐵道到宇奈月溫泉
從電鐵富山
1小時40分／1,840円（普通）
1小時10分／2,050円（特急）
從黑部
25分／630円（普通）
15分／740円（特急）
宇奈月溫泉
宇奈月
步行5分
黑部峽谷鐵道
黑部峽谷　櫸平

車

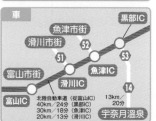

黑部IC
魚津市街　52　53
滑川市街　51
富山市街　魚津IC　14
滑川IC
富山IC　宇奈月溫泉

北陸自動車道（從富山IC）
40km／24分（黑部IC）
30km／18分（魚津IC）
20km／13分（滑川IC）
13km／20分

峽谷深度讓人頭暈目眩!!

嗚～嗚～♪

是這樣的地方！
雕刻在北阿爾卑斯山和立山連峰之間的日本屈指可數V字峽谷。小火車行駛在宇奈月站和櫸平站之間，大自然的精彩之感豐富多樣！

搭小火車前往
峽谷絕景之旅!!

小火車沿著日本屈指可數的V字型峽谷，穿梭在山林地表間。接連出現在車窗中的大自然景觀讓人感動！

溫習小火車的基本知識

Q.在哪裡行駛呢？
快速行駛在日本屈指可數的V字峽谷「黑部峽谷」。約以1小時20分連接宇奈月站到櫸平站之間約20km的區間。

Q.為什麼要行駛在這種秘境呢？
因大正時期為了黑部川流域的電源開發而誕生。過去需要運送資材和作業員。

Q.什麼時候可以搭乘呢？
4月20日～5月9日(預定) 部分運行
5月10日～11月30日(預定) 全線運行

洽詢 **黑部峽谷鐵道(小火車)**
黑部峽谷鐵道營業中心 📞0765-62-1011 🕘9：00～17：00(12月1日～3月底為～16:00)

Q.費用多少呢？

宇奈月站			
660円	黑薙		
1410円	760円	鐘釣	
1980円	1320円	570円	櫸平

單程車資

Q.車票在哪裡買？
當日券自上午6時50分起在宇奈月站的窗口販售。全部車輛都有限載人數，因此建議預約。預約從3個月前到前一天15時皆會受理，也能在網路預約。
MAP P.38、P.40 B

Q.車輛的種類有？

普通客車
沒有窗戶，開放感十足

逍遙客車
(車資+530円)
座位是能改變方向的面對面類型，窗戶能開關

特別客車
(車資+370円)
座位為面對面類型，窗戶能開關

ACCESS

🚗 車
北陸自動車道
黑部IC
⏱20分
約13km
黑部峽谷鐵道
宇奈月站

🚌 鐵路
北陸新幹線
黑部宇奈月溫泉站
🚶即可 步行
富山地方鐵道
新黑部站
⏱30分
富山地方鐵道宇奈月溫泉
宇奈月溫泉站
🚶5分 步行
黑部峽谷鐵道
宇奈月站

53
14

MAP
P.38

洽詢
黑部峽谷鐵道營業中心
📞0765-62-1011

絕景車窗導覽

精彩景點和攝影景點會廣播通知乘客,千萬不要漏聽囉!

宇奈月站
うなづきえき
UNAZUKIEKI ①

柳橋站
やなぎはしえき
YANAGIHASHIEKI ④ ③

森石站
もりいしえき
MORIISHIEKI

黑薙站
くろなぎえき
KURONAGIEKI

笹平站
ささだいらえき
SASADAIRAEKI ⑤

出平站
だしだいらえき
DASHIDAIRAEKI ⑥

貓又站
ねこまたえき
NEKOMATAEKI ⑦

鐘釣站
かねつりえき
KANETSURIEKI ⑧ ⑨

小屋平站
こやだいらえき
KOYADAIRAEKI

欅平站
けやきだいらえき
KEYAKIDAIRAEKI

※能上下車的車站只有宇奈月、黑薙、鐘釣、欅平。這些以外的車站會有站名由來的廣播。

② 宇奈月水壩&新柳河原發電所

碧綠湖面秀麗優美的水壩湖泊。湖畔邊有會讓人聯想到歐洲城堡的新柳河原發電所。

④ 佛石

和石頭佛像一模一樣的天然岩石。相傳是從前入山者為了祈求安全而供拜。

⑥ 老鼠回頭崖

聳立在貓又站對岸,高約200m的岩壁。相傳險峻到連被貓追的老鼠都爬不上去。

⑦ 錦繡關

遍布在東鐘釣山隧道附近,是沿線屈指可數的景觀勝地。新綠和紅葉都很秀麗。

⑨ 鐘釣溫泉 河原露天浴池

溫泉從河灘中自然湧現,挖一處喜歡的場所再用石頭圍起來,私人露天浴池就完成了!也有已經做好的浴池。

① 新山彥橋

小火車最先橫越的鮮紅色鐵橋。名稱由來是因為列車的聲音變成回聲(回聲的日文為「山彥」)響徹在宇奈月溫泉間。左手邊能看見曾是軌道的山彥橋。

從宇奈月站2樓能一望新山彥橋

③ 猴子專用吊橋

ZOOM!!

為了讓猴子在水壩建設後還能橫越到對岸而設置。說不定能看見猴子成群結隊過橋的模樣。

⑤ 後曳橋

架設在沿線最深的峽谷上。因為入山者會不由得後退的關係,所以才取了這個名字。也馬上能眺望附近的古典水路橋。

攝影重點!
除了從車站之外,從水路橋前面拍照也超難得。

送水用的水路橋

⑧ 萬年雪&萬年雪展望台

降雪後堆積起來的白雪,經過雪崩後堆積在谷中,就這樣留存下來因此被稱作萬年雪。從車站步行3分鐘,有能眺望萬年雪的展望台。
※可能會因雪融化而看不見

峽谷伴手禮

介紹起點「宇奈月站」和終點「欅平站」才能買到的限定伴手禮!

黑部峽谷烤起司蛋糕
1000円(8塊裝)
起司的濃厚滋味和恰到好處的甜味、濕潤口感都很誘人

富山トレイントレイン
648円(10片裝)
也會變成旅行回憶的限定伴手禮

お月樣のほっぺ
500円(20塊裝)
添加富山灣深層水鹽的柔軟蛋糕

芝麻饅頭
700円(10顆裝)
塞滿黑芝麻,甜度適中的一口尺寸饅頭

所需時間 **4小時**

欅平健行路線 行程指南

是這種行程！

在小火車終點站的欅平周邊，有許多這裡才能看見的自然景觀。這是以欅平站為中心，用步行方式稱霸精彩景點的貪心行程。若沒有足夠的體力和時間，也建議在人喰岩就開始往回走。

小小建議
即使是夏天也有涼意，因此務必攜帶外套。祕境散步請別忘記確認走到車站的所需時間和末班車的時間！

GOAL!
E 祖母谷溫泉 ← D 人喰岩 ← C 奧鐘橋 ← B 猿飛峽 ← A 河原展望台・足湯 ← **START** 欅平站

E 欅平站 50分 ← 祖母谷溫泉 45分 ← 人喰岩 3分 ← 奧鐘橋 25分 ← 猿飛峽 20分 ← 河原展望台・足湯 5分 ← 欅平站

欅平站
けやきだいらえき
KEYAKIDAIRAEKI

從小火車終點開始的旅行

欅平健行& 祕湯巡禮

一次介紹能在人氣景點眾多的欅平周邊和沿線暢遊的祕湯溫泉！

欅平站商店

至宇奈月駅

B 猿飛峽
猿飛峽展望台
猿飛峽遊步道
欅平溫泉
A 河原展望台・足湯
D 人喰岩
名劍溫泉

現在禁止通行（整備中）

黑部峽谷鐵道

C 奧鐘橋

欅平站

至阿曽原溫泉

黑部川

E 祖母谷溫泉

（トンネル）

N

黑部峽谷
1:120,000
0　1　2km
周邊圖P.94

📷 景點　♨ 溫泉　N

富山地方鐵道本線方
P.40 宇奈月溫泉
うなづきおんせん うなづき
宇奈月溫泉
P.37 宇奈月水壩
P.37 新柳河原發電所
猴子專用吊橋 P.37
やなぎばし
📷 宇奈月水壩情報資料館 大夢來館 P.42
うなづき湖
黑部市
📷 佛石 P.37
もりいし
くろなぎ
水路橋
P.37 後曳橋 ♨ 黑薙溫泉旅館 P.39
ささだいら
出平ダム
冬期步道
出六峰
だしだいら
黑部峽谷鐵道（小火車）
P.37 老鼠回頭崖
黑部川第二発電所
ねこまた
P.37 錦繡關
鐘釣橋・東鐘釣山
サンナビキ山・三尊像
かねつり
📷 萬年雪展望台 P.37
♨ 鐘釣溫泉旅館 P.39
鐘釣溫泉河原露天浴池 P.37
こやだいら
小屋平ダム
黑部峽谷
P.39
♨ 欅平溫泉 猿飛山莊
P.38 猿飛峽
📷 河原展望台・足湯 P.38
📷 人喰岩 P.38
📷 奧鐘橋 P.38
けやきだいら
欅平ビジターセンター
新黑部川第三
♨ 祖母谷溫泉 P.38
祖母谷地獄
奧鐘山 ♨ 名劍溫泉旅館 P.39
▲1543

C 奧鐘橋

架設在黑部川本流的紅色鐵橋。高達34m，從橋上眺望的景色格外秀麗。

25分

A 河原展望台、足湯

位在可仰望奧鐘橋的場所，以能眺望黑部川清流、奧鐘山、名劍山等景觀自豪的足湯。

20分

B 猿飛峽

兩岸緊鄰岩壁，河寬在黑部川本流中最為狹窄。相傳曾有猴子一躍而過。

3分

D 人喰岩

宛如挖除岩壁般建造而成的步道。名稱由來是因為步道看起來像岩壁張大嘴巴要把人吞入口中一樣。

45分

也能看見往上冒出滾滾白煙的源頭！

E 祖母谷溫泉

從車站開始就一邊飽覽清流和花卉一邊步行，穿過全長300m的隧道後，就會逐漸看見建築物。有溫泉湧現在住宿附近的祖母谷地獄。

★**不住宿溫泉**★
¥600円 ⏰10:00～16:00 休無休

☎0765-62-1038
（旺季以外）
☎04-7198-4528
🏠6月中旬～11月初旬、IN12:00、OUT9:00
¥1泊2食10000円～

➡只要挖掘河灘，就會有溫泉湧現

↓通過平常無法進入的
關西電力工程專用區域內

探索在櫸平前方等待著的未知世界

黑部峽谷 全景 展望行程

現在最夯的超人氣行程!!

務必預約!

透過堅坑電梯和健行前往更深處!

這是什麼樣的遊程?

這個遊程是前往黑部峽谷小火車的終點「櫸平站」前方,普通人無法進入的關西電力工程專用區域內。體驗專用列車、隧道、堅坑電梯(高低落差200m),還能一邊近距離瞭望北阿爾卑斯群山,一邊享受健行的樂趣。

☎0765-57-2850
(黑部·宇奈月溫泉觀光局)

★運行期間★
2019年5月3日～11月11日的週五～一每天4次

★運行時間★

班次名稱	出發時間	結束時間
1班	7時57分	13時46分
2班	9時	14時48分
3班	10時3分	15時54分
4班	11時48分	17時58分

★費用/1人★
6000円(小學5、6年級生4000円)含宇奈月～櫸平之間的來回普通座乘車券
＊小學4年級生以下不可參加

★預約方法★
☎0765-57-2850
(一社)黑部·宇奈月溫泉觀光局9:00～17:00(僅平日)
●網路
https://www.kurobe-unazuki.jp
http://kurobe-panorama.jp

需於4天前預約

★注意事項★
在關西電力工程專用隧道內要排成一列團體行動,因此可能會謝絕行走不便的人參加。請於事前洽詢確認。**必要事項**申請後,請向關西電力提出參加者全員的姓名、年齡、代表人之地址等資訊。／當天辦理時,會按照官方證明文件(駕照等)確認是否為本人,且為了避免帶入危險物品,也會檢查隨身手李。／遊程中為了確保安全要配戴安全帽。(安全帽為當天借出)／在隧道內和登山道會步行約1.5km,因此請穿著容易行走的防滑鞋子及方便行走的服裝參加。

行程內容

宇奈月站(集合)→(小火車約80分)→櫸平站→(專用列車)→(堅坑電梯)→堅坑展望台→上部隧道→上部隧道出口廣場→全景展望台(自由散步約40～50分)→上部隧道出口廣場(再次集合)→上部隧道→(堅坑電梯)→(專用列車)→櫸平站(自由散步70～120分)→櫸平站→(小火車約80分)→宇奈月站(解散)

↑搭小火車到櫸平站。在櫸平站穿戴安全帽,轉搭前往堅坑電梯的專用列車

↑排成一列沿著軌道走在上部隧道內

↑搭乘用約2分鐘就能在高低落差200m之間移動的「堅坑電梯」

←能欣賞紅葉和新綠的上部隧道出口廣場。能一望後立山連峰

↑從隧道出口廣場到前方都能一邊感受大自然一邊健行(單程約15分)

山彥遊步道
● やまびこゆうほどう

利用小火車從前行駛的舊軌道，從黑部峽谷鐵道的宇奈月溫泉站前到宇奈月水壩之間約1km的路線。從山彥橋能近距離觀賞通過新山彥橋的小火車。

☎ 0765-54-2111 (黑部市農林整備課)
⏱ 5～11月、自由散步 📍黑部市黑部峽谷口
🚃 富山地方鐵道宇奈月溫泉站步行10分
🅿 無
MAP P.40 B

MAP P.40 B

欣賞峽谷美景的
散步路線

把舊山彥橋整建成步道「山彥遊步道」

形狀獨特的
展望台

在溫泉街中也是人氣散步景點之一

想影展望台
● おもかげてんぼうだい

設置著宛如伸出黑部川斷崖般的展望台。已故西班牙知名建築師Enric Miralles所設計的建築，既獨特又帶有震撼力，十分創新。

☎ 0765-62-1515 (黑部·宇奈月溫泉觀光局)
⏱ 5～11月、自由入場 📍黑部市宇奈月溫泉
🚃 富山地方鐵道宇奈月溫泉站步行10分
🅿 使用周邊停車場
MAP P.40 A

小火車的玄關口

宇奈月溫泉 散步

豐富自然生態環繞，以北陸數一數二的規模自豪的宇奈月溫泉。
活用峽谷自然景觀的景點和足湯、美食等，能隨心所欲地選擇暢遊方式。

宇奈月溫泉総湯
湯めどころ宇奈月
● うなづきおんせんそうゆ ゆめどころうなづき

能享受3種溫泉

在2樓、3樓的浴場能享受溫水淺湯和熱水深湯等3種溫泉。戶外的廣場也設置著足湯區。1樓有觀光服務處，因此也能方便取得觀光資訊。

共同浴場為地下1樓加地上4樓

☎ 0765-62-1126 ⏱ 9:00～21:00 休 週二 (僅5～11月的第4週二) 💰 入浴費500円
📍 黑部市宇奈月溫泉256-11 富山地方鐵道宇奈月溫泉站即到 🅿 免費
MAP P.40 A

足湯「面影」
● あしゆおもかげ

位在宇奈月公園一角的足湯。因為有附屋頂，所以在下雨或下雪的日子也能安心。同時也成為當地人和觀光客的休憩場所。

泉質為弱鹼性的單純溫泉，溫度約40度

🔺 腳底的石頭採用黑部川的天然石

☎ 0765-62-1515
(黑部·宇奈月溫泉觀光局)
⏱ 6:00～22:00 休 無休 💰 免費
📍 黑部市宇奈月溫泉38-42 富山地方鐵道宇奈月溫泉站步行5分
🅿 使用周邊停車場
MAP P.40 A

自然景觀豐富的富山首屈一指溫泉勝地

宇奈月溫泉
· うなづきおんせん

是這樣的城鎮！

溫泉勝地的歷史是在大正中期以後，因黑部川的電源開發而開始作為溪谷觀光的起點。也有許多追尋新綠和紅葉的人造訪。也有展望台和步道、足湯，十分適合散步。

ACCESS

🚗 車	🚃 電車
北陸自動車道	北陸新幹線
黑部IC	黑部宇奈月溫泉站
⏱ 20分	🚶 3分 步行
	富山地方鐵道 新黑部站
⏱ 約13km	🚃 25分 鐵道往富山地方鐵道宇奈月溫泉
	宇奈月溫泉站
	🚶 5分 步行
宇奈月溫泉	黑部峽谷鐵道 宇奈月站

MAP P.40

洽詢
(一社) 黑部宇奈月溫泉
觀光局
☎ 0765-57-2850

宇奈月溫泉
1:14,000
周邊圖
P.38·94

● 景點·玩樂 ● 美食
● 溫泉 ● 購物 ● 住宿

想影公園　朝日
サンやなぎ亭
● 想影展望台 P.40
想影橋
宇奈月溫泉 桃源飯店　宇奈月公園
P.40 足湯「面影」
宇奈月溫泉 延對寺莊 P.41
宇奈月溫泉 延樂旅館 P.41
わらびや P.42
酒井菓子舗 P.41
宇奈月溫泉総湯 湯めどころ宇奈月 P.40
富山地方鉄道本線
つぼや P.41
黑部峽谷鐵道 (小火車) P.36
宇奈月站
黑部川 電氣紀念館 P.42
山彥遊步道 P.40
舊山彥橋
新山彥橋 P.37
レストプラザ柏や P.41
宇奈月国際会館 P.41
P.41 黑部飯店
宇奈月溫泉神社
展望台
宇奈月水壩
宇奈月溫泉スキー場
黑部市
新黑部駅
琴音トンネル
入会地
宇奈月溫泉
宇奈月溫泉駅
宇奈月溫泉署

絕景浴池 的住宿

宇奈月是以北陸數一數二規模引以為傲的溫泉勝地。以自豪露天浴池的住宿設施齊聚一堂,有能飽覽黑部峽谷風景的住宿和檜木建造的露天浴池,也有天然石的露天浴池。

能充分享受清流和峽谷魅力的名湯

黑部飯店
●ほてるくろべ

有小火車通過對岸的露天浴池、裝修著大窗戶的大浴場都很迷人。客房是重舒適感的和室。也想品嚐看看重視季節食材的料理和地酒的絕妙搭配。

☎0765-62-1331　⏰IN15:00　OUT10:00
🏠黑部市宇奈月溫泉7　🚃富山地方鐵道宇奈月溫泉站步行10分(宇奈月溫泉站有接送服務,預約制)　🅿免費
MAP P.40 B
➡地理位置最接近黑部峽谷的飯店

⬅能感覺四季的變化,充滿開放感的露天浴池

1泊2食
16200円～

宇奈月溫泉 延樂旅館
●うなづきおんせん えんらく

宇奈月溫泉站附近的老牌旅館。受到畫家中川一政、川合玉堂等藝術家的偏愛,館內陳列著和他們有關的物品。使用新鮮食材的高創作性宴席料理也有許多支持者。

☎0765-62-1211　⏰IN15:00　OUT10:00
🏠黑部市宇奈月溫泉347-1　🚃富山地方鐵道宇奈月溫泉站步行4分　🅿免費
MAP P.40 A
➡從全採檜木建造的露天浴池「華の湯」眺望的自然美景格外迷人

延對寺莊
●えんたいじそう

在明治33(1900)年宇奈月溫泉開湯不久後開業,竹久夢二、與謝野晶子、川端康成等諸多名人喜愛的住宿。從館內的每一項家具上也能感覺到老店的風格。只有蓋在懸崖上的住宿才能從館內欣賞的溪谷美景,也是樂趣之一。

☎0765-62-1234　⏰IN15:00　OUT10:00
🏠黑部市宇奈月溫泉53　🚃富山地方鐵道宇奈月溫泉站步行5分　🅿免費
MAP P.40 A

⬅從客房眺望的黑部川景色也很宜人

⬇特別室「蘭亭」的外窗是整片落地窗,開放感十足

1泊2食
16000円～

講究真品的住宿 能感覺到高品味

1泊2食
19440円～

絕景和水流聲舒適宜人,能巡遊9種溫泉的住宿

1泊2食
15120円～

宇奈月溫泉 桃源飯店
●ほてるとうげん

能眺望黑部川的清流,受峽谷自然景觀環繞的住宿。包租露天浴池「峽谷」(需預約)以大御影石挖鑿而成,最多能容納8人入浴,廣受歡迎。富山灣的各種山珍海味當然也要品嚐。

☎0765-62-1131　⏰IN15:00　OUT10:00
🏠黑部市宇奈月溫泉22-1　🚃富山地方鐵道宇奈月溫泉站步行5分　🅿免費
MAP P.40 A
⬅從露天浴池也能盡覽黑部川

廣獲文人墨客喜愛,充滿風情的溫泉住宿

Check! 先前往宇奈月溫泉站的觀光服務處!

宇奈月溫泉是黑部峽谷小火車的玄關口,同時也是富山縣首屈一指的溫泉勝地。位在富山地方鐵道宇奈月溫泉站1樓,主要提供觀光景點、不住宿溫泉和餐廳等資訊。在這裡獲取遊逛街道的實惠資訊吧。

☎0765-62-1515(黑部·宇奈月溫泉觀光局)　⏰9:00～17:00

⬆純度100%的高透明度名湯對肌膚很溫和

溫泉街的推薦 甜點&伴手禮

如果散步散累了,只要品嚐知名霜淇淋休息一下,或去選購溫泉勝地特有的伴手禮,就能充分享受溫泉生活。

入善巨大西瓜 霜淇淋　350円
レストプラザ柏や
☎0765-62-1607　**MAP** P.40 A
能確實品嘗到西瓜的甜味,大人小孩都喜歡

つぶつぶ宇奈月　210円
各旅館販售

此入浴劑以溫泉水和海洋深層水製成的天然鹽混合而成

諸味醬油饅頭　10顆裝1080円
つぼや
☎0765-62-1256　**MAP** P.40 A
諸味醬油的鹹味和白豆沙餡的甜味絕妙地融合在一起

湯の花ごろも　4個裝880円
酒井菓子舖
☎0765-62-1731　**MAP** P.40 A

把裝有紅豆餡的羽二重餅用鹽漬青紫蘇葉包裹的點心

黑部
富壽司
● とみずし
☎ 0765-56-8066

美食

大啖黑部的新鮮壽司食材

位在黑部漁港旁的壽司店。鮮魚店親自經營，因此壽司食材的鮮度極佳。推薦比目魚和赤點紅石斑等近海魚的握壽司。

🕐 18:30～22:30　🈂 週日　🚉 黑部市生地阿弥陀堂4392　🚌 愛之風富山鐵道生地站搭地鐵巴士7分，宮川町下車，步行5分　🅿 免費

💴預算 晚2000円

▶ 享用這塊土地特有的握壽司

宇奈月溫泉
黑部川電氣紀念館
● くろべがわ でんききねんかん
☎ 0765-62-1334

景點

介紹黑部川電源開發的歷史

展示黑部川電源開發的歷史和自然生態等相關資訊。在採用最新影片技術的劇場，能看見黑部水壩興建的模樣。

🕐 7:30～18:00（12月～隔年4月17日為9:00～16:00）　🈂 無休（12月～4月17日為週二休）　💴 免費　🚉 黑部市黑部峽谷口11　🚌 富山地方鐵道宇奈月溫泉站步行3分　🅿 無

▶ 也展示從電源開發初期就大顯身手的電力機車

黑部
生地的清水
● いくじのしょうず
☎ 0765-54-2111
（黑部市商工觀光課）

景點

清水湧出的城鎮 生地

黑部市位在以北阿爾卑斯山為源頭的黑部川沖積扇區域。在海岸周邊的寬廣生地地區，到處都會湧現稱作清水的伏流水。已獲選為名水百選之一。

▶ 自由。部分清水禁止深夜使用。在清水（公共清洗場）的21處場中，能自由出入的只有17處　🚉 黑部市生地　🚌 愛之風富山鐵道生地站搭生地線巴士5分，魚の駅生地下車即到

▶ 自古以來就當作生活用水使用的居民休憩處

宇奈月溫泉
わらびや
☎ 0765-62-1548

美食

黑部清水孕育的美味蕎麥麵

絕品的現煮蕎麥麵是以石臼研磨當日分量的國產玄蕎麥，再用黑部湧水揉製而成。晚上則推薦單點料理。

🕐 11:30～13:45、18:00～22:00　🈂 週三　🚉 黑部市宇奈月溫泉342-20　🚌 富山地方鐵道宇奈月溫泉站步行5分　🅿 免費

💴預算 午900円 晚1500円

▶ 以紮實嚼勁和豐富香氣而自豪的蕎麥麵

黑部
YKK中心公園
● わいけいけい せんたーぱーく
☎ 0765-54-8181
玩樂

去看看製造業的「秘密」吧！

簡單易懂地介紹拉鍊和窗戶的構造，以及創始人・吉田忠雄的思想和YKK的歷史。也販售YKK巴西農園直送的咖啡和原創商品。

🕐 9:00～16:30　🈂 週一（逢假日則翌平日休）、特定日　💴 免費　🚉 黑部市吉田200　🚌 愛之風富山鐵道生地站步行15分　🅿 免費

▶ 拉鍊手作體驗和員工提供的展示館導覽（收費・需預約）

宇奈月溫泉
宇奈月水壩情報資料館大夢來館
● うなづきだむじょうほう しりょうかんだむこんかん
☎ 0765-62-9071
（宇奈月水壩管理所）

景點

水壩管理所內的資料館

能學習關於宇奈月水壩的功用和構造、黑部川自然生態的設施。除了有使用影片和模型的展示之外，還能隔著玻璃參觀水壩的操作室。

🕐 9:00～16:00　🈂 無休　💴 免費　🚉 黑部市宇奈月町舟見明日音沢4-9　🚌 富山地方鐵道宇奈月溫泉站步行20分　🅿 無

▶ 館內有專區能以猜謎的方式學習水壩相關知識

入善
入善海洋深層水活用設施
● にゅうぜんかいようしん そうすいかつようしせつ
☎ 0765-76-9100
購物

有益健康的知名海洋深層水

富含均衡的鈣和鎂等礦物質的富山灣海洋深層水。在活用設施的小型分水設備也能取得。

🕐 9:00～17:00　🈂 週一（逢假日則翌日休）　💴 町外使用者120円（10L左右）　🚉 入善町下飯野251-1　🚌 愛之風富山鐵道入善站搭計程車10分　🅿 免費

▶ 能取用3種深層水

黑部
魚之站「生地」
● さかなのえきいくじ

購物

P.24會介紹 炭焼きレスト ラン航海灯

☎ 0765-57-0192
（とれたて館）

黑部美食集結

有「とれたて館」直接販售新鮮可口的海產和生地名產的魚乾貨，還有「できたて館」能品嘗黑部漁港的傳統料理。因為是黑部漁協直營，所以鮮度也無庸置疑。

▶ 工作人員也會親切地傳授如何烹調在富山灣捕獲的海產

▶ 眼前就是港口，因此能一邊感受海風一邊體驗朝市的氛圍

🕐 とれたて館（商品販售）9:00～18:00、できたて館（餐廳）11:00～15:00、17:00～21:30（晚上全採預約制）　🈂 無休　🚉 黑部市生地中區265　🚌 愛之風富山鐵道生地站搭新幹線生地線巴士5分，魚の駅生地下車即到　🅿 免費

▶ 黑部的水產加工品豐富齊全

能看見海市蜃樓的街道——魚津和以螢火魷聞名的滑川。其他還有埋沒林和海洋深層水等許多能體驗富山灣奧祕的景點。

是這樣的城鎮！

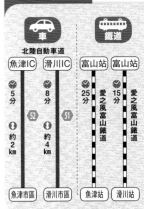

能參觀海市蜃樓的知名景點

海市蜃樓大道也有以海市蜃樓為意象的紀念建築物

魚津 海市蜃樓大道
●しんきろうロード

從經田漁港到MirageLand遊樂園約8km的海岸線，都是富山灣的絕景路線，也是兜風的人氣選擇。因為是容易目擊海市蜃樓的場所，所以若要等海市蜃樓最推薦這裡。

☎0765-23-1025（魚津市商工觀光課）
🚃愛之風富山鐵道魚津站搭魚津市民巴士6分，海の駅蜃気楼下車即到 🅿免費 HP www.city.uozu.toyama.jp/uz-vod/mirage_live/
MAP P.44 C-1

即使沒看見也能獲得證書
在3～6月之間，海之驛站海市蜃樓周邊的觀光導覽解說員會發送「蜃気楼みられんだちゃ証」證書，給予可惜沒能看見海市蜃樓的人，這張證書會附市內觀光設施的特典。

しんきろう 海市蜃樓
從海上能看見對岸風景和船隻扭曲變形的現象。空氣的溫差讓光線折射，產生出獨一無二的風景，若能遇見光和風交織出的夢幻景色，就會欣賞到心滿意足為止。

海市蜃樓容易出現在氣溫18度以上的4～5月11～16時左右

不禁為**神祕的世界**心醉神迷!?

富山灣 真的 這麼厲害!!

在富山灣當中，魚津和滑川的海底起伏格外劇烈，因此才會充滿在全國也很罕見的事物，像是能看見海市蜃樓，或是有螢火魷棲息等。

魚津 魚津埋没林博物館
●うおづまいぼつりんはくぶつかん

這家獨特的博物館主要展示獲指定為國家天然紀念物的埋沒林，直徑約2m、樹齡500年以上的樹根在水中保存著。2018年4月也有咖啡廳開業。
MAP P.44 C-2

☎0765-22-1049 ⏰9:00～16:30 休無休（12月上旬～翌3月中旬為週四（逢假日則營業）） ¥520円 所魚津市釈迦堂814 🚃愛之風富山鐵道魚津站搭魚津市民巴士8分，魚津港前下車即到 🅿免費

學習海市蜃樓吧!
和埋沒林並列為魚津奧祕的海市蜃樓，博物館中也會介紹海市蜃樓的成因，還能體驗觀察用和海市蜃樓相同構造合成出來的迷你海市蜃樓。

能確認2000年前的樹木觸感

魚津的埋沒林
推測是在大約2000年前，因片貝川氾濫而流出的土砂，掩埋住杉樹的原生林，之後又逢海平面上升，於是便成為現在的樣子，昭和5（1930）年在魚津港的工程中被發現。

太古的原生林 直接觸摸都OK

巨木杉樹沒有腐朽，反而在水中札根的模樣，相當不可思議

滑川 螢火魷博物館
●ほたるいかミュージアム

用影片和LED燈光解說神祕螢火魷的生態和發光構造。3月20日到5月最後一天會舉行活螢火魷的發光秀。

☎076-476-9300 ⏰9:00～16:30 休週二（逢假日則翌日休、3月20日～5月為無休）所滑川市中川原410 ¥800円（6/1～3/19為600円）🚃愛之風富山鐵道滑川站步行8分 🅿免費
MAP P.44 A-1

在2樓的餐廳能品嘗螢火魷美食
螢火魷的魅力當然就是充滿彈性的口感和濃厚甜味。在螢火魷博物館2樓的レストラン光影能享用各式各樣的螢火魷料理。

LIVE劇場的發光秀也很受小朋友歡迎

發出放藍白光芒螢火魷生態

螢火魷
體長約7cm，特徵是全身閃耀著藍白色光芒，藉由發光來保護自己免於遭受敵人傷害，平常生活在水深200～600m處，春天為了產卵游到富山灣的岸邊附近。

滑川 THALASSOPIA
●タラソピア

能體驗使用在滑川沖採取的海洋深層水的海洋療法。在海洋深層水的按摩泳池不僅能讓身心煥然一新，還能提升新陳代謝。

☎076-476-9303 ⏰10:00～17:00（週三、週五為～19:00）休週二（逢假日則翌日休）所滑川市中川原410 ¥Dynamic Zone（泳池）850円 ※使用為16歲以上 🚃愛之風富山鐵道滑川站步行8分 🅿免費
MAP P.44 A-1

一邊被富山灣的景色療癒一邊放鬆
在Dynamic Zone能藉由富含礦物質的深層水讓肌膚變得潤澤光滑。舒服的按摩水柱能舒緩全身肌肉，放鬆身心，十分受歡迎。

利用以健康為主題的海洋深層水

溫暖的深層水按摩泳池全年都能暢游

なめりかわのかいようしんそうすい 滑川的海洋深層水

ACCESS

🚗 車 北陸自動車道		🚌 鐵道	
魚津IC	滑川IC	富山站	富山站
↓5分	↓8分	↓25分 愛之風富山鐵道	↓15分 愛之風富山鐵道
52 約2km	51 約4km		
魚津市區	滑川市區	魚津站	滑川站

MAP P.44

洽詢
魚津站前觀光服務處
☎0765-22-2244
魚津市商工觀光課
☎0765-23-1025
滑川市觀光協會
☎076-476-9200

魚津 　MAP P.44 D-2

KONDITOREI KINT
○コンディトライ　キント　☎0765-24-8848 咖啡廳

能吃嚐維也納甜點的咖啡廳
能吃到魚津市出生的老闆所製作的維也納甜點，口味簡單又熟悉。可以內用或外帶。在旅行中感到疲勞時，也很推薦來稍作休息的咖啡廳。

⏰11:00～19:00、茶室為11:30～16:30
休週二及每月2天不定休
所魚津市上村木1-23-1
交愛之風富山鐵道魚津站步行15分
P免費

↻季節限定的蒙布朗540円和代表維也納甜點的薩赫蛋糕400円

魚津 　MAP P.96 G-2

MirageLand遊樂園
○ミラージュランド　☎0765-24-6999 玩樂

眺望日本海的大摩天輪
以日本海旁最高等級66m高的大摩天輪為地標的縣內唯一遊樂園。從大摩天輪能飽覽遍布在眼前的富山灣和雄偉立山連峰的景色。除此之外，由5層樓構成的立體迷宮Mira-Maze也深受歡迎。

⏰3月中旬～11月的9:00～17:00(遊樂設施使用為～16:30)
休週三(逢假日則翌日休)
料免費(遊樂園、海水池為額外收費)
所魚津市三ケ1811-1
交愛之風富山鐵道魚津站搭魚津市民巴士22分，水族館前下車即到
P免費

↻15分鐘走1圈的大摩天輪500円

PICK UP

整片光芒讓人感動的捕螢火魷

舉辦能從觀光船參觀以定置網捕螢火魷的行程。1年中只有極短期間才能參觀捕螢火魷的珍貴行程。天亮前的昏暗海上閃耀著整片光點的模樣，美不勝收。

↻夢幻奇妙的螢光盛會

滑川螢火魷海上觀光 MAP P.44 A-1
○なめりかわほたるいかかいじょうかんこう
☎076-476-9200(滑川市觀光協會)
⏰3月下旬～5月上旬的3:00～(預定出航·需預約)·前往螢光魷博物館集合時間為2:30·天氣惡劣時休
料5000円·滑川市中川原410(螢火魷博物館)
交愛之風富山鐵道滑川站步行8分
P免費

魚津 　MAP P.44 C-1

海之驛站 海市蜃樓
○うみのえき しんきろう　☎0765-24-4301 購物

現捕地魚和名產一字排開
位在魚津港旁的得來速。魚津新鮮的鮮魚和農產品、伴手禮、餐廳一應俱全，不論是週六、週日、假日舉辦的海濱燒烤專區，還是第2、4週日舉行的朝市，都展現出港町的熱鬧氣氛。

⏰9:00～18:00
休第2週三(5、8、12月無休)
所魚津市村木定坊割2500-2
交愛之風富山鐵道魚津站搭魚津市民巴士6分，海の駅蜃気楼下車即到
P免費

↻位在觀光景點眾多的海邊，因此方便利用

↻含有深層水和鹽的海市蜃樓霜淇淋也是名產

魚津 　MAP P.44 D-1

八つ寸亭
○はっすんてい　☎0765-23-1788 美食

輕鬆享用魚津的魚
地魚豐富齊全的店，提供以和食為基礎烹調的創作料理。能盡情享用當季海產，像是口味清爽無腥味、帶有嚼勁的獨特口感也很誘人的日本鳳螺。

⏰17:00～21:45
休週四
所魚津市釈迦堂1-15-15 M-2000ビル1F
交愛之風富山鐵道魚津站即到
P無

¥預算
晚5000円

↻日本鳳螺經過燒烤會散發海水的香氣，進而增添口感

魚津 　MAP P.96 G-2

魚津水族館
○うおづすいぞくかん　☎0765-24-4100 景點

能遇見富山灣的生物
能看見棲息在富山灣的生物等330多種國內外水生生物。大人小孩都能透過魚的表演和潛水員秀快樂地學習魚類生態。

⏰9:00～16:30
休無休(12～隔年3月15日為週一〈逢假日則翌平日休〉)
料750円
所魚津市三ケ1390
交愛之風富山鐵道魚津站搭魚津市民巴士22分，水族館前下車即到
P免費

↻歡迎的景點

↻富山灣大水槽的海中隧道是最受歡迎的景點

富山市·八尾
とやまたうん・やつお

具備豐富魅力的富山市中心

過去作為城下町而發展的富山市，是美食、美酒、人潮齊聚的一大核心地區。因北前船而繁榮的港町岩瀨，以及祭典文化所棲息的八尾等風情十足的街道也保留了下來。

富山市

八尾

在全國的火車便當展售會等活動，人氣總是名列前茅

富山伴手禮的必買商品！

P.47
鱒魚壽司

P.47
富山的賣藥

P.15

絕佳位置＆美麗景觀
星巴克

區域 No.1的必看景點

P.15
富岩運河環水公園
展望台和咖啡廳、餐廳散布在各處，公園在夜間點燈後也很美

富山美食驚奇接連不斷！

P.46
富山藥膳

P.26·51
富山黑拉麵

觀光就搭市內巴士或grutto BUS！　遊覽方式建議

市內電車有3個系統。環狀線便於觀光，大約以14分鐘的間隔往逆時鐘方向運行。車資1次200円，也有各種自由乘車券。（參照P.100）
若還要遊覽和電車路線有段距離的地方，推薦富山地方鐵道巴士（地鐵巴士）「周遊grutto BUS」。從富山站開始巡遊主要觀光地區的2個系統，1天各有6班運行。1次200円，1日乘車券為700円。

・北西線　車站→富山縣美術館→環水公園→樂翠亭美術館→民俗民藝村→水墨美術館→高志之國文學館→車站
・南線　車站→森紀念秋水美術館→科學博物館→廣貫堂資料館→玻璃美術館→城址公園→車站

富山市內軌道線路線圖

富山駅
電鐵富山駅・エスタ前
地鉄ビル前

新富町
電気ビル前
県庁前
桜橋
丸の内
荒町
国際会議場前
中町（西町北）
諏訪川原
安野屋
大手モール
富山トヨペット本社前（五福末広町）
大学前
グランドプラザ前
西町
上本町
広貫堂前
西中野
小泉町
堀川小泉
大町
南富山駅前

1 系統（南富山駅前～富山駅）
2 系統（南富山駅前～大学前）
3 系統（環状線）

岩瀬浜
高岡　新高岡
富山輕軌 25分／200円
北陸新幹線　富山
這裡是旅行的玄關口
JR高山本線 25分／320円
鐵道　越中八尾

車
富山市區
小矢部砺波JCT
高岡IC　這裡是旅行的玄關口　富山IC
北陸自動車道
國道41號等 13km／25分
八尾

45

健康膳 藥都
●けんこうぜん やくと

位在老牌藥店「池田屋安兵衛商店」2樓的藥膳料理餐廳。能享用採古代米和高麗人參等藥草的健康料理、香草茶等等。野草冰淇淋也很受歡迎。

☎076-425-1873
🕐11:30～13:30 休週三
所富山市堤町通り1-3-5池田屋安兵衛商店2F 市電西町電車站步行3分
P免費
MAP P.55 D-5

過去曾為製藥工廠的店內。挑高天花板營造出的復古氣氛很舒適

特製甜點
（包含在健康膳中）

健康膳 **3240円**
※需於一天前預約
高麗人參湯和野菜天婦羅等活用季節食材的午餐

牛肉陶板燒
高麗人參糯子湯
野草天婦羅
黑米的山菜糯米飯

藥店直營的正宗藥膳餐廳

必吃♥確認
當地飯菜！

人與文化聚集的富山核心地區——富山市，是一處充滿各種新舊魅力的城市。觀光後肚子餓了，就會想盡情品嘗富山特有的口味。

女生會心滿意足！

在藥都富山，把東洋醫學知識應用在飲食中的藥膳十分興盛。品嘗富山市掛保證的「富山藥膳」，為精神充電吧！

其1 富山藥膳

是這樣的城鎮！

富山市過去曾作為加賀藩支藩的城下町而繁榮，目前也是富山縣政治、產業、文化的中心之一，個新舊混雜的城市。

癒樂甘 春々堂
●ゆらくかん ちゅんちゅんどう

創業140多年的製藥公司——廣貫堂所打造的藥膳咖啡廳。菜單使用對身體有益的素材，幫助身軀更加健康美麗。

☎076-444-7291
🕐10:00～19:00 休不定休（CiCビル休館日）
所富山市新富町1-2-3 CiCビル1F 富山站即到 P收費
MAP P.55 C-2

藥膳咖哩套餐
（附沙拉）
1296円
以27種香料和6種和漢素材細細熬煮而成，口味溫和順口

打造美麗健康身軀的藥膳咖啡廳

くすしそば本舗 まるぜん
●くすしそばほんぽ まるぜん

昭和8（1933）年開業的老店。以醫食同源的想法為發想，開發出以中藥搭配國內生產蕎麥粉的「藥師蕎麥麵」。用來送禮也深受歡迎。

☎076-421-6932
🕐11:30～14:45、18:00～20:30（第2、4週日、假日僅中午）休第1、3、5週日 所富山市千石町1-5-5 市電大手モール電車站步行5分 P免費
MAP P.55 B-5

搭配中藥的手打蕎麥麵

竹籠山藥泥藥師蕎麥麵
1200円
搭配百合根等生藥。蕎麥的香氣壓制住中藥的苦味，十分好吃。

靈水甜點 也要關注！

立山雪水融化後，於鮎川沿岸湧出的清水，相傳是能治百病的名水。當地甜點店使用這種水製作甜點販售。

鬆餅1個124円，特選使用名水的鬆軟質地

杢目羊羹 鈴木亭
●もくめようかん すずきてい

☎076-421-4972
🕐8:00～18:00 休無休 所富山市西町6-3
市電西町電車站步行3分 P無
MAP P.55 C-5

創業240多年。香味豐富的富山知名點心。甜酒饅頭1顆140円

竹林堂本舗
●ちくりんどうほんぽ

☎076-423-8424
🕐9:00～19:00 休週三（逢假日則營業）
所富山市中央通り1-5-2 市電西町電車站步行4分
P收費
MAP P.55 D-5

「富山藥膳」是什麼？

藥都富山認定對身體有益的料理即是富山市認證菜單的一種制度，餐點要使用自古以來被視為有益健康的食材，一邊考量營養和安全問題一邊製作出來。至今已有50多項餐點獲認定為「富山藥膳」。

ACCESS

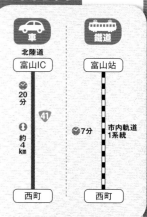

🚗 車 — 鐵道

北陸道

富山IC — 富山站

20分
41
約4km

7分
市內軌道1系統

西町 — 西町

MAP
P.54
P.55

洽詢
富山市商工勞動部
觀光振興課
☎076-443-2072
富山市觀光協會
☎076-439-0800

10秒就懂的鱝魚壽司知識

什麼樣的東西？

用竹葉包裹鱝魚和醋飯再裝入圓木便當盒中的富山鄉土料理。由於攜帶方便且保存時間長，因此作為車站便廣泛流通。

起源是？

相傳原型的「香魚壽司」，是由江戶時代的富山藩士所進獻，連第8代將軍德川吉宗也曾讚不絕口。

味道因店而異嗎？

製作鱝魚壽司的店在富山市內有20家以上，味道和製法也有非常多種。巡遊當地最美味的店時，鱝魚壽司交談也熱絡起來了。

一定要買的富山伴手禮！

其2 鱝魚壽司

鱝魚壽司是富山的代表名產。恰到好處的酸味與緩緩在口中擴散的美妙滋味，都會讓人吃上癮。盡情享用各家店的不同味道吧。

在車站內能買到！

知名火車便當
源鱝魚壽司

源 JR富山駅中央檢札前売店
●みなもと じぇいあーるとやまえきちゅうおうかいさつまえばいてん

☎076-431-2104
🕐6:00～21:30 🈚無休 🏠富山市明倫町1-225 🚃富山站內 🅿無
MAP P.55 C-2

1912年作為火車便當販售的「鱝魚壽司」，並把它培育成富山名產的老店。

越中鱝寿司 富乃恵
●えっちゅうますずしとみのめぐみ

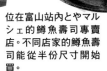

一半尺寸
(864円)

位在富山站內とやマルシェ的鱝魚壽司專賣店。不同店家的鱝魚壽司能從半份尺寸開始買。

☎076-445-4555
🕐8:30～20:30 🈚無休 🏠富山市明倫町1-220 とやマルシェ內 🚃JR富山站內 🅿有合作的停車場
MAP P.55 C-2

吃遍10種品牌

把精選的10種品牌分別以平常一半的大小販售。品嘗比較看看也很有趣

也能參加鱝魚壽司的工廠參觀和體驗！

源 鱝魚壽司博物館
●みなもと ますのすしみゅーじあむ

介紹鱝魚壽司文化和歷史的設施。有餐廳和商店，也能享受工廠參觀的樂趣。

用60分製作
手作體驗

1
把竹葉以放射狀的方式攤開放在圓木便當盒上

2
將已用甜醋調味的壽司飯緊密地塞在竹葉上

3
用備好的鱝魚生魚片均勻地鋪在壽司飯上

4
把竹葉往內摺疊，用重石壓5分鐘左右後，用竹子和彈性繩固定盒蓋就完成了

在工廠確認工匠技術！

在博物館內的傳承館，能隔著窗戶參觀出自工匠之手的傳統製法。還會製造只在富山才能買到的限定商品。

☎076-429-7400
🕐9:00～17:00 🈚無休 🏠富山市南央町37-6 🚃富山站搭地鐵巴士25分，安養寺下車，步行10分 🅿免費
MAP P.96 E-4

完成!!

富山和藥的關係

大幅幫助傷病者的
先用後利之心

富山賣藥郎的起源是江戶中期。根據先用後利（以使用為先，以利益為後）的理念，先配置藥品再收取已使用部分的款項，這種配置販售的方式已傳遍全國。

想瞭解更多富山藥品的人…

池田屋安兵衛商店
●いけだややすべえしょうてん

以稱為「座賣」的方式在店前賣藥的老店。按照客人的症狀和煩惱，把自製和漢藥與200種以上的藥草做成處方藥給顧客。

名藥和藥草
一字排開的座賣老店

從傳統的返魂丹到和漢藥、入浴劑等商品一字排開

外觀是彌漫老店風格的白牆土藏造建築

這裡是重點！

面對面販售讓人安心

讓人聯想到時代劇世界的座賣風格。藥劑師會經過諮詢再調配藥品，因此能夠安心。

參觀實際的藥丸製作

能參觀用傳統工具製作名藥「反魂丹」的情況。用手動式機械製作藥丸的傳統技術相當有趣。

這裡是重點！

伴手禮就是這個！

復古的包裝好可愛

「反魂丹」對胃痛和肚子痛很有效，復古的包裝很適合當作伴手禮。

☎076-425-1871
🕐9:00～18:00 🈚無休 🏠富山市堤町通り1-3-5 🚃市電西町電車站步行3分 🅿免費
MAP P.55 D-5

石谷もちや ●いしたにもちや
☎076-421-2253

🕐9:00～18:30 🈚週三（逢假日則營業，有補休）🏠富山市中央通り1-5-33 🚃市電西町電車站步行4分 🅿無
MAP P.55 D-5

柔軟的糯子上面裹著黑糖蜜的招牌商品
溪蓀糯子，1根108円

酒家蔵部
●さかやくらぶ

老牌酒坊1週開3天
的成人地酒酒吧

明治24（1891）年創業的酒坊「石坂善商店」只在週四、週五、週六營業的地酒酒吧。每個季節都從縣內全部19家釀酒廠進貨的地酒，能連同口味簡單的菜餚一起享用。

☎076-425-3266
🕐18:30〜22:00 🈳週一〜週三
🏠富山市中央通り3-4-3石坂善商店内
🚃市電西町電車站步行10分 🅿無
MAP P.55 D-5

千代鶴純米吟釀
1合648円
附適合搭配清酒的甘鹽魷魚乾和自製味噌

推薦的酒和佳餚！
・千代鶴純米吟釀(1合)…648円
・甘鹽魷魚乾…1,058円

能多喝好幾杯日本酒，添加蜂斗菜的自製味噌（410円）

從1杯起開始供應，以便能品嘗各種豐富地酒比較看看

酒家蔵部的入會條件有2項，其一是喜歡酒，其二是「成年人」

酒菜工房 だい
●さかなこうぼう だい

用炭火炙烤
富山品牌的食材

以炭烤料理而自豪，食材使用早上捕獲的生魚、富山品牌的肉和蔬菜。隨時都能品嘗當日最新鮮可口的富山灣美食。

☎076-441-2223
🕐17:00〜23:00 🈳週日
🏠富山市内幸町2-14内幸町ビル2F
🚃富山站步行8分 🅿無
MAP P.55 B-3

請考量和料理的搭配性，飲用各種地酒比較看看吧

春天氣息的櫻花風味白蝦，帶有白蝦甜味和櫻花葉香氣

推薦的酒和佳餚！
・勝駒(純米)…756円
・櫻花風味白蝦…1050円

店的位置是在大樓2樓。位在外面階梯的紅色招牌和門簾是標誌

昆布烤鱈魚白子
950円
在炭爐上鋪昆布再燒烤的鱈魚白子，是冬季限定的奢華口味

地魚×地酒 的最佳搭配
居酒屋 GO!

若要品嘗美味料理，美味的地酒絕對不能少。
從立山連峰融化的雪水和優質米中誕生的芳醇地酒，加熱冰鎮皆可行。
用當季地魚和美味地酒來享受頂級時光吧。

大眾割烹 あら川
●たいしゅうかっぽう あらかわ

受到當地喜愛的
正宗割烹料理店

因常客而熱鬧非凡的大眾割烹。堅決採用當地的酒和魚，還會製造與人氣釀酒廠富美菊合作的自製地酒。吧檯上陳列著以當季新鮮食材製作的小菜。

☎076-441-9369
🕐16:00〜22:30
🈳週日、假日🏠富山市櫻町2-2-22
🚃富山站步行3分 🅿無
MAP P.55 C-2

適合搭配地魚和料理的酒都準備好了

螢火魷的沖漬
1080円。適合當作下酒菜

推薦的酒和佳餚！
・曙 純米吟釀(1合)…1020円
・40、80cm的鰤魚…1080円

店內風情十足，能感到創業50年的歷史

生魚片拼盤1人份
1620円〜
あら川米清原創的純米酒（300ml、1470円）能襯托出料理的滋味

外觀漂亮的鯖魚押壽司和用酒杯享用的純米大吟釀

帶有嚼勁的口感讓人讚不絕口，螢火魷的沖漬（734円）

旬彩料理TAKU
●しゅんざいりょうり たく

用華美料理引人入迷
的典雅餐廳

這家料理店的老闆擁有在和食、洋食餐廳的烹飪經驗，他大展廚藝的華美創意料理十分誘人。時常備有20種以上的地酒，為了更襯托出酒香會用葡萄酒杯供應。

☎076-471-6668
🕐17:30〜23:00（週五、週六、假日前日為〜24:00）
🈳週日（逢連休則最後一天休）
🏠富山市櫻町2-5-2 俳優座ビル1F
🚃富山站步行5分 🅿無
MAP P.55 C-3

時尚的空間有如高級餐廳，只有女性也能輕鬆入店

推薦的酒和佳餚！
・Masuizumi2007(1杯)…1250円〜
・鯖魚押壽司…1280円

從富山站步行5分鐘，位在大樓入口的小招牌是標誌

受到當地喜愛的居酒屋GO！

當地鮮魚大豐收拼盤
1人份1600円～
當地新鮮海產裝得滿滿的！
細心地使用冰塊保持鮮度

新富町 富山湾鮮魚たべ処 いろり
●とやまわんせんぎょたべどころ いろり

抱著虧本的覺悟提供超平價富山當季海鮮

用實惠的價格就能享用富山灣新鮮海產的店。招牌的生魚片拼盤會在冰塊上擺滿豐盛可口的當季鮮魚。3種地酒的品鑑套餐也大受歡迎。

☎ 076-433-1500
🕐 17:00～22:45
休 不定休 所 富山市新富町2-4-23
🚃 富山站步行5分 Ｐ無
MAP P.55 B-2

推薦的酒和佳餚！
・地酒品鑑3種 …1000円
・鹽烤鰤魚頭…780円

距離富山站很近，也有許多當地的上班族支持者

新富町 和洋旬菜 新
●わようしゅんさい あらた

不受和洋料理的限制，採用最美味的品嘗方式

能和地酒一起享用好眼光的老闆在市場採購的富山灣新鮮食材。不受限於和洋的種類，提供各種食材最美味的品嘗方式。

☎ 076-442-5655
🕐 17:00～22:00（週五、週六、假日前日為～23:00）
休 無休 所 富山市新富町2-4-22 第2KKビル2F
🚃 富山站步行6分 Ｐ無
MAP P.55 B-3

推薦的酒和佳餚！
・滿壽泉・通 本格辛口（1合）…640円
・醋酸真鱈魚白子…980円

能在時尚氛圍中悠閒用餐的店內

特釀千代鶴（1枡）750円

富山灣白蝦刺身
1290円
搭配典雅裝盤享用新鮮白蝦的奢華佳餚

後味清爽的正宗辛口酒相當適合搭配魚料理

店主
中村吉伸
先生

柳町 居酒屋 舞子
●いざかや まいこ

熱鬧到早上，當地居民愛去的店

以耗費心力烹調每一種食材的精緻料理而自豪的居酒屋。推薦每日更換的黑板菜單，餐點採用老闆每天進貨的新鮮當地素材。全年都能享用的關東煮也大受好評。

☎ 076-432-4169
🕐 18:00～深夜為止（視星期幾而異）
休 週日 所 富山市柳町2-3-26 🚃 富山站搭地鐵巴士6分，北新町下車即到 Ｐ免費
MAP P.54 C-2

生魚片拼盤
1500円
堅持使用從當地每天進貨的鮮魚。精雕細琢的擺盤很漂亮

推薦的酒和佳餚！
・千代鶴（1杯）…600円
・黑鹽辛…350円

店鋪位在距離繁華街道稍遠的寧靜一角，當地常客很多

牛島町 けやき亭
●けやきてい

中午和晚上都充滿美食酒、菜餚和蕎麥麵的店

位在富山站前URBAN PLACE 2樓的海鮮料理和蕎麥麵的店。招牌料理是使用大量自製蕎麥高湯的高湯蛋捲。以地酒為主的全國燒酒和雞尾酒等酒類也很豐富。

☎ 076-431-4400
🕐 11:00～14:00、17:00～22:00
休 不定休
所 富山市牛島町18-7アーバンプレイス2F
🚃 富山站即到 Ｐ收費
MAP P.55 C-1

受到當地喜愛

生魚片拼盤
（2～3人份）1980円
裝滿當季美食的拼盤。好想一邊喝喜歡的酒一邊享用

團體也能吃午餐的寬敞店內，中午的海鮮蓋飯和蕎麥麵也很有人氣

新富町 酒菜家おあじ 富山駅前店
●さかなやおあじ とやまえきまえてん

享用地酒和菜餚，活締處理的美味握壽司

在富山縣內擴展8家店的超人氣居酒屋站前店。店內陳列著生魚片、炸物、珍饈等當季的當地素材，品項豐富且多樣。先用冰鎮至冰點以下的Extra Cold啤酒乾杯吧。

☎ 076-433-7080
🕐 17:00～翌日0:00（週五、週六為～翌日1:00）
休 週三（達假日則營業） 所 富山市新富町2-5-17
🚃 富山站步行5分 Ｐ無
MAP P.55 B-2

能按照用途選擇吧檯座位、一般桌椅、和式座位

富山的嚴選地酒一應俱全

店長
清水一広先生

5種握壽司的拼盤
1000円
曾在壽司店修業的老闆所捏的5種當日推薦握壽司

剛進貨的鮮魚陳列在店前，希望顧客看看做成生魚片前的模樣

推薦的酒和佳餚！
・立山 酉印（1合）…480円
・富山黑拉麵炒麵…680円

推薦生魚片拼盤和富山地酒的套餐

老闆
北沢勇先生

推薦的酒和佳餚！
・立山 酉印（1合）…520円
・冰見牛的燉煮牛筋…500円

富山縣民喜歡地酒嗎？

富山當地的地酒消費率是排在新潟等地之後的第5名。顯示出比其他縣更愛地酒的縣民天性。從中也能瞭解爽口溫和的富山地酒和當地食材十分相配。

富山釀酒廠的特徵是…

富山的酒坊大部分都是在江戶到明治之間創業。這個時期興建的土藏造建築物，牆壁很厚，室內溫度穩定，因此被視為最適合製造及儲藏酒類。

富山的特徵為什麼好喝？

富山清酒的特徵是酸度低、酒度高，但口感卻溫和順口。適合釀酒的優質米和甜來泡製的清水，決定了能被稱作美酒的高品質。

若要盡情享用富山美食

不喝地酒就無法開始!!

富山市

松川遊覽船

●まつかわ ゆうらんせん

☏076-425-8440

（富山觀光遊覽船）

玩樂

MAP P.55 B-3

富山市內的歷史航程

從江戶到明治時期，以越中富山最大貿易路而繁榮的神通川遺痕「松川」。只要搭遊覽船巡遊，就能懷想往昔的歷史。

🕐3月下旬~11月底的10:00~17:00（結束時間視時期而異）🔒期間中週一（逢假日則翌日休）、雨天 ¥1600円（3/30~4/20為1800円）所富山市本丸1-34 🚃富山站步行10分 🅿使用市營城址公園停車場（收費）

➡春天也能在「日本櫻花名所100選」的區域享受賞花遊覽

藥種商之館 金岡邸

●やくしゅしょうのやかた かなおかてい

☏076-433-1684

景點

MAP P.54 D-1

展示富山賣藥的資訊

擁有300年以上的歷史，介紹富山賣藥的資料館。展示製藥道具和賣藥版畫、藥箱等珍貴資料。建築物有明治初期的店鋪，格子天花板全採檜木打造的新屋，十分豪華。也有藥碾體驗區（200円）。

🕐9:30~17:00 🔒週二（逢假日則營業）¥200円 所富山市新庄町1-5-24 🚃富山地方鐵道東新庄站步行5分 🅿免費

➡已獲指定為國家登錄有形文化財

富山城址公園

●とやまじょうし こうえん

☏076-432-7911

（富山市鄉土博物館）

景點

MAP P.55 B-4

市中心的綠洲空間

富山前田家居住約230年的城堡遺跡。現在除了江戶時代後期建造的千歲御門之外，也保存著石牆和部分的護城河。園內覆蓋著花卉和草木，也能享受散步之趣。昭和29（1954）年建設的天守閣已成為富山市的鄉土博物館。

🕐自由入園 所富山市本丸1 🚃富山站步行10分 🅿收費

➡天守閣晚上會點燈

富山市郊外

富山市家庭公園

●とやまし ふぁみりーぱーく

☏076-434-1234

玩樂

MAP P.97 D-3

能全家同樂的動物園

在山林自然生態遍布的園內主要展示狸貓和白頰鼯鼠等日本動物的全國罕見動物園。其他還有能接觸兔子和山羊等動物的區域，以及能飽覽四季自然景觀的散步道、遊樂園、食堂。

🕐9:30~16:00（12~隔年2月為10:00~15:00）🔒3月1日~14日 ¥500円 所富山市古沢254 🚃富山站搭地鐵巴士20分，ファミリーパーク前下車即到 🅿免費

➡全年都能看見斯瓦爾巴雷鳥

富山市民俗民藝村

●とやまし みんぞくみんげいむら

☏076-433-8270

景點

MAP P.54 A-1

學習富山的歷史和傳統文化

位在吳羽丘陵的博物館等設施群。介紹富山賣藥的賣藥資料館、篁牛人紀念美術館等9處文化設施散布在各處。

🕐9:00~16:30 🔒無休 ¥單館入館費100円、全館共通入館費520円 所富山市安養坊1118-1 🚃富山站搭地鐵巴士10分，富山市民族民芸村下車即到 🅿免費

➡受到女性歡迎的土人形彩繪

富山市科學博物館

●とやまし かがくはくぶつかん

☏076-491-2123

景點

MAP P.54 B-3

親身體驗科學和自然的樂趣

透過3間展示室和整片天空的電子天象儀，能快樂地學習鄉土的自然生態和宇宙等相關知識。也有和富山有關的諾貝爾獎獲獎區。

🕐9:00~16:30 🔒不定休 ¥520円 所富山市西中野町1-8-31 🚃富山站搭地鐵巴士10分，西中野口下車即到 🅿免費

➡介紹富山豐富多樣的自然生態

富山市郊外

割山森林公園天湖森

●わりやましんりんこうえん てんこもり

☏076-485-2777

玩樂

MAP P.95 D-3

在森林中享受戶外活動

廣布在水池旁的汽車露營場。除了多彩豐富的戶外設施之外，還有具備展望台和望遠鏡的天體觀測樓。

🕐8:30~17:30（管理棟）🔒無休（冬季期間需洽詢）¥免費入園 所富山市割山9-1 🚃北陸自動車道富山IC17km 🅿免費

➡也有小木屋和別墅

富山縣中央植物園

●とやまけんちゅうおう しょくぶつえん

☏076-466-4187

景點

MAP P.54 A-4

一整年隨時都百花齊放的植物園

以從國內外收集而來的野生植物為中心，大約展示著4900種植物的植物園。不僅有室外展示園，還具備5座溫室，一年四季都能觀賞漂亮花卉。

🕐9:00~16:30（11~隔年1月為~16:00）🔒週四 ¥500円（12~隔年2月為300円）所富山市婦中町上轡田42 🚃富山站搭地鐵巴士20分，中央植物園口下車，步行12分 🅿免費

➡全年都能看見蘭花的蘭花溫室

廣貫堂資料館

●こうかんどうしりょうかん

☏076-424-2310

景點

MAP P.54 C-3

學習越中賣藥的歷史

位在老牌製藥公司的資料館。陳列著古文獻和顧客名簿、賣藥版畫等越中賣藥特有的珍貴資料。除此之外，還展示及販售富山藥商製造的小包裝製品。

🕐9:00~17:00 🔒無休 ¥免費 所富山市梅沢町2-9-1 🚃市電広貫堂前電車站即到 🅿免費

➡展示及販售配置家庭藥

鶴喜

富山站周邊　MAP P.55 C-3
●つるき　☎076-441-8496　美食

烏龍麵行家經常光顧的店

老闆手打的烏龍麵有點粗，且維持著創業以來的口味。麵條從一大早開始桿製，只提供當日現做的分量，因此賣完就打烊。

🕐11:00～14:10　休週日、假日　🏠富山市新桜町6-2　🚉富山站步行5分　🅿無

●烏龍麵以自有品牌的麵粉桿製。天婦羅竹籠烏龍麵950円

¥預算　午950円

すしだるま

富山市　MAP P.54 B-5
☎076-428-1760　美食

全新感覺的迴轉壽司

在吧檯接獲訂單後才切出壽司食材，並耗費多道手續捏出壽司。這家店兼具迴轉壽司與吧檯壽司的優點，並追求高品質的料理，深受當地上班族和OL的歡迎。

🕐11:30～20:45　休週三　🏠富山市二俣448-1　🚉富山站搭地鐵巴士25分，二俣下車即到　🅿免費

●能享用地酒和地魚。北海饗宴1100円

¥預算　午2000円　晚3000円

寿司栄 総曲輪店

富山市　MAP P.55 C-4
●すしえい そうがわてん　☎076-421-7035　美食

單純享用壽司的店

縣內外有許多常客的老牌壽司店。除了當地的壽司食材之外，也會從縣外訂購優質素材。為了讓女性一個人也能輕鬆享用，店內澈底實施禁酒禁菸的暖心服務。

🕐11:30～14:00、17:00～21:00　休週三（逢假日則營業）　🏠富山市総曲輪2-8-22　🚉市電西町電車站步行7分　🅿發送免費停車券

●壽司味握壽司套餐3240円。壽司飯使用富山縣產越光米。

¥預算　午2800円　晚3500円

魚処やつはし

富山市　MAP P.55 C-4
●さかなどころやつはし　☎076-431-8284　美食

用鰤魚涮涮鍋品嘗最肥美的富山灣寒鰤

直接運送富山市四方漁港的魚。富含營養源的富山灣寒鰤圓潤肥美，脂肪含量也很豐厚。冬季限定的鰤魚涮涮鍋只要把肉片放入剛用土鍋煮沸的高湯中涮一涮，就能品嘗凝縮起來的美妙滋味。

🕐17:30～22:00　休週日、假日　🏠富山市桜木町6-4千歳ビル1F　🚉富山站步行10分　🅿無

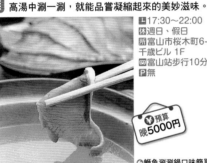

●鰤魚涮涮鍋口味簡單，不易吃膩

¥預算　晚5000円

天米 県庁前店

富山站周邊　MAP P.55 C-3
●てんよね けんちょうまえてん　☎076-441-4324　美食

天婦羅的老店

只賣天婦羅的店。用最高級的芝麻油豪邁地油炸。這種口味是香醇爽口的優質滋味，使用傳統「丼醬汁」的天婦羅蓋飯也很受歡迎。天婦羅定食3240円～（中午）、5184円～（晚上）。

🕐11:00～13:45、17:00～20:30　休週一　🏠富山市桜町2-4-12　🚉富山站步行5分　🅿免費

●什錦天婦羅大口享用熱騰騰的天婦羅，炸什錦天婦羅丼3240円也深受好評

¥預算　午3000円　晚5000円

日本料理 雲海

富山市　MAP P.55 C-4
●にほんりょうり うんかい　☎076-495-1114　美食

享用稍微豐盛的宴席料理

位在ANA皇冠假日酒店富山5樓，氛圍閑靜的和食餐廳。把富山食材做成季節感十足的宴席料理提供給顧客。店內也有使用和牛的鐵板燒區。

🕐11:30～14:00、17:00～21:00　休無休　🏠富山市大手町2-3 ANAクラウンプラザホテル富山5F　🚉市電國際會議場前電車站即到　🅿使用國際會議場停車場（收費）

●以用心備料創造好滋味的料理廣獲好評。御膳料理（中午）2580円～・（晚上）5500円～

¥預算　午2580円　晚4000円

富山黑拉麵 →特輯P.26
富山市的當地美食

富山ブラックラーメン 喜八
以靜置2個月的醬汁而自豪
●とやまぶらっくらーめん きはち
☎076-443-1888
MAP P.54 C-1

高湯的特徵是在使用4種醬油泡製2個月的醬汁中，再加入其他3種醬汁。點更濃或更淡的口味也OK。

●以3層醬汁襯托麵條滋味的「富山黑拉麵」（一般分量）720円

🕐11:00～14:30、17:30～20:00（週六、週日、假日僅中午）　休週一、每月1次週日不定休　🏠富山市奥田寿6-3-125奥田ビル1F　🚉富山輕軌奥田中學校前站步行5分　🅿免費

麵家いろは CiC店
也在海外開分店的富山名店
●めんやいろは しっくてん
☎076-444-7211
MAP P.55 C-2

在東京拉麵展榮獲5次日本第一的名店。特徵是溫和的湯頭，以使用魚醬的祕傳黑醬油和富山灣鮮魚熬製而成。

●入口即化的叉燒也有許多愛好者

🕐11:00～翌日1:30（週日、假日為～22:30）　休無休　🏠富山市新富町1-2-3CiCビルB1F　🚉富山站即到　🅿收費

ラーメンの万里
無添加的濃厚富山黑拉麵
●らーめんのばんり
☎076-444-1818
MAP P.54 D-1

完全沒使用化學調味料的醬油高湯、青竹手打的極粗麵帶來了濃厚滋味，但後味卻很清爽，十分推薦。

●粗麵和特大叉燒很受歡迎的「叉燒麵」1200円

🕐11:30～14:30、17:30～20:30　休週二、第1週三　🏠富山市上冨居1-3-63　🚉富山地方鐵道新庄田中站步行5分　🅿免費

すし玉 富山掛尾店

富山市　MAP P.54 B-4
●すしたま とやまかけおてん　☎076-491-1897　美食

老牌壽司店所經營的迴轉壽司店

持續70年以上的老店「金澤玉寿司」所開設的迴轉壽司店。壽司食材會由老闆親自到富山和金澤的港口採購認可的海鮮，並使用適合搭配壽司的自製醬油和甜醬。

🕐11:00～21:15　休無休　🏠富山市掛尾栄町5-8　🚉富山站搭地鐵巴士12分，今泉下車即到　🅿免費

●富山灣拼盤540円和使用自製醬汁的烤星鰻356円

¥預算　午1000円　晚1500円

富山市

Bistro ふらいぱん
●びすとろ ふらいぱん
📞076-434-1174 美食

簡單的藥膳菜單廣受歡迎
自創業起已經過35年,一直受到當地喜愛的法式&義式餐廳。主要提供獲認定為有益身體的「富山藥膳」的義大利麵和披薩,就連布丁、馬卡龍等甜點也很豐富。

⏰10:00～21:00(週一為～14:00) 🈺週二(逢假日則翌日休) 🏠富山市本鄉西部2234-1 🚃愛之風富山鐵道吳羽站搭計程車5分 🅿️免費

¥預算
午1300円
晚2500円

越中藥膳布丁(需於一週前預約)620円

CIBO
●ちーぼ
📞076-422-5516 美食

堅持使用當地產品的義式餐廳
活用新鮮可口的富山海味和山珍,為一家平易近人的義式料理店。使用縣內生產蔬菜的午餐,以及老闆每天早上進貨的新鮮食材入菜的餐點都廣受好評。

⏰11:30～14:00、17:30～21:00 🈺週一 🏠富山市南田町1-2-8 🚃市電上本町電車站即到 🅿️免費

¥預算
午1400円
晚3500円

越中日本鳳螺的橄欖油香蒜義大利麵1296円(11～隔年2月限定)

越中膳所 海の神山の神 本店
●えっちゅうぜんどころ うみのかみやまのかみほんてん
📞076-445-1155 美食

沉醉於富山特有的當地特產海鮮
新鮮可口的特大日本鳳螺刺身是一道佳餚,不僅嚼勁十足,還能同時享用甜味和海洋風味。菜單除了必吃項目之外,還有20～30道的「今日菜單」。

⏰11:30～13:30、17:30～22:00(週六、週日、假日僅晚上) 🈺無休 🏠富山市總曲輪1-1-13 🚃富山站步行10分 🅿️無

¥預算
午900円
晚4000円

日本鳳螺刺身約1100円

四十萬亭
●しじまてい
📞076-437-6573 美食

品味十足的創作料理
用實惠的價格就能品嘗正宗和食。「白蝦萬十」是帶有老闆出眾品味的人氣菜品,做法是把過篩的白蝦、豆腐和雞蛋一起蒸熟,再直接油炸而成。

⏰11:30～14:00、17:00～21:00 🈺週二、每月2天不定休 🏠富山市蓮町3-3-13 🚃富山輕軌蓮町站步行5分 🅿️免費

¥預算
午1000円
晚3500円

白蝦萬十840円是使用只在富山才能吃到的白蝦

cuisine française LA CHANCE
●キュイジーヌ フランセーズ ラ・シャンス
📞076-445-1200 美食

充滿鐵人老闆想法的人氣店
坂井宏行監修的法式餐廳。2011年坂井先生迷戀上富山的食材和地理環境而開了這家店,午餐受歡迎到出現排隊人潮。當作咖啡廳使用的人也很多。

⏰1F法式餐館為11:00～(午餐)、13:30～(下午茶)、18:00～20:30(晚餐)(2F餐廳為預約制營業) 🈺週二(逢假日則營業) 🏠富山市木場町16-1 🚃富山站步行10分 🅿️免費

¥預算
午1200円
晚3000円

1F法式餐館的內部樣貌。擁有河岸邊的絕佳地理位置

おでんや
●おでんや
📞076-423-0677 美食

在清淡的關東煮中加入昆布的美味
特別喜愛關東煮的老闆因為想一整年都吃關東煮而開的店。時常備有雞蛋和蒟蒻等25種食材,而且每一種都很大塊,連裡面都很入味。

⏰11:30～13:30、17:00～23:00 🈺週日(逢連週日和週一連休則週一休) 🏠富山市一番町6-5 🚃市電グランドプラザ前電車站步行 🅿️無

¥預算
午600円
晚3000円

口味清淡,但是十分好吃。溫和的口味滲入身體中

日本料理 山崎
●にほんりょうり やまざき
📞076-423-2320 美食

在三星級的店品嘗富山當地美食
在《米其林指南富山・石川(金澤)2016特別版》中榮獲三星的日本料理店。沒有固定菜單,主要提供使用富山當地食材的「季節全餐」(中午能5選1,晚上能2選1)。好想搭配地酒品嘗充滿老闆堅持的精緻日本料理。

⏰11:30～14:30、17:30～22:00 🈺週一～ 🏠富山市布瀬町南1-18-9 🚃富山站搭計程車10分 🅿️免費

¥預算
午4320円～
晚13662円～

色彩繽紛的宴席料理。座位有限,最好提早預約

在採用一片檜木板的吧檯享受奢華時光

CUORE
●クオーレ
📞076-493-2418 美食

現採的當季蔬菜讓人感動
以地產地消為宗旨的義式料理名店。料理使用老闆親自在田中培育的蔬菜,以及直接向值得信賴的生產者進貨的食材,而且都能完全品嘗到當季滋味。

⏰18:00～23:00 🈺週三 🏠富山市西町8-2 🚃市電グランドプラザ前電車站即到 🅿️無

¥預算
晚5000円

富山灣白蝦義大利麵1512円

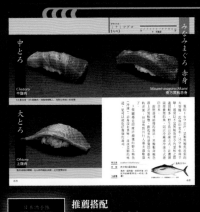

富山市　DINING&CAFÉ 呉音
●だいにんぐあんどかふぇ　くれおん　📞076-434-5535　【咖啡廳】
〔MAP P.97 D-3〕

隈研吾設計的咖啡廳

位在富山市舞台藝術公園內的咖啡廳餐廳。隈研吾所設計的時尚建築蔚為話題，有許多來自縣外的人造訪。巧克力蛋糕和NY起司蛋糕也廣受歡迎。

🕐11:00～22:00（午餐為11:30～14:30、晚餐為17:00～21:00）　休無休　所富山市呉羽町2247-3富山市舞台芸術パーク内　愛之風富山鐵道呉羽站即到　P免費

↑內部裝潢把木材組合成井字，有如洞窟一般，感覺新穎

富山市　喫茶 チェリオ
●きっさ ちぇりお　📞076-425-3404　【咖啡廳】
〔MAP P.55 C-5〕

受到當地喜愛的復古咖啡廳

昭和10（1935）年創業的復古咖啡廳。現在由第3代老闆持續守護著從前的口味。初代老闆設計的餡蜜和聖代、布丁聖代等正統風格的咖啡廳菜單一字排開。

🕐10:00～17:30　休週三　所富山市総曲輪3-6-15-18-1CUBYビル1F　市電グランドプラザ前電車站即到　P無

←白玉鮮奶油餡蜜750円和特調咖啡420円

富山市　とべーぐる 富山店
●とべーぐる とやまてん　📞076-492-6505　【咖啡廳】
〔MAP P.55 A-4〕

蓬鬆Q軟的現烤貝果專賣店

貝果以富山縣產的越光米烘焙而成，蓬鬆Q軟的口感美味到讓人吃上癮。堅持現烤，店內時常陳列著15～20種口味。

🕐11:00～16:00　休週三、第2週二　所富山市平吹町5-12　市電諏訪川原電車站步行6分　P無

←現烤的Q軟口感讓人口水直流

富山市　koffe
●こっふぇ　📞076-482-3131　【咖啡廳】
〔MAP P.55 A-3〕

講究食材的咖啡豆專賣店

這家精品咖啡的咖啡豆專賣店，位在以賞櫻名勝而聞名的松川沿岸。活用素材味道的咖啡、考量適合搭配咖啡而製成的烘焙甜點，也廣獲好評。

🕐12:00～19:00（週六、日為10:00～）　休週四　所富山市舟橋南町10-3　市電縣廳前電車站步行5分　P免費

←濃厚的起司蛋糕480円和輕爽後味廣獲好評的青空咖啡500円

富山市的當地美食　鱒魚壽司　→特輯P.47

連米和竹葉也十分講究
青山総本舗
●あおやまそうほんぽ
📞076-432-5324
〔MAP P.55 B-2〕

這家專賣店完全採用講究的食材製作壽司，像是富山縣產的特別栽培越光米、京都‧村山造酢的千鳥醋、新潟生產的竹葉等。

←個別包裝方便食用的優點讓人感到滿意

🕐8:00～16:00（售完打烊）　休週日、一（逢假日則翌日休）　所富山市新富町1-4-6　富山站步行4分　P無

安心美味的自然風鱒魚壽司
大多屋 鱒の寿し店
●おおたやますのすしてん
📞076-425-5100
〔MAP P.54 B-3〕

100%使用減農藥栽培的富山縣產越光米，且不使用添加物烹調而成，天然風味廣獲好評。縣外也有許多支持者。

←用鱒魚包裹醋飯的奢華佳餚

🕐8:00～16:00（售完打烊）　休週二　所富山市西中野町2-19-11　市電小泉町電車站步行　P免費

酸味明顯的肉厚鱒魚
川上鱒寿し店
●かわかみますずしてん
📞076-432-5129
〔MAP P.55 B-3〕

用酸味明顯的甜醋醃漬厚切鱒魚，再做成半熟的口味。根據季節稍微調整調味。

→一段1600円

🕐6:30～18:30（售完打烊）　休週二　所富山市丸の内1-2-6　市電丸之內電車站即到　P免費

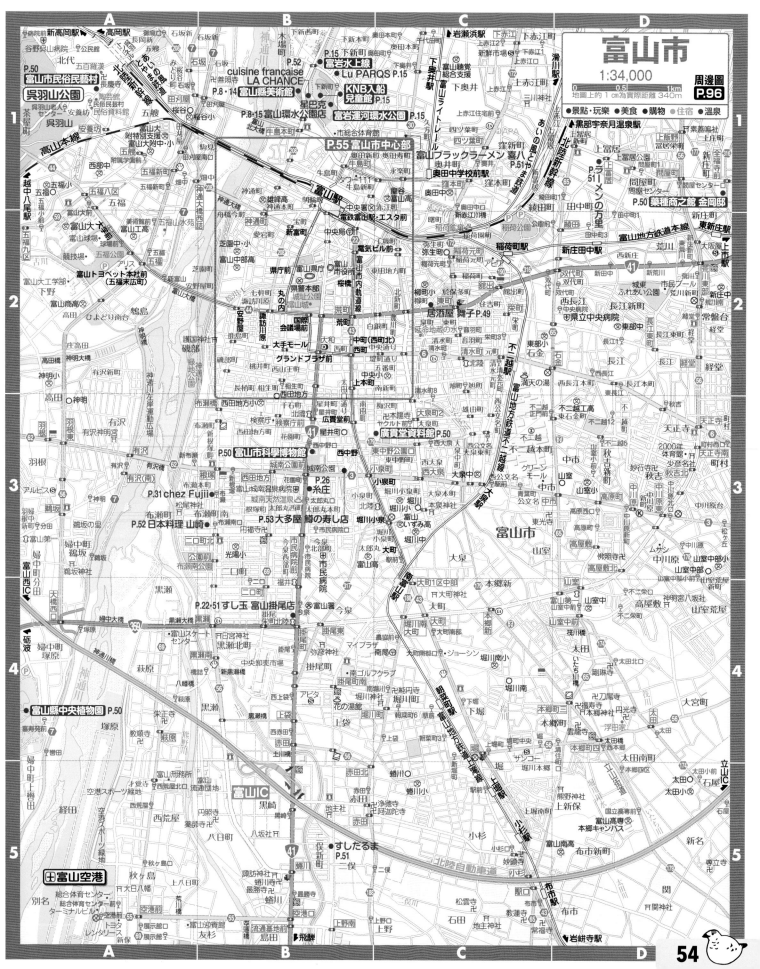

富山市中心部

1:9,000

0　100　200　300m
地圖上的 1 cm為實際距離 90m

周邊圖
P.54

●景點・玩樂　■美食　■購物　住宿　●溫泉

A　**B**　**C**　**D**

樂翠亭美術館 P.15

P.8 北陸電力能源科學館
Wonder Laboratory

P.49 けやき亭

源 JR富山駅中央改札前売店 P.47
すし玉 富山駅店 P.22
七越 きときと市場 とやマルシェ店 P.28
白えび亭 P.20
越中鱒寿司 富乃恵 P.47
きときと市場とやマルシェ P.33

MARIER TOYAMA P.33
能作 マリエとやま店 P.19

ラーメン一心 P.26

P.27ぼてやん多奈加 富山駅前店
P.33とどやま
P.26・51麺家いろは CiC店
P.46癒楽甘 春々堂

P.53青山総本舗

P.21酒と人情料理 だい人
P.20せん富山駅前店
P.49富山湾鮮魚たべ処 いろり
P.49酒菜家おあじ 富山駅前店

大衆割烹 美喜鮨本店 P.23富山
あら川 P.48

和洋旬菜 新 P.49

旬彩料理
TAKU P.48

天米 県庁前店

鶴亀 P.51

県庁前店 P.93

HOTEL RELAX INN 富山

コッペパン
専門店
黒と白
P.29

P.17高志之國文學館

D&DEPARTMENT TOYAMA
P.17・33

koffe
P.53

富山市

P.50 松川遊覧船

P.17富山市佐藤記念美術館

川上鱒寿し店
P.53

魚処やつはし P.51

富山城址公園
P.50

海の神山の神 本店 P.52

街頭美術館 P.16

古本ブックエンド 1号店P.17
デフォー子どもの本の古本屋 P.17
林ショップ P.17

日本料理 雲海 P.51

寿司栄 総曲輪店 P.51

comcrepe本店 P.28

美乃鮨 P.23

Toyama Shimin Plaza

P.13Monsieur J
とべーぐる 富山店 P.29・53

石谷もちや P.47
竹林堂本舗 P.46

喫茶 P.53
チェリオ

café 54
P.17

酒家蔵部
P.48

ユウタウン総曲輪 P.16

SHOGUN BURGER

P.46
P.28 平野屋
P.52おでんや

杢目羊羹
鈴木亭 西町大喜本店 P.26

CUORE

能作 富山大和店
NAGAE+ P.19
大和 富山店 P.9

池田屋安兵衛商店 P.47
健康膳 薬都 P.46

富山市玻璃美術館 P.16

ミュージアムショップ
FUMUROYA CAFE TOYAMA キラリ店

CIBO P.52

森紀念秋水美術館 P.9

くすしそば本舗 P.46
まるぜん

岩瀨 IWASE *Port Town*
港町散步

美麗的港町
保留著因北前船
而繁榮的街道

港町岩瀨現存著江戶初期的建築物，並保留著當時的氣氛。在土藏倉庫和船運商比鄰而立的大町通，以及能看見大海的美麗街道悠閒地散步看看吧。

> 先去這裡！

從岩瀨濱站出來到到，白色和水藍色的大型建築就是運河會館。停車場也整備完善

岩瀨是這樣的港町

岩瀨作為江戶時代的商船――北前船的貿易地點而繁榮一時。目前也留存著許多明治時代的船運商宅邸，形成一處獨特的街道。

> 拿到MAP再出發♪

ACCESS

船　電車

富山站

9分　　即到

富山北站

富岩運河環水公園　富山港線　富山輕軌東岩瀨站

（附富山輕軌的車票）60分　1500円　單程車票

富山輕軌線 25分 200円

岩瀨　岩瀨濱站

北前船時代的燈籠是原型

富山港展望台
●とやまこうてんぼうだい

從大町通步行即到，位在朝向富山港位置的展望台。距離地面有24.85m高，在晴天能一望立山連峰和富山灣。

☎076-437-7131（富山港事務所）
🕐9:00～16:30　休無休　¥免費
🏠富山市東岩瀨町　富山輕軌東岩瀨站步行12分　P免費
MAP P.96 E-2

從甲板欣賞富岩運河的風景

能輕鬆順路前往的岩瀨觀光據點

岩瀨運河會館
●いわせかなるかいかん

同時也是富山水上線的乘船處，主要販售伴手禮及出租自行車。在這裡取得的手作「岩瀨町散步MAP」刊載著精彩景點的豐富資訊。想在開始岩瀨觀光前順路前往。

☎076-438-8446
🕐9:00～17:00（商店為9:30～）
休無休　🏠富山市岩瀨天神町48
🚃富山輕軌東岩瀨站步行3分
P免費　**MAP P.96 E-2**

伴手禮和縣內商品豐富齊全

岩瀨的美食&景點

不容錯過！

最推薦的地理位置

能從岩瀨橋看見的夕陽。背後能一望立山連峰

從「富山灣展望台」放眼望去，是富山港和岩瀨街道

從岩瀨濱站走10分鐘左右，前往岩瀨濱海水浴場

【購物】
桝田酒造店
●ますだしゅぞうてん

持續新挑戰的老牌酒庫

全國愛好者眾多的名酒「滿壽泉」的釀酒廠。第5代的隆一郎先生會採用不受固有觀念限制的方法釀酒，像是用紅酒桶釀酒等。

☎076-437-9916
🕐8:30～17:00　休週六、日、假日
🏠富山市東岩瀨町269　富山輕軌東岩瀨站步行7分　P無
MAP P.96 E-2

講究的外觀也是亮點之一

【景點】
北前船廻船問屋森家
●きたまえぶねかいせんどんやもりけ

述說富商財力的宅邸

作為北前船的船運商而獲得巨大財富的富商宅邸。耗時3年建造的森家已是國家指定重要文化財，充滿精彩之處。

☎076-437-8960
🕐9:00～16:30　休無休
¥100円（高中生以下免費）🏠富山市東岩瀨町108　🚃富山輕軌東岩瀨站步行10分　P免費
MAP P.96 E-2

導覽員吉本先生和渡邊小姐

【美食】
輕食・喫茶あぶりこっと
●けいしょく・きっさあぶりこっと

因當地居民而熱鬧的休憩咖啡廳

33年期間一直受到當地居民喜愛，氣氛溫暖的咖啡廳。除了使用季節蔬菜的人氣每日午餐之外，也推薦白蝦炸什錦蓋飯。

☎076-437-9775
🕐10:00～20:00　休不定休　🏠富山市東岩瀨町304　🚃富山輕軌東岩瀨站步行5分　P免費
MAP P.96 E-2

能2擇1的每日午餐1080円（附咖啡）

【茶飲】
紅茶の店アナザホリデー
●こうちゃのみせあなざほりでー

有如隱密小屋的紅茶專賣店

夫妻所經營的咖啡廳。夫人是攝影師德光典子小姐。紅茶除了必備的15種口味之外，也能享用季節口味。

☎076-438-6303
🕐11:30～21:00
休週二、三（逢假日則營業）🏠富山市岩瀨梅本町115　🚃富山輕軌岩瀨濱站步行10分　P免費
MAP P.96 E-2

能選擇甜點的蛋糕套餐（照片為南瓜布丁）700円

56

以歐瓦拉風盂蘭盆節舞台而聞名的峽谷城鎮

八尾

（やつお）

是這樣的城鎮！

八尾從前是聞名寺的門前町，並在江戶時期藉由養蠶與和紙等交易而繁榮。廣為人知的「歐瓦拉風盂蘭盆節」會點亮數千盞雪洞燈，舞者也會隨著帶著哀戚曲調的胡琴音色和高亢歌聲起舞。

夢幻的美麗祭典

前去歐瓦拉風盂蘭盆節吧

3天之間約動員20萬觀光客的「歐瓦拉風盂蘭盆節」。每位舞者身穿同款服裝，隨著《おわら節》的旋律一邊跳舞一邊行進的模樣，帶有獨特風情。下面介紹這種魅力十足的「歐瓦拉風盂蘭盆節」的歷史，以及對鑑賞有益的資訊。

越中八尾 歐瓦拉風盂蘭盆節 是什麼樣的祭典呢？

這是全國數一數二的祭典，每年9月1日～3日的3天期間約有20萬人造訪。三味線和胡琴帶著哀愁感覺的音色、帶有風情的歌曲，都更加襯托出舞者的優美舞姿。起源相傳是江戶時代，八尾的町眾因取回流失在町外的重要文件而欣喜若狂，於是跳了三天三夜的舞。現在則作為祈願五穀豐收的活動而定期舉辦。發祥至今已超過300年，從以前磨練至今的技藝也讓觀眾感動不已。

洽詢
☎076-454-5138（越中八尾觀光協會）
HP www.yatsuo.net/kazenobon/
MAP P.60 B

Check 1

想要先瞭解的

基礎知識

2018年行事曆

前夜祭

8月20日～30日

活動期間11町中的1町在每天20～22時會開輪舞和街頭遊行。想加入圓圈中一起跳舞時，請聽從工作人員的指示。八尾曳山展示館大廳在活動期間18時30分～19時50分，能聆聽歐瓦拉舞的跳舞方式解說，或是鑑賞正統的歐瓦拉表演（1500円）。

本祭

9月1日～3日

1日和2日在15～17時和19時～23時之間，會在各町內決定好的路線上展開輪舞和街頭遊行（3日僅19～23時）。活動期間，八尾曳山展示館大廳在活動期間（入館費500円）會以入館者為對象舉辦舞蹈教室，任何人都能輕鬆掌握歐瓦拉舞（～14～16時舉辦，費用成人500円、小孩300円）。

推薦參加前夜祭

考量到3天期間20萬人造訪的本祭會很擁擠，如要享受舞蹈則會推薦前夜祭。不僅能比較悠閒地鑑賞表演，還能欣賞每晚都不同的町內舞蹈。官網（おわら風の盆行事運營委員會）也會預先介紹在哪裡跳舞，因此請事先確認吧。

ACCESS

車	鐵道
北陸道	
富山IC	富山站
⏱ 25分	⏱ 25分
41 / 35 / 7	JR高山本線
🚶 13km	
越中八尾站	越中八尾站

注意交通管制
前夜祭和本祭期間會實施交通管制。指定時間內（前夜祭18：30～22：30、1．2日15：00～翌日1：00、3日18：00～翌日1：00）禁止車輛通行。往會場的接駁巴士，必須停車在指定的臨時停車場，再轉乘前往（前夜祭沒有接駁巴士運行）。

MAP P.60

洽詢
富山市商工勞動部觀光政策課
☎076-443-2072
越中八尾觀光協會
☎076-454-5138

享與全國的民謠《越中歐瓦拉》

《越中歐瓦拉》擁有300年歷史，能從帶著哀愁曲調的旋律中感覺到品味和優雅。下面介紹長年吸引許多人的《越中歐瓦拉》之詩。

〈長伴奏〉
越中是白山 加賀是白山
駿河的富士山 三國第一晴
〈歌唱吧 我來伴奏〉
〈歌曲〉
八尾地方 歐瓦拉的發源地
二百十日 來去歐瓦拉跳舞
〈拍手 伴奏〉
〈歌唱吧 我來伴奏〉
〈歌曲〉
歐曲的街道唷 八尾的街道
邊歌邊跳 還要摘採歐瓦拉桑葉
〈長伴奏〉
三千世界的松木啊 即使枯萎
若沒有和你在一起
就沒有前往塵世的意義
〈歌曲〉
變成竹子吧 變成茶室的
勺子握柄的竹子
讓心愛的人拿在手上 讓他習茶
不論是春風吹拂 還是秋風吹拂
歐瓦拉的戀風早已深入心中
拍手〈伴奏〉
讓他喝一口歐瓦拉之茶

深夜的街頭遊行也要確認！

歐瓦拉風盂蘭盆節的活動舉行至23時，但是街上也會有有志同道合的人自然地聚集在一起，舉行街頭遊行。舞者為了自己跳舞的模樣，彌漫著獨特的哀愁。

町流し就是…

演奏歌曲和樂器的樂隊團體和舞者，一邊在街上跳舞一邊遊行的行為，就叫做「町流り」。

從編笠露出少許臉龐，男女分別穿著同款法被或浴衣優美跳舞的姿態，被雪洞燈照亮，感覺十分夢幻。

在觀眾的包圍中，舞者圍成一圈跳舞就稱為「輪舞」。與播種及割稻等農業作業有關的豐年舞蹈已成為基礎。

在演舞場或特設舞臺等處表演就是舞臺跳舞。舞者把豐年舞蹈和男女的舞步相互搭配，展現出精湛的創意舞技，讓觀眾為之入迷。

不同於彌漫著妖艷氛圍的夜晚，沐浴在陽光下的和服打扮耀眼奪目。白天的街頭遊行也有小朋友參加，他們的可愛動作也讓觀光客開心不已。

❻ 不容錯過的東西是？

本祭期間會以歐瓦拉演舞場（八尾小學校操場／收費）或歐瓦拉舞臺（曳山展示館前／1500円）、特設舞臺 越中八尾站前（免費）等特設會場作為舞臺表演舞蹈。故能欣賞夢幻的氛圍。

❺ 若是雨天會怎麼樣？

歐瓦拉風盂蘭盆節是戶外活動。一旦下雨，樂器就無法使用，而且服裝也很貴，因此即使是小雨也會暫時中斷。如果雨停了，也會重新舉辦。曳山館大樓的「歐瓦拉舞臺」即使是雨天也會展開表演。

❹ 廁所不需要擔心嗎？

町內的餐飲店到處都很擁擠。不過，因為許多攤販都會出攤，所以若是簡單的餐點則不成問題。

❸ 三餐要在哪裡吃？

越中八尾站前和曳山展示館附近等町內各處都會設置臨時廁所。

❷ 預約住宿

八尾町內的旅館和飯店大多從1年前開始，就已經預定。因此，試著把選擇的範圍擴大到富山市內的飯店或庄內、宇奈月等最近的溫泉勝地，說不定也是不錯的選擇。

❶ 第一次去的時候應該怎麼辦呢？

事前先到官網（參照P.57）或觀光服務處的MAP確認時間表吧。依照天候或表演者的狀況，也可能不會按照預定時間舉行。

行前請
Check 2
確認 清楚

歐瓦拉風盂蘭盆節一目瞭然Q&A

Q1.「風の盆」原本是什麼意思呢？

A.源自於過去在「風之凶日」祈願　　的習俗

歐瓦拉風盂蘭盆節舉行的9月1日是從立春開始數210天前後的日子，這個時間正好就是舊曆的颱風季。一般說法是說因為在「風之凶日」祈求風神鎮魂和五穀豐收，所以才取了這個名字。

Q2. 舞者為什麼要用編笠遮著臉跳舞呢？

A.為了掩飾　　　害羞

一邊在街上跳舞遊行一邊演奏的現代風格，據說是從大約100年前才開始。當時的參加者為了掩飾害羞和難為情，曾經使用手巾等物品遮住臉。相傳那種方式就是被現在的編笠所取代。

Q3. 女性的腰帶顏色為什麼是黑色？

A.為了減輕　高額服裝的負擔

男性以法被的打扮跳舞，女性則以浴衣的打扮跳舞，但是因為服裝很貴，所以女性連腰帶都買不起。於是，大家便開始使用每個家庭都有的黑色腰帶，並成為只有帶留很華麗的現代風格。

更加暢快地享受歐瓦拉風盂蘭盆節吧！

三天三夜，斜坡街道上完全染上歐瓦拉的色彩。負責樂器和歌曲的樂隊和表演舞蹈的年輕人，一整年都在辛勤練習。下面就來深入介紹這種在八尾生活中扎根的歐瓦拉魅力。

Q4. 大家的服裝都一樣嗎？

A.11町各自會穿不一樣的服裝跳舞

歐瓦拉風盂蘭盆節由11町共同舉辦，但是各町分別有不同的服裝。此外，樂隊和舞者的服裝也會因年齡而不同。

Q5. おわら有什麼意思嗎？

A.留存著3種有力的説法

第一種說法是由「おわらい」轉變成「おわら」；第二種說法是祈願豐收，祈求能收集許多稻子，期望稻草捆會變成大捆，因而從「大藁」變成「おわら」；最後還有一種說法，是從過去擅長唱搖籃曲的女性的出生地——小原村命名而來。

常出現在小說和漫畫、電影、歌曲中的「歐瓦拉風盂蘭盆節」

作家高橋治的小說《風之盆戀歌》成為歐瓦拉風潮的契機，而後也拍成電視劇。之後，石川小百合的《風之盆戀歌》也大受歡迎，歐瓦拉風盂蘭盆節因而變得全國知名，於是就和現在一樣，光3天就約有20萬觀光客造訪這處山林中的小城鎮——八尾。除此之外，推理作家內田康夫和西村京太郎的小說、小玉由起的漫畫《月影BABY》等書也曾以此作為題材，歐瓦拉的魅力至今仍持續受到廣泛年齡層的支持。

關注3種舞蹈！！

三種舞蹈各有各的魅力，把觀眾吸引進夢幻世界中。各種舞蹈的魅力大公開。

女舞（四季舞）

充滿女性魅力的動作讓人著迷的優雅舞蹈

這種舞蹈表現出在河灘享受捉螢火蟲之趣的，女性姿態。看著手鏡補妝的「裝飾之手」，用梳子梳頭髮的「梳髮之手」，這些女人味十足的動作也廣受歡迎。捉螢火蟲結束後互相道別的「合掌之手」是在嬌艷中表現出可愛感。

豐年舞

代表歐瓦拉最古老的舞蹈

大正時代完成的最古老舞蹈。特徵是表現出播種和割稻等農耕作業的動作。「確認之手」是確認農具上是否留有種子；「復原之手」是結束農耕後稍作休息，這些舞蹈動作各個都很優雅。

男舞（稻草人舞）

能感覺強勁力道的勇敢舞蹈

以農耕作業為主題，強而有力的簡單舞蹈。「投石之手」表現出投擲田地田頭的動作；「鋤地」是用鋤頭耕地的動作，這些呈現出農耕作業的辛勞和喜悅的舞蹈場面，也值得一看。

四季色彩秀麗的峽谷 最適合自駕遊

PICK UP

從笹津橋到細入的豬谷附近，約橫跨15km的神通峽。V字形溪谷的紅葉也很漂亮，已成為人氣的自駕遊路線。

舒暢 ☺只要眺望碧綠的河面，心情就會很

神通峽
●じんつうきょう **MAP P.96 E-5**

☎076-443-2072（富山市觀光政策課）
🏠富山市西笹津～豬谷
🚉JR笹津站步行5分（笹津橋）

八尾 **MAP P.60 A**

富山市八尾曳山展示館(越中八尾觀光會館)
●とやましやつおひきやまてんじかん えっちゅうやつおかんこうかいかん

☎076-454-5138 **景點**

所需時間 **1小時**

接觸華麗的八尾文化

展示5月3日越中八尾曳山祭所用的3輛曳山花車。另外也會展示養蠶的歷史資料和八尾出生的版畫家林秋路的作品。每月第2、4週六會舉辦「風之盆舞臺」，能欣賞歐瓦拉的實際演出。

絢爛華麗的曳山花車，把因養蠶而獲利的八尾町人的繁榮和氣魄傳承至今

🕐9:00～16:30
休無休
¥500円
🏠富山市八尾町上新町2898-1
🚉JR越中八尾站搭富山市社區巴士9分，曳山展示館前下車即到
P免費

☺也附設歐瓦拉、曳山的影片區和具備伴手禮的商店

☺也展示當地出生的版畫家——林秋路的許多作品

八尾 **MAP P.60 A**

風庵 八尾本店
●ふうあん やつおほんてん

☎076-455-3848 **美食**

大啖當地生產的香醇蕎麥麵

店內保留著傳統民宅的面貌，能品嘗以石臼研磨出八尾蕎麥粉再用心桿製的手打蕎麥麵。竹籠蕎麥麵（800円）、白蘿蔔泥蕎麥麵（900円）。

🕐11:00～14:00 休週一（逢假日則翌日休）
🏠富山市八尾町諏訪町2444 🚉JR越中八尾站搭富山市社區巴士10分，公園前下車即到 P免費

¥預算 午800円

☺天婦羅竹籠蕎麥麵1100円也很推薦

八尾 **MAP P.60 B**

八尾ふらっと館
●やつおふらっとかん

☎076-455-1548 **景點**

人潮聚集的觀光資訊據點

提供歐瓦拉風盂蘭盆節和曳山祭等一年四季的觀光資訊。已成為當地居民和觀光客的交流場所。

🕐9:00～18:00（週六、週日、假日為～17:00） 休週一（逢假日則開館）¥免費 🏠富山市八尾町東町2149 🚉JR越中八尾站搭富山市社區巴士12分，八尾ふらっと館前下車即到 P免費

☺館內氣氛舒適

八尾 **MAP P.60 A**

桂樹舍 和紙文庫
●けいじゅしゃわしぶんこ

☎076-455-1184 **景點**

學習國內外的紙文化

除了富山賣藥的藥袋紙和包裝所用的八尾和紙之外，也展示世界罕見的紙工藝品。這些收藏十分值得一看。有臨時休業。

🕐10:00～16:30 休週一（逢假日則翌日休）
¥500円、中小學生250円 🏠富山市八尾町鏡町668-4 🚉JR越中八尾站搭富山市社區巴士7分，上新町口下車・步行3分 P免費

☺漉紙體驗需要預約

八尾 **MAP P.60 B**

福鶴酒造
●ふくつるしゅぞう

☎076-455-2727 **購物**

享用以傳統技術釀造的地酒

大招牌讓人感覺到歷史的釀酒廠。「越中浪漫風之盆」為限定大吟釀，香氣和滑順的口感搭配得恰到好處，純米吟釀的「風の盆」喝起來清爽順口。

🕐8:00～17:00
休週日、假日
🏠富山市八尾町西町2352
🚉JR越中八尾站搭富山市社區巴士11分，橫町下車即到
P免費

☺風の盆的品鑑組合 180ml 3瓶裝1150円

新湊·冰見·高岡
しんみなと　ひみ　たかおか

品嘗特別新鮮的海鮮美食

高岡是縣內第2大都市，還留存著作為城下町的風情，能享受多彩豐富的美食和歷史散步。冰見、新湊則都是港町，能品嘗到現撈的新鮮海產。

擁有日本三大烏龍麵的血統，彈性強勁的滑順口感讓人口水直流！

P.69
冰見烏龍麵

P.21
寒鰤

P.67
冰見牛

富山美食驚奇接連不斷！

P.66
冰見番屋街

區域No.1的必看景點

P.64
海王丸公園
說到富山縣數一數二的人氣景點就是這裡。

P.70
高岡山 瑞龍寺

ACCESS 以高岡站為起點的地方路線開通！

從富山前往高岡

鐵道　從富山站搭往高岡方向的愛之風富山鐵道為18分、360円，高岡站下車。

車　從北陸自動車道富山IC往金澤方向開13km、10分，於小杉IC下交流道，沿著國道472號、縣道58號開20分鐘到市區街道。

從高岡前往冰見

鐵道　從高岡站搭JR冰見線為30分、320円，終點冰見站下車。1小時運行1班左右。

車　從能越自動車道高岡IC沿著國道470號 (能越自動車免費區間) 往北開16km、14分，於冰見IC下交流道，沿著國道415號開3km、7分。

從高岡前往新湊

鐵道　從萬葉線高岡站搭45分、350円，中新湊站下車。1小時運行2~4班。前往海王丸公園在海王丸站下車，前往きっときと市場在東新湊站下車較為方便。

車　從高岡市街經由國道8號、472號、415號開11km、20分。

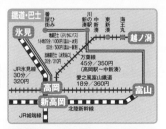

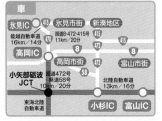

新湊內川 港町散步

和水一起生活的美麗街道「日本的威尼斯」

能看見立山！

新湊 しんみなと

實際體驗港町獨特的文化和美食

停靠在川邊的許多漁船、宛如臨摹著河川般比鄰而建的家家戶戶、排成一列的獨特橋梁，這些風景不論剪下哪一段都會變成一幅畫。用探險的心情暢遊越走越有趣的內川吧。

是這樣的城鎮！

朝向富山灣的港都、流經地區中心的內川，自古以來就作為舟運河深深融入人們的生活。水深邊空間和生活空間密切連接的風景，真不愧是「日本的威尼斯」。

必吃！內川美食

雖然因為是港町，魚和壽司肯定都很美味，但是也很推薦持續受到當地人喜愛的菜單。

川の駅新湊 2階カフェ
●かわのえきしんみなと　2かいかふぇ

靈魂美食

MAP P.65 A
●かけ中（450円）
在和風高湯中放入中華麵的「かけ中」是新湊的靈魂美食。

最推薦

●白蝦三明治（500円）
白蝦和蔬菜是分別油炸，因此能享受酥脆口感。

麺処 スパロー
●めんどころ すぱろー

昭和28（1953）年創業，持續受到當地喜愛的中華麵店。名產的「咖哩中華」（800円）是在「かけ中」裡添加大量的咖哩口味羹湯。

名產「咖哩中華」的回客率也很多

添加多達7種香料，辣味恰到好處的咖哩口味羹湯。

靈魂美食

☎0766-82-2592　⏰11:00～21:00
休週一　所射水市立町4-15　🚃萬葉線新町口電停步行8分　🅿免費
MAP P.65 A

散步前先取得內川周邊的資訊

朝向內川的觀光設施

① 川の駅新湊
●かわのえきしんみなと

有販售射水市特產的商店和咖啡廳，也有每年10月1日舉辦曳山祭的「曳山」花車常設展示等，精彩之處豐富多樣。也有出租自行車（3小時300円）。

☎0766-30-2552
⏰9:00～21:00（視時期而異）、咖啡廳為10:00～18:00　休第4週三（逢假日則翌日休）、咖啡廳為每週三　所射水市立町1-26　🚃免費　萬葉線新町口站步行8分　🅿免費
MAP P.65 A

美食商店內　　常設展示曳山花車

豪華絢爛！新湊曳山祭 好厲害！ 10/1

晚 提燈山 ちょうちんやま
以當地宮大工和高岡的雕金、城端的漆塗、井波的雕刻等，由縣西部的傳統工藝施加裝飾

白天 花山 はなやま
イヤサー！イヤサー！

說到新湊地區的祭典，就是每年10月1日舉辦的「曳山祭」。13輛曳山花車在白天會裝飾成「花山」造型，在夜晚則裝飾成「提燈山」造型，然後隨著獨特的吆喝聲「イヤサー、イヤサー」在街頭遊行。屬於富山縣無形民俗文化財。

ACCESS

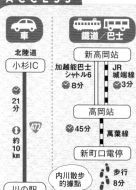

車	鐵道／巴士
北陸道	新高岡站
小杉IC	加越能巴士 シャトル6　8分 ┃ JR城端線　3分
21分	高岡站
約10km	45分 ┃ 萬葉線
	新町口電停
川の駅新湊	內川散步的據點　步行8分　川の駅新湊

MAP P.65

洽詢
射水市產業經濟部港灣・觀光課
☎0766-51-6676
射水市觀光協會
☎0766-84-4649

新西橋

金屬造形作家蓮田修吾郎設計的橋。隔著時尚欄杆眺望出去的內川風景也很推薦。

神樂橋

架設在內川的代表橋梁,有如地標般的存在。鑲嵌著72片彩繪玻璃。

山王橋

通稱「手之橋」,裝飾著由射水市出生的竹田光幸所打造的手造型大理石雕刻。也適合當作碰面等候的地點。

東橋

西班牙建築師César Portela設計的切妻式屋頂行人專用橋,夜晚的點燈也很推薦。

這個也熱門!

內川橋巡遊

巡遊架設在運河上的獨特橋梁,也是內川散步的樂趣之一。

有大傘松的寺廟

③ 專念寺
●せんねんじ

刻有作者者姓名的「銅鐘」,據說擁有縣內最悠久的歷史(1475年),且是縣指定文化財。

📞 0766-84-8066
🏠 射水市本町3-6-9 🈺 境內自由參觀 🚃 萬葉線新町口站步行10分 🅿 免費
MAP P.97 C-2

巨大「傘松」(縣指定天然紀念物)位在專念寺庭園,因為黑松和赤松突然變異才變成傘狀,在全國也很罕見。

也變成電影拍攝地!

板牆房屋

為了容易遭受海風破壞的房子,有許多用板牆或白鐵皮牆覆蓋的建築物。

渡邊家

在復古的町家和巷弄散步

確認! 🚢 **新湊觀光船的內川遊覽行程** 能用和地上不同的視線觀賞街道。
所需時間:約50分 一人:1500円 (洽詢等詳情請至P.64)

深受當地信奉的八幡宮

② 放生津八幡宮
●ほうじょうづはちまんぐう

相傳在奈良時代,大伴家持以越中國司的身分赴任之時所建設。現在的社殿是文久3(1863)年由知名木匠高瀨輔太郎之手重建而成。每年10月1日舉辦的曳山祭是放生津八幡宮的例行大祭。

全國罕見的寄木造狛犬。當地天才木雕家矢野啓造19歲時的作品。

只要事先聯絡,我就會來講解!

宮司 大伴泰史先生

📞 0766-84-3449
🏠 射水市八幡町2-2-27 🈺 境內自由參觀 🚃 萬葉線東新湊站步行10分 🅿 免費
MAP P.65 A

有貓的街道

躺在道路中央,悠閒度日的「內川貓」身影十分療癒。

地藏堂、神社、佛寺…
信仰之街

內川周邊居住著許多冒著生命危險在海上討生活的人。他們時常帶著對海洋和大自然的敬畏想法與感謝之情生活。

到處都有地藏!

中之橋

新西橋

野村屋③

中新橋

內川

神樂橋

START!

魚間菓子舖①

山王橋

東橋

④

②

內川藝術

在湊橋河口的防波堤有約80m的藝術牆。

射水市新湊廳舍

カモンショッピングセンター

電影《人生的約定》拍攝地

放生津橋

麵処 スパロー

湊橋

曾因大火出現許多犧牲者,故而架設橋梁

富山灣

有室町幕府第10代將軍·足利義材的雕像

二之丸橋

⏰ 推薦的散步時間 **4小時**

湊橋到放生橋大約1km,步行約10分鐘就能走到,但是途中有許多能順路前往的景點,因此請制定時間寬裕的行程。想要一邊欣賞明治~昭和初期興建的町家一邊散步。

西新湊
萬葉線

大紅色的車身是標誌

N

新町口

從湊橋到放生津橋 約1km 步行約10分

---

④ cafe uchikawa六角堂
●かふぇ うちかわろっかくどう

改裝自町家的獨棟咖啡廳

老闆一見鐘情的六角形建築物

咖啡嚴選有機栽培的咖啡豆

誕生於老闆「想宣揚內川優點」的想法。承接已決定拆毀的榻榻米房屋建築物,讓它作為咖啡廳起死回生。店內也藏著榻榻米鑲邊的杯墊等榻榻米小物,請尋找看看吧。

備有10種堅持使用全食材的美食三明治

📞 0766-30-2924
🕙 10:30~20:30(未滿13歲不可入店)🈺 週一(逢假日則翌日休)、第1週二 🏠 射水市八幡町1-20-13 🚃 萬葉線新町口站步行11分 🅿 免費
MAP P.65 A

我們也有準備外帶服務!

店長 北原和樹先生

內川甜點 邊逛邊吃♥

黃豆粉糰子

最推薦

裹滿黑糖和黃豆粉的糰子串

1串65円

持續80多年的老牌麻糬店。每天早上製作的現搗麻糬如果不早點去,也許就會賣光了。

中川餅店 ●なかがわもちてん
📞 0766-82-3070
🕙 7:30~19:00(週六、週日、假日為7:00~)🈺 週三
🏠 射水市立町2-22 🚃 萬葉線新町口站步行6分 🅿 免費
MAP P.65 A

備齊許多和洋合璧的季節菓子,積極開發射水市吉祥物ムズムズくん的銅鑼燒等新商品的店。

野村屋 ●のむらや
📞 0766-82-3637
🕙 7:00~18:00 🈺 週二(假日營業)🏠 射水市本町3-6-4 🚃 萬葉線新町口站步行8分 🅿 免費
MAP P.97 C-2

ムズムズ銅鑼燒

最推薦

楓麻奶油口味 184円

希望小朋友也能知道和菓子的魅力!野村先生因此而製作的自豪美食

店主 野村英隆先生

我會持續用心製作歷史悠久的和菓子!

在內川旁的長椅稍作休息

到處都放置著長椅,讓人能一邊眺望河川一邊放鬆

荷蘭燒

最推薦

1片 226円

創業於明治43(1910)年。第2代老闆向住在附近的外國人學習食譜,持續製作西式煎餅「荷蘭燒」,廣受歡迎。

魚間菓子舖 ●うおまかしほ
📞 0766-82-2687 🕙 10:00~19:00 🈺 不定休 🏠 射水市立町1-16 🚃 萬葉線新町口站步行8分 🅿 無
MAP P.65 A

早、晚都是絕景！ ＼富山數一數二的觀光景點／

海王丸公園 完全掌握!!

搭車到內川 6分鐘

帆船海王丸&海王丸公園是？

開放參觀曾繞行地球約50圈的帆船！

帆船海王丸直到平成元（1989）年引退為止，已作為商船學校的航海練習船活躍了大約60年之久。海王丸公園作為其繫船場兼展示設施開幕，帆船海王丸也保留著曾被稱為「海上貴婦人」的現役姿態開放一般人參觀。

夜景也要確認！

新湊大橋和帆船海王丸的點燈十分夢幻！

每年10次展開所有船帆「總帆展帆」絕對不容錯過！
時間表請至官網確認

海王丸公園
●かいおうまるぱーく
☎0766-82-5181
公園內自由入園 射水市海王町8
萬葉線海王丸站步行5分 P免費
MAP P.65 B

海王丸公園已是縣內數一數二的觀光景點，每年有100萬人造訪。園內有運動設施和富山新港臨海野鳥園等，是情侶和家人、朋友都能暢遊的場所。

參觀看看船裡面吧！

船長室
航海中，船長必須給予各部屬指示，而室內也具備必要的儀器

船桅頂端體驗

看著腳下的3D圖片，能體驗彷彿置身船桅高度所看見的風景

重要景點❶ 帆船海王丸 船舵
●はんせんかいおうまる
☎0766-82-5181（海王丸公園）
9:30～17:00（視時期而異，受理至結束前30分鐘）
週三（逢假日則翌日休）
400円 射水市海王町8
萬葉線海王丸站步行5分 P免費
MAP P.65 B

揚帆行駛中使用的船舵。作為紀念攝影的景點也很受歡迎

重要景點❷ 新湊觀光船
●しんみなとかんこうせん

到達日本威尼斯內川的輕度航遊

具備獨特的海上旅遊方案，像是從海王丸公園出發繞行富山新港一周的新港遊覽航程、巡遊流經新港市街且架設著12座橋的內川的遊覽航程和季節限定航程等。

☎0766-82-1830 9:00～16:00、1天8班（視時期而異） 週三（逢假日則營業） 內川遊覽航程（需要50分鐘）1500円～ 射水市海王町2
萬葉線海王丸站步行5分 P免費
MAP P.65 B

推薦！內川遊覽航程 →P63 感受港町特有的風情吧！

讓我來導覽吧！

射水市吉祥物 ムズムズくん
相當適合皇冠的水精靈國王。最喜歡經典和快樂的事情，活躍在射水的各個場所。

這裡是戀人聖地！

船上第一處被選定的浪漫景點

「愛之結／愛之鎖」（1個1000円）於帆船海王丸乘船窗口販售

音樂盒早晚都會播放音樂的紀念建築物

海王丸公園 MAP

萬葉線海王丸站步行5分

活動廣場

P

富山新港臨海野鳥園

P

內川方向

↓海王丸站

戀人聖地紀念碑

新湊大橋

重要景點❸ 日本海交流中心
●にほんかいこうりゅうせんたー

展示世界各國的帆船模型

展示在全球活躍的帆船的百分之一模型，以及海、船、港口、海底礦物資源等資料。也來找找看帆船海王丸的模型吧。

☎0766-82-5181（海王丸公園） MAP P.65 B
9:00～17:00（視時期而異） 週三（逢假日則翌日休）
免費 射水市海王町8
萬葉線海王丸站步行5分 P免費

展示許多海洋相關的資料

從海王丸公園搭車5分鐘！

新湊きっときと市場
○しんみなときっときといちば

找伴手禮和用餐都很推薦的海鮮市場

白蝦和松葉蟹、鰤魚、日本鳳螺等當季新鮮海產一字排開，也有許多當地客造訪。餐廳「きっときと亭」提供早上現捕的頂級鮮度魚料理。

きっときと亭最受歡迎的海鮮蓋飯1620円
ムズムズ連帽上衣5400円

☎0766-84-1233
9:00～17:00（視季節而異） 無休
射水市海王町8
萬葉線東新湊站步行8分 P免費
MAP P.65 B

❹ Restaurant FELISCENA
○れすとらん ふぇりしーな

在絕景位置盡情品嘗當地生產的美食

義式料理大獲好評的店，食材採用新湊生產的紅松葉蟹和白蝦等新鮮海產。從店裡能眺望帆船海王丸和立山連峰。

大量使用富山的米和海產的西班牙海鮮燉飯1900円

☎0766-84-3377 MAP P.65 B
11:00～21:00 週三（逢假日則營業）
射水市海王町8 萬葉線海王丸站步行5分
P免費

❺ 旬菜あいの風
○しゅんさいあいのかぜ

盡情享用新湊的海鮮直到滿足

此奢華定食能品嘗到在新湊捕撈的當季海產。搭配絕景享受BBQ海鮮炭烤也很推薦。

定食從15種以上的品項中挑選，1650円～

品嘗一下海產吧！

☎0766-82-7257（時間外為割烹たけ志）☎0766-82-2070
10:00～15:00 週一
射水市海王町2 萬葉線海王丸站步行5分
P免費
MAP P.65 B

新湊・冰見・高岡

海王丸公園完全掌握！！／區域導覽

新湊　　MAP P.65 A

石松寿司
● いしまつずし　　☎0766-84-7555　美食

鮮度和價格都很出色！
以「新鮮、美味、平價」為宗旨的壽司店。因當地常客和來自縣內外的觀光客而熱鬧不已。老闆個性爽朗。想要一邊拿著當季握壽司，一邊隔著吧檯和老闆熱烈地談論新湊的話題。
🕐11:30～21:30　❌不定休
📍射水市中新湊12-17
🚉萬葉線中新湊站步行3分　Ｐ免費

💰預算 午1600円 晚2000円

隨著季節改變●主廚推薦握壽司1650円。內容

新湊　　MAP P.65 A

さけ・さかな海一
● さけさかなかいち　　☎0766-84-9336　美食

港町特有的當季鮮魚一應俱全
除了從新湊漁港進貨的新鮮海產料理之外，還能品嘗老闆親手桿製的手打蕎麥麵。平價的宴席全餐也很推薦。（需預約）

🕐17:00～22:00（（週五、週六、假日前日為～23:00）　❌週一（逢假日則翌日休）
📍射水市中央町17-18
🚉萬葉線新町口站即到
Ｐ免費

💰預算 晚3000円

⏱料理為300円上下～，十分平價。人氣沙拉為600円左右～

新湊　　MAP P.97 C-2

射水市新湊博物館
● いみずししんみなと　　☎0766-83-0800
はくぶつかん　　景點

展示測量器具和地圖等資料
射水直至戰國時代都是富山縣核心地區，在此介紹其歷史民俗。常設展示曾和伊能忠敬交流，並首次展出富山縣正確地圖的和算家石黑信由的資料，及人間國寶第一人石黑宗麿的陶藝作品。
🕐9:00～16:30　❌週二、假日翌日　💰310円　📍射水市鏡宮299　🚉萬葉線中新湊站搭射水市社區巴士20分，カモンパーク新湊下車即到　Ｐ免費

●在緊鄰庭園的腹地內能跟著體驗石黑信由和伊能忠敬曾施展的測量術

●有測量庭園，

新湊　　MAP P.65 B

しろえび壱番屋
● しろえびいちばんや　　☎0766-84-4476
（タナベ水產）　　購物

能買到「富山灣寶石」的白蝦
2015年1月開幕的店，具備白蝦和紅松葉蟹、使用富山食材的特產品等豐富商品。店內也能看見職人手剝白蝦殼的作業過程。
🕐8:00～16:00（參觀為～10:30)
❌週三、1月1日～3日
📍射水市海王町25-46
🚉萬葉線海王丸站步行4分　Ｐ免費

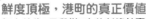

帶殼白蝦（150g 冷凍）時價

⏱參觀為8:00～10:30為止

新湊　　MAP P.97 C-2

浪花鮨本店
● なにわずしほんてん　　☎0766-82-6800　美食

鮮度頂極，港町的真正價值
每次前往1天舉辦2次的新湊拍賣會，從港口直接運送剛捕撈的鮮魚。特別喜愛新湊的老闆會把這份熱情捏入壽司中。
🕐11:30～14:00、16:30～21:00
❌週一（逢假日則翌日休）
📍射水市西新湊13-15
🚉萬葉線西新湊站即到　Ｐ免費

💰預算 午3300円 晚5500円

上握壽司8貫＋海苔飯捲的主廚推薦壽司特上拼盤2400円、富山灣壽司2600円

新湊　　MAP P.97 C-3

射水市大島繪本館
● いみずしおおしま　　☎0766-52-6780
えほんかん　　景點

和培育心性的繪本相遇
收藏約1萬本國內外繪本的繪本館。有體驗工坊能製作立體繪本或用手工、電腦製作商品，還有繪本原畫展等活動，全家從小嬰兒到年長者都能暢遊。
🕐9:30～17:30　❌週一（逢假日則翌日休）　💰510円　📍射水市鳥取50　🚉愛之風富山鐵道小杉站搭地鐵巴士7分，赤井口下車，步行10分　Ｐ免費

⏱宛如飄浮在空中的船

⏱體驗工作坊平常備有約20種手作材料

小杉　　MAP P.97 D-3

縣民公園太閤山Land
● けんみんこうえん　　☎0766-56-6116
たいこうやまらんど　　玩樂

環繞著水和綠意的縣民公園
在面積廣達118萬平方公尺的自然環境中，有划船水池和展望塔、大型泳池等各項設施。6月會競相綻放70種、2萬株繡球花。
🕐9:00～17:00（視時期而異）　❌週二、假日翌日（泳池營業期間、黃金週無休）　📍射水市黑河4774-6　🚉愛之風富山鐵道小杉站搭射水市社區巴士10分，太閤山ランド下車即到　Ｐ收費

●在遼闊園內行駛的星星小火車

新 湊　1:22,000　周邊圖 P.97

新 湊
●景點・玩樂　●美食
●溫泉　●購物　●住宿

伏木富山港
海王丸公園
P.64
P.64 日本海交流中心
P.64 Restaurant FELISCENA
P.64 旬菜あいの風
新湊漁港 P.25
きときと食堂
川の駅新湊 2階カフェ P.62
川の駅新湊 P.62
放生津八幡宮 P.63
cafe uchikawa六角堂 P.63
中川餅店 P.63
麺処 スパロー P.62
P.25 さけ・さかな海一
P.65
魚問 菓子舖 P.63
寿司竹 P.23
石松寿司 P.65
新町口
中新湊
高岡駅
割烹かわぐち P.21・25
桜橋
交番前
高岡市
緑のパーゴラ シェルステージ
帆船海王丸 P.64
新湊觀光船 P.63・64
新湊大橋
しろえび壱番屋 P.65
海王丸駅前
海王丸
越の潟町
射水市
東新湊
高岡市
奈呉の江
石丸
富山新港
多目的国際ターミナル
新港大橋
富山新港公共埠頭

🦑 **65**

冰見漁港場外市場

吃遍 冰見番屋街

新鮮可口的海產等著你！

是這樣的城鎮！

呼聲極高的「天然魚塘」富山灣。冰見漁場很近，能捕獲新鮮的魚，因此在許多店家都能品嘗名產鰤魚等新鮮海產。冰見烏龍麵和冰見牛等當地美食也想品嘗一番。

冰見漁港場外市場
冰見番屋街
●ひみぎょこうじょうがいいちば ひみばんやがい

MAP P.68 A

☎ 0766-72-3400 ⏱ 8:30～18:00（美食區為～19:00、餐飲店為11:00～21:00，部分店鋪會有所不同）休 無休
📍 冰見市北大町25-5 🚌 JR冰見站搭加越能巴士12分，ひみ番屋街下車即到 🅿 免費

冰見番屋街是？

在以漁夫的工作小屋「番屋」為意象的建築物內，33家能享用冰見豐富美食的專賣店和餐飲店齊聚一堂。能盡情品嘗富山大自然所賜予的美食，像是在當地捕獲的鮮魚、使用魚和肉的加工食品等。也能隔著富山灣眺望立山連峰的展望台、足湯，作為治癒旅行疲勞的景點很受歡迎。

冰見漁港是？

冰見附近的地形有許多魚群聚集，以富山縣首屈一指的漁獲量而自豪。最大特徵是用定置網漁法捕魚，特別是冬天的鰤魚被稱為「冰見寒鰤」，作為名產廣為人知。（鰤魚的盛產期為12～2月）

---

① 廻鮮冰見前壽司
●かいせんひみまえずし **TAKE OUT**

冰見前壽司 1盤108円～

在能近距離眺望富山灣的店內，品嘗以冰見產為主的嚴選海鮮。不論是魚或是米、醬油，全都是冰見生產，另外還備有知名的冰見烏龍麵和地酒。在這家1店能享用冰見和富山一帶豐富多彩的美食。透過隨著季節更換的壽司材料名單，感受看看季節的更迭吧。

☎ 0766-50-8838
⏱ 10:00～20:30 休 無休

邊眺望富山灣
邊品嘗冰見的當地美食

MENU
冰見前三種／
518円（價格視壽司食材變動）
廚師覺得當天「想給顧客品嘗」的冰見產鮮魚3樣拼盤

富山灣三種 626円
紅松葉蟹、日本鳳螺、白蝦的3樣拼盤。價格平實的大份壽司食材廣受好評。

冰見寒鰤（季節限定）518円（時價）
11月下旬～2月上旬（有變動）提供。緊緻的肉質和肥美脂肪只有這個季節才有。

如果想吃蓋飯…

② 丼屋 ぼよんさ
●どんやぼよんさ

海鮮蓋飯 1500円

海鮮蓋飯能品嘗到放著多彩豐富鮮魚的冰見生產食材。以雪水培育出的漂亮富山產越光米和海產十分相襯。天婦羅蓋飯和每日更換的蓋飯等菜單，也能享用到鮮魚和肉、蔬菜的美味。

☎ 0766-74-5503
⏱ 11:00～17:00 休 無休

白蝦料理 也要CHECK！

因美麗外表和獨特味道而被稱為「富山灣寶石」的白蝦。唐揚（626円）和生魚片（950円）也務必嘗試看看。

A C C E S S

🚗 **車**
能越道（免費區間）
冰見IC
⏱ 10分
↕ 4km
160 415
冰見站

🚉 **鐵道 巴士**
高岡站
加越能巴士 ⏱ 35分
JR冰見線 ⏱ 30分
冰見站・冰見站口

MAP P.68

洽詢
冰見市觀光協會
☎ 0766-74-5250

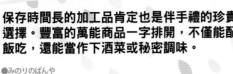

冰見土產

就來這個吧！

保存時間長的加工品肯定也是伴手禮的珍貴選擇。豐富的萬能商品一字排開，不僅能配飯吃，還能當作下酒菜或秘密調味。

備有試吃品的店也很多，請尋找自己喜歡的口味吧！

請盡情享受挑選伴手禮和邊逛邊吃吧！

綜合服務處 干場美和子 小姐

まるごと冰見 1号館 宮下兒利小姐

●みのりのばんや
③ みのりの番屋
食彩ふるさと 各108円
豆餅、草餅
當地婆婆製作的柔軟麻糬，口味溫和。可能會因為受歡迎而賣光。

●うおくらえびすや
④ 魚蔵ゑびす屋
烤鰤魚鬆 580円
鰤魚專賣店開發的魚鬆，使用冰見產鰤魚。能享用檸檬胡椒或照燒等5種口味，也適用於飯糰的餡料和炒飯。

●小姐ごんしょうてんひみばんやがいてん
⑤ 三権商店 ひみ番屋街店
珍味魚板 250円
把白蝦和冰見牛等富山美食創新變化成魚板。迷你尺寸在有點餓的時候也方便食用。味道是全國蒲鉾品評會天皇盃賞獲獎店才有的美味保證。

●ひみのいいものまるなかや
⑥ 冰見のいいもの まるなか屋
熱沾醬 870円（甜蝦）
把大蒜或鯷魚和甜蝦完美調和的熱沾醬。推薦用於蔬菜料理或義大利麵中。

●まるやたらばすい小姐
⑦ マルヤ鱈場水産
冰見產小魚乾 350円
以日本鯷魚的幼魚（�仔魚）為原料的小魚乾。除了直接吃外，稍微煎煮後也是香味四溢，十分可口。也適用於製作料理的高湯。

展望廣場
能一望傳說是唐朝所贈的「唐島」和立山連峰。

足湯
位在小高丘上，採源泉放流的天然溫泉足湯。一邊眺望絕景，一邊治癒旅行的疲勞吧。 

總湯 
保濕效果讓人滿意的溫泉浴池，共有碳酸浴池和寢湯等6種類型。

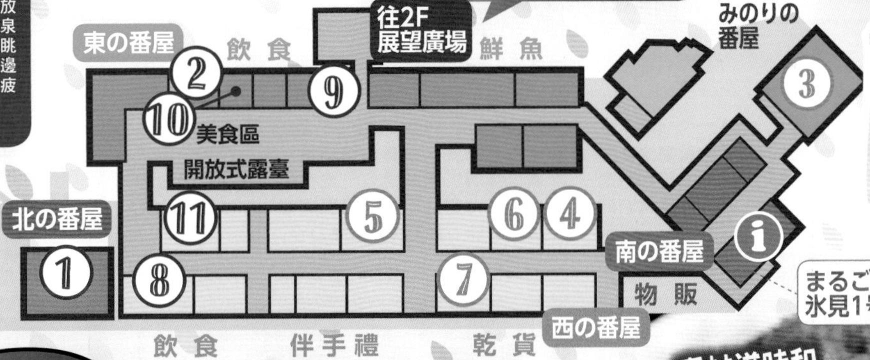

冰見溫泉鄉 總湯 足湯

東の番屋　飲食　往2F展望廣場　鮮魚

みのりの番屋

美食區 開放式露臺

北の番屋

南の番屋

物販

西の番屋

飲食　伴手禮　乾貨

まるごと冰見1号館

② ⑨ ⑩ ① ⑪ ⑤ ⑥ ④ ③ ⑧ ⑦ ⓘ

冰見美食

還有這些！

除了新鮮海產之外，當地居民喜愛的菜單也要確認。能外帶的餐點有很多，因此也很推薦在自駕遊途中當作小吃享用。

●てのべうどんいけながてい
⑧ 手延べうどん池永亭
冰見手延烏龍麵
烏龍拌麵 800円

強勁的彈性和黏性，Q軟的口感和美味

能品嘗共13種的冰見手延烏龍麵。麵條恰到好處裹上沾醬的「烏龍拌麵」最受歡迎。
☎0766-72-6377
🕗8:30～18:00
休 無休

慢慢擴散的甜味是絕品

●ビアファイブ
⑨ ビアファイブ
柚子聖代 350円 TAKE OUT
清爽甜味讓人心滿意足的聖代，多少個都吃得下。冰見牛可樂餅和富山產豬肉的香腸也好想吃。
☎0766-74-7181
🕗8:30～17:30
休 無休

素材滋味和酥脆口感讓人口水直流

TAKE OUT

●ようしょくやはろー
⑩ 洋食屋HALO
冰見牛金黃可樂餅
250円
現炸的酥脆可樂餅有滿滿的冰見牛，讓人心滿意足。使用冰見產小魚乾的咖哩口味。
☎0766-72-2286
🕗9:30～18:30
休 不定休

以冰見的絕景「海對面的立山連峰」為意象！

品嘗入口即化的美味

TAKE OUT

●ぎゅうや 2貫500円
⑪ 牛屋
冰見牛握壽司
熟知冰見牛的牛屋親自打造的人氣餐點。甜味恰到好處的醬汁襯托出入口即化的美味。
☎0766-54-0298
🕗9:00～17:00
休 無休

冰見沖クルージング
● ひみおきくる一じんぐ
☎ 0766-74-5250
（冰見市觀光協會）
玩樂

隔著海眺望3000m等級的群山
吹著清爽的海風環遊冰見海岸線的航程。從冰見市漁業文化交流中心旁邊出發，環遊唐島沖、阿尾城跡沖，再於途中參觀定置網。所需時間約25分鐘。

🕐5～11月底的9:00～11:00、13:00～15:00（運行為1小時間隔，時間表依照時期有變更的可能性）🚫天候不佳時　💴成人1000、小孩500円　📍冰見市中央町7-1 冰見市漁業文化交流センター　🚃JR冰見站搭加越能巴士8分，魚々座前下車即到　🅿免費

▶能從船上餵食海鳥

鮨処 きよ水
● すしどころ きよみず
☎ 0766-72-2511
美食

早上競拍到的頂級壽司食材一字排開
店鋪附近是一片冰見的大海，由定置網漁的船主所經營的壽司店。壽司食材的高品質和鮮度都獲得保證。自家精米的越光米和壽司材料的搭配也十分出色。

🕐11:30～13:30、17:00～20:30　🚫週三、第1週四　📍冰見市中央町8-22　🚃JR冰見站步行15分　🅿免費

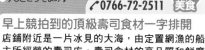
💴預算 午3000円 晚5000円

▶特上握壽司（附味噌湯）3000円

きときと亭 三喜
● きときとていみき
☎ 0766-74-0221
美食

透過海鮮蓋飯享用冰見自豪的鰤魚
堅持地產地消，冰見番屋街內的人氣料理店。在冰見漁港捕獲的當季海產，午餐就能大快朵頤，晚上則能藉由單點料理或宴席全餐（需於一天前預約）盡情品嘗。冬天會提供鰤魚午餐饗宴。

🕐11:00～14:30、17:00～18:30（壽司材料用完打烊）🚫不定休　📍冰見市北大町25-5 ひみ番屋街內　🚃JR冰見站搭加越能巴士12分，ひみ番屋街下車即到　🅿免費

💴預算 午1100円 晚3000円

▶裝滿冰見新鮮海味的海鮮蓋飯2300円

冰見AIYAMA花園
● ひみあいやまがーでん
☎ 0766-72-4187
景點

花卉和綠意環繞的放鬆時間
位在小高丘的西式庭園。在絕佳的地理位置上，能眺望遍布在眼前的富山灣和雄偉的立山連峰，還能遇見各個季節的花卉。超過250種3000朵的「玫瑰花園」深受歡迎。

🕐9:00～16:30　🚫無休（設施維護期間和過年期間有臨時休園）💴成人800円，小孩400円　📍冰見市稻積字大谷內112-1　🚃能越自動車道冰見北IC車程2km　🅿免費

冰見獅子舞博物館
● ひみししまいみゅーじあむ
☎ 0766-72-2454
景點

瞭解冰見的傳統藝能「獅子舞」
館內展示天狗面具和獅子頭、太鼓花車等獅子舞的道具。除此之外，還會透過在劇院播放影片或每年舉辦數次現場表演會，加以宣揚冰見傳統藝能「獅子舞」的魅力。

🕐9:00～17:00　🚫週一（逢假日則翌平日休）（獅子舞現場表演會為300円）💴免費　📍冰見市泉760　🚃JR冰見站搭計程車10分　🅿免費

▶能實際在市內使用的天狗面具

冰見市海濱植物園
● ひみしかいひんしょくぶつえん
☎ 0766-91-0100
景點

一起觀賞海邊的植物吧
栽培日本各地海濱植物等各種植物的植物園。溫室能看見木槿和椰子類等亞熱帶植物，海濱散步園還能藉由步道在松田江的長濱散步。

🕐9:00～16:30（11～隔年2月為9:00～16:00）🚫週二、假日翌日（黃金週、7月和8月無休）💴企劃展舉辦期間收費　📍冰見市柳田3583　🚃JR島尾站步行15分　🅿免費

▶能看見珍貴的鐵蘇和椰子等植物

松田江的長濱
● まつだえのながはま
☎ 0766-74-8106
（冰見市觀光交流・女性應援課）
景點

在美麗的海灘稍微休息
白砂青松的海灘呈現弓形，從島尾連綿至松田江，能看見秀麗松林和海濱植物的群落，夏天則會有海水浴和露營，十分熱鬧。《萬葉集》也曾歌頌。

📍冰見市窪、柳田、島尾　🚃JR島尾站步行5分　🅿免費

▶獲選為「日本海濱百選」

冰見 地圖
1:35,000
周邊圖 P.97

きときと亭 三喜 P.68
冰見漁港場外市場 冰見番屋街 P.66
冰見漁港
冰見沖クルージング P.68
冰見鮨処 きよ水 P.68
P.25
寿司・割烹 萬葉 P.69
ばんや料理 ひみ浜 P.21・69
冰見市海濱植物園 P.68
松田江浜海水浴場
松田江的長濱 P.68
冰見線
有磯海
P.25しげはま
割烹かみしま P.21
南大町 築地藏菩薩岩 地藏院
野尻屋橋
冰見市
高岡駅
松葉寿司 P.23
冰見駅
駅前町
海鮮料理おがわ P.25・69
南一丁
朝日山公園
Auberge de mikuni
冰見高
冰見専門店たなか P.69
イタリアンキッチン オリーブ P.69
和洋菓子司 さか志 P.69
冰見バイパス
冰見iC
四屋iC

うどん茶屋 海津屋

冰見 |  MAP P.97 B-1

●うどんちゃや かいづや
☎0766-92-7878
美食

強勁彈性和滑順口感讓人驚奇

冰見烏龍麵製麵所的直營店。用手延和手打的傳統製法製成的烏龍麵，能用細麵和粗麵來品嘗，麻糬般的彈性和黏性是會讓人吃上癮的絕品美食。

🕐11:00～15:00
休無休
所冰見市上泉20
交JR冰見站步行4分的冰見駅口巴士站搭加越能巴士7分，上泉下車即到
P免費

¥預算 午1000円

⤵什錦天婦羅烏龍麵900円。大塊的什錦天婦羅和細麵的冰見烏龍麵是最強組合

氷見牛專門店たなか

冰見 | MAP P.68 A

●ひみぎゅうせんもんてん たなか
☎0766-73-1995
美食

口感酥脆多汁，肉汁在口中擴散

從培育到販售都親力親為，熟知冰見牛的專賣店。店內不僅有能比較3種肉的上等燒肉套餐可以享用，還有冰見牛可樂餅等外帶餐點也大受歡迎。

🕐11:30～14:00、17:00～21:00
休週三
所冰見市朝日丘3931-1 JAグリーンセンター內
交JR冰見站步行15分
P免費

¥預算 午1200円 晚2500円

⤵冰見牛炸肉餅（172円）。多汁的美妙滋味從酥脆外皮裡溢出

寿司·割烹 万葉

冰見 | MAP P.68 A

●すし かっぽう まんよう
☎0766-74-3388
美食

美味十足的分量飽滿蓋飯

以四季的地魚料理而自豪，由家族經營的大眾割烹店。用平實的價格就能享用講究食材產地和堅持使用地魚的料理。

🕐11:30～14:00、16:30～20:30
休週一
所冰見市比美町5-15
交JR冰見站步行10分
P免費

¥預算 午2000円 晚3000円

⤵海鮮蓋飯（特上）3240円是裝滿天然地魚的知名蓋飯

café 風楽里

冰見 | MAP P.97 A-1

●かふぇ ふらり
☎0766-76-2032
咖啡廳

在充滿風情的咖啡廳享受療癒時光

佇立在山林山腳下的老宅風格咖啡廳。藍莓茶和果汁等菜單都是使用自家農園栽培的無農藥藍莓，廣受歡迎。除了早餐之外，也能體驗製作果醬。（需預約）

🕐10:00～17:00
休週二～週四
所冰見市觸坂1585-1
交能越自動車道冰見南IC車程7km
P免費

⤵綜合莓果鬆餅864円、藍莓汁432円

⤵夏季的露天座位也很推薦

イタリアンキッチン オリーブ

冰見 | MAP P.68 A

●いたりあんきっちん おりーぶ
☎0766-74-5345
美食

能享用冰見食材的義式餐廳

能享用直接向當地農家進貨的當地蔬菜和冰見牛、義大利麵。想要一邊從店家的大窗戶眺望閑靜的田園風景，一邊度過休閒的時光。

🕐10:00～15:00、17:00～21:00（週六、週日、假日為10:00～21:00）
休週四
所冰見市十二町301-1
交JR冰見站步行4分的冰見駅口巴士站搭加越能巴士4分，清水下車即到
P免費

¥預算 午1200円 晚1600円

⤵濃縮冰見美味的「義大利麵午餐」1200円

ばんや料理 ひみ浜

冰見 | MAP P.68 A

●ばんやりょうり ひみはま
☎0766-74-7444
美食

品嘗講究早上現撈的漁師料理吧

位在冰見漁港前面，能品嘗講究早上現撈的漁師料理。一直都是採購市場上不常販售的10kg以上鰤魚，因此能品嘗味道格外不同的「真正鰤魚」，在當地也廣獲好評。

🕐11:00～14:00、17:00～19:00
（材料用完打烊）週一～週四的晚上需預約
休不定休
所冰見市比美町21-15
交JR冰見站步行12分
P免費

¥預算 午2000円 晚3000円

⤵鰤魚饗宴（7500円）能品嘗當地魚片、鰤魚涮涮鍋、鹽烤和鰤魚白蘿蔔等餐點

冰見的 當地B級美食

堅持使用當地食材的獨特麵包

おかしの家 ニューちどり的
金時紅豆飯麵包

☎0766-91-2823 ●おかしのいえ にゅーちどり
MAP P.97 B-1

在添加薏仁的麵包上放紅豆飯的獨特麵包，能享用蒸麵包和紅豆飯的Q軟口感。可愛的酒味饅頭「エゴマアザラシ」很推薦當作伴手禮。130円

⤴食材澈底選用地產地消的產品，也有人買來當作賀禮。130円

⤵塗滿富山縣產荏胡麻的溫和口味紅豆沙餡。200円

🕐8:00～18:00
休週三
所冰見市上泉24-1
交JR冰見站步行4分的冰見駅口巴士站搭加越能巴士6分，柳田南下車·步行4分

外觀和口味讓人滿足的甜點

和洋菓子司 さか志り的
大泡芙

☎0766-72-1074 ●わようがしし さかじり
MAP P.68 A

坂尻老闆原本是開玩笑做來販售，沒想到竟然變成超人氣商品。直徑約15cm，比普通尺寸的泡芙大4～5顆的大小。也能在店內食用，因此想順路前往作為旅行的回憶。

⤴裡面有草莓蛋糕，和酥脆的泡芙皮也十分相襯

🕐8:30～19:00（週日、假日為～18:30）
休週二
所冰見市鞍川77-5
交JR冰見站搭計程車6分
P免費

⤵這個大小才562円

海鮮料理おがわ

冰見 | MAP P.68 A

●かいせんりょうりおがわ
☎0766-74-0084
美食

透過主廚推薦套餐享用道地滋味

能享用光滑Q軟的元祖高岡屋本舖「冰見系烏龍麵」，以及新鮮生魚片和地魚天婦羅。為了想吃多種品項的人，裝冰生魚片和白蝦天婦羅等當季當地美食的套餐，也廣受歡迎。

🕐6:00～19:00
休不定休
所冰見市伊勢大町2-7-51
交JR冰見站步行4分
P免費

¥預算 午2000円 晚2000円

⤵主廚推薦冰見烏龍麵（2000円）。高岡屋本舖的冰見系烏龍麵附生魚片和天婦羅

騎出租自行車遊覽 高岡 城下町

高岡
●たかおか

有國寶的製造產業城鎮

除了國寶和重要文化財等歷史性的景點之外，佇立在古老街道中的時尚咖啡廳和展示間也值得一看。出發前往能一邊飽覽高岡特有風景一邊騎自行車的旅行吧。

富山縣 唯一的國寶

1 高岡山 瑞龍寺
●たかおかさん ずいりゅうじ

作為加賀前田家第2代家主・前田利長的菩提寺，耗時20年的歲月終於在寬文3（1663）年興建完成。山門、佛殿、法堂獲指定為國寶，總門、禪堂、大庫裏、迴廊、大茶堂也獲指定為國家重要文化財，作為江戶初期・禪宗典型左右線對稱的伽藍寺院受到高度評價。

☎0766-22-0179 **MAP P.74 A-2**
🕐9:00～16:30（視時期而異）休無休 ¥500円
所高岡市關本町35 高岡站步行10分 P免費

佛殿 **國寶**
萬治2（1659）年建立。重達47噸的船瓦葺屋頂在全國也很罕見，支撐屋頂的木架依然美麗。

利長くん 親自導覽！

利長くん
●としなが
高岡市吉祥物
原型是加賀藩第二代藩主・前田利長。宣傳和前田家有歷史淵源和文化的城鎮高岡。

這個也很便利！
社區巴士『こみち』

有2個系統，但是每20分鐘逆時鐘行駛的橘線會環遊觀光景點，相當方便。1次200円。
路線）車站→高岡大佛前→木舟町口→守山町→横田町→車站
加越能巴士 ☎0766-21-0950

出租自行車

先取得！
以站前為中心設置的9處出租自行車站會受理使用申請。

¥200円（1次）🕐10:00～16:00
期間：4月1日～11月30日（冬季休業）
高岡町眾サロン（末広開発（株）まちづくり事業部）
☎0766-20-0555（僅平日）
高岡町眾スタジオ
☎0766-20-0444（週三、週六除外）

推薦路線！

1 高岡山瑞龍寺
　▼🚲6分
2 高岡大佛
　▼🚲4分
3 高岡古城公園
　▼🚲8分
4 山町筋（高岡御車山會館、菅野家住宅、あんしんごはん）
　▼🚲4分
5 金屋町（高岡市鑄物資料館、KANAYA）

是這樣的城鎮！

富山縣的第2大都市。這裡是加賀藩主・前田利長下令興建的城下町，市區中保留著國寶瑞龍寺等歷史性建築物。此外，至今仍是持續傳承銅器和漆器等傳統工藝的「製造產業城鎮」。

ACCESS

🚗車	🚆鐵道
能越道	新高岡站
高岡IC	
⏱約12分	加越能巴士（シャトル6）
8・64	
↕5km	⏱8分 JR城端線 ⏱3分
高岡站	高岡站

MAP P.74　**洽詢** 高岡市觀光協會 ☎0766-20-1547

這裡也很推薦

動物園 **P73**

各種可愛動物也深受當地小朋友歡迎！

在公園內的免費動物園。不僅飼養著紅鶴和企鵝等小動物，在附設的自然資料館也展示著鳥類和獸類、魚類等生物標本。

園內也有漫畫聖地
古城公園是漫畫家 藤子・F・不二雄每天散步的公園。動物園裡有一座「繪筆塔」紀念物，鑲嵌著手塚治虫等154位漫畫家以河童為主題繪製的插畫。

值得一看的1800棵櫻花 療癒心靈的休憩場所

3 高岡古城公園
●たかおかこじょうこうえん

原是加賀藩第2代藩主・前田利長在1609年興建的城跡，目前作為公園使用。同時也是櫻花和紅葉的勝地，能欣賞四季的豐富自然美景。

MAP P.74 B-1
☎0766-20-1563
🕐入園自由 休無休 所高岡市古城1-9
高岡站步行15分 P免費

溫和的面容為日本三大佛之一

2 高岡大佛
●たかおかだいぶつ

青銅製的阿彌陀如來坐像和奈良、鎌倉的大佛並列日本三大佛。集結歷史悠久的高岡鑄物技術之精華，耗時30年歲月終於在昭和8（1933）年興建完工。

MAP P.74 B-2
☎0766-23-9156（大佛寺）
🕐境內自由（大佛台座下迴廊為6:00～18:00）休不定休 所高岡市大手町11-29 高岡站步行10分 P免費

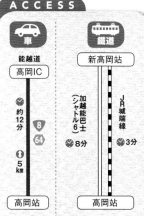

70

騎出租自行車遊覽高岡城下町

設在挑高空間裡的「御車山」漂亮出色。館方持有的7座花車每每4個月交替展示。

高岡御車山會館
●たかおかみくるまやまかいかん

能體驗高岡御車山祭高昂氣氛的景點

高岡御車山祭是？

每年5月1日舉辦的高岡關野神社的春季例大祭。相傳起源是1588（天正16）年，前田利家領受豐臣秀吉恭迎陽成天皇到聚樂第之時使用的御所車（牛車），之後前田利長在1609（慶長14）年修築高岡城時，把它賜予町民。這種華麗花車是在御所車形式上豎立鉾的特殊樣式，且會施加上高岡的金工、漆工等優秀工藝技術的裝飾。

已登錄為聯合國教科文組織無形文化遺產！

全年都能參觀全國僅有5座的國家重要有形、無形民俗文化財「高岡御車山」。其他還有許多大人小孩都能暢玩的豐富設備，像是能藉由影片體驗祭典準備階段到祭禮當天過程的4K超精細畫質「劇場」，以及能挑戰囃子演奏的「囃子名人」。

親子共同挑戰「囃子名人」也很有趣！

也能穿上祭典用的法被拍紀念照

MAP P.74 A-1

☎ 0766-30-2497
🕘 9:00~16:30 休週二（逢假日則翌平日休）💴成人300円、國中生以下免費
📍高岡市守山町47-1 🚃萬葉線片原町站步行6分 🅿免費

遊覽寬敞的境內

4 土藏造的街道 山町筋
やまちょうすじ

國寶 法堂

明曆年間（1655~1657）年竣工。境內最大的建築物，全採檜木建造。

MAP P.74 A-1

土藏造老宅比鄰而建的街道，興建於明治後期的大火後。留存著明治時代優秀的防火建築，且已獲選為重要傳統建造物群保存地區，同時也是高岡最大的大祭「高岡御車山祭」進行的場所。

國寶 山門

延亨3（1746）年因火災而燒毀，現在的建築物是在文政3（1820）年竣工。以當時相當罕見的和算設計而成。

重文 迴廊

宛如包圍佛殿般布置成左右對稱，周長約達300m。從紙窗照射進來的柔和光線很漂亮。

能品嘗當地食材的美食咖啡廳

あんしんごはん

選擇喜歡的家常菜搭配成自己專屬的定食

改裝自屋齡120年老宅的自助式美食咖啡廳。安心菜餚一字排開，材料大量採用當地食材和在自家農園培育的蔬菜。也可以外帶。

目前仍作為住宅使用，但會以日式座位為中心開放一般民眾參觀

MAP P.74 A-1

☎ 0766-28-0082
🕘 11:00~19:00 休週日
📍高岡市守山町11 🚃萬葉線片原町站步行4分 🅿免費

領導高岡財政界的名家

菅野家住宅
●すがのけじゅうたく

屋頂有裝飾鯱和施加雷紋的大箱棟

山町筋的代表傳統建築物。特徵是黑漆喰打造的厚重外觀，以及在支撐屋簷的鑄物支柱等地方施加的華麗裝飾。因這種優異品質而獲指定為國家重要文化財。

MAP P.74 A-1

☎ 0766-22-3078
🕘 9:30~16:00
休週二、年底、隔年3月上旬 💴200円、國中生以下免費
📍高岡市木舟町36 🚃萬葉線片原町站步行5分 🅿免費

自行車的小憩時間

賣完就沒的人氣鯛魚燒150円

宮田のたいやき

昭和24（1949）年創業的人氣店，也曾在打烊時間前就賣光。外酥內Q軟、甜度適中的知名雕魚燒真想吃一次。

☎ 0766-24-3599
🕘 10:30~（售完打烊）
休週三、第3週二
📍高岡市末広町13-8
🚃高岡站步行7分
🅿無

MAP P.74 A-2

採用現代品味的銅器

KANAYA
●かなや

展示室陳列著採用歷史悠久高岡銅器的生活風格用品。出自國內外設計師之手、外觀好看的實用物品一應俱全。

屋齡140年的老宅展示室

紺野弘通設計的圓形托盤。10692円

MAP P.74 A-1

☎ 070-5630-9206
🕘 11:00~16:00 休週三、四、週六、日、假日 📍高岡市金屋町2-5 🚃高岡站搭加越能巴士10分，金屋下車即到
🅿免費

瞭解經過400年的鑄物產業

陳列著鑄造品和工具的免費展示空間

高岡市鑄物資料館
●たかおかしいものしりょうかん

展示有關高岡鑄物歷史和傳統的介紹資料。免費展示區展示著腳踩在板子兩端像翹翹板一樣相互踩踏以便送風的「吹踏鞴」。

以除夕的鐘廣為人知的梵鐘。高岡市以國內頂尖的市場占有率自豪

MAP P.74 A-1

☎ 0766-28-6088
🕘 9:00~16:30 休週二（逢假日則翌日休）💴200円 📍高岡市金屋町1-5 🚃高岡站搭加越能巴士10分，金屋下車即到 🅿無

千本格子的家戶戶

5 金屋町
かなやまち

MAP P.74 A-1

構成高岡當地產業基礎的高岡鑄物發祥地。相傳起源是前田利長為了振興地方產業，邀請7位鑄物師來到金屋町，而目前仍有許多工匠在此居住。風情十足的街道上保留著千本格子的房屋和美麗石板路，已獲選定為重要傳統建造物群保存地區。

SHOP

體驗傳承400年的鑄造技術！

乘載著老闆的堅持且希望使用者永久使用的「手工日用品」齊聚一堂。

重新利用江戶時代延續至今的五金行倉庫

酒杯製作
體驗費：4320円
製作時間：約2小時

2 倒入錫
在砂型中倒入融化的錫。

3 完成
切除多餘部分，研磨後即完成

1 取得砂型
在木框中放入作為原型的模具，從上方倒入沙子壓實，然後取得砂型。

這是相當費力的工作吧！

はんぶんこ代表
東海 裕慎先生
想要打造製造者和使用者的聯繫場所而開了「はんぶんこ」。

製作

高岡手工藝品是？

相傳是曾為高岡城主的加賀藩第2代藩主・前田利長獎勵了鑄物和漆器等「製造產業」。這些技術在大約400年期間都由工匠代代相傳，目前也作為能生活增添豐富色彩的高品質「高岡手工藝品」而留存下來。

購買！ 製作！

高岡手工藝品
TAKAOKA CRAFT

｜はんぶんこ
MAP P.74 A-1
☎0766-50-9070
⏰11:00～18:00（體驗需預約）
休週一～週五 所高岡市小馬出町63 交高岡站步行15分 P免費

自由自在！
自己專屬的飾品

活用錫特性的飾品製作
體驗費：2000円
製作時間：20分～30分

錫只要用手施加力道就能自由地改變形狀，因此更能做成自己喜歡的飾品

就完成了！

加工成項鍊、耳環、耳針

用鐵鎚敲打，再刻印上圖樣

笑容溫柔的康太先生

大寺幸八郎商店 ギャラリーおおてら
●おおてらこうはちろうしょうてん ぎゃらりーおおてら

創業於萬延元（1860）年，鑄物製造的老店。體驗中能享受和老闆大寺雅子小姐、第6代的康太先生聊天，時間瞬間流逝。

MAP P.74 A-1
☎0766-25-1911
⏰9:00～17:00 休週四 所高岡市金屋町6-9 交高岡站搭加越能巴士10分，金屋下車即到 P無

鑄物工房 利三郎
●いものこうぼう りさぶろう

明治初期延續至今的鑄物工房。高岡銅器傳統工藝士的第5代利三郎・神初祐二親自指導的奢侈手工製造體驗。

MAP P.74 A-1
☎0766-24-0852
⏰10:00～18:00 休第4週日 所高岡市金屋町8-11 交高岡站搭加越能巴士10分，金屋下車即到 P免費

工匠直接指導！

製作風鈴、紙鎮等物品的鑄物體驗
體驗費：3000円（需預約）
製作時間：約1小時

在砂型上膳寫喜歡的畫或文字，再用釘子雕刻

在砂型中倒入融化的錫

原創的紙鎮

---

geibun gallery
●げいぶんぎゃらりー

▶展示廊陳列著各式各樣的展示品
⏺也販售縣內外作品的商店

這家展示廊的設置目的是作為富山大學藝術文化學部的上課成果及製作活動的發表場所，以及促進高岡市活躍發展，並加深地區企業、工匠與學生的交流。除了學生的作品展之外，也販售高岡市人氣藝術團體繪圖工女子的商品等縣內外作家之作品。

☎0766-25-6078
⏰11:00～19:00 休週三 所高岡市御旅屋町90-1 KMビル1F 交高岡站步行8分 P無

MAP P.74 A-2

漆器くにもと
●しっきくにもと

傳統的高岡漆器也很多

明治42（1909）年創業的漆器老店。能購買使用高岡傳統工藝・貝的螺鈿製品、以該技法加工製成現代風格的飾品、iPhone手機殼、製造產業之城・高岡生產的人氣手工藝品。

☎0766-21-0263
⏰10:00～18:00 休週三 所高岡市中央町13 交萬葉線坂下站即到 P免費

「JEWEL」戒指的螺鈿光輝很漂亮

MAP P.74 A-1

GALLERY NOUSAKU
●ぎゃらりーのうさく

KAGO玫瑰3780円、風鈴草S6480円

大正5（1916）年創業的高岡市鑄物製造商・能作的直營店。不僅能作的所有商品一應俱全，就連最大限度地活用錫柔軟特徵的商品「KAGO」也能實際拿起來看看，甚至還能使用咖啡廳。

☎0766-21-7007
⏰10:00～18:00 休週一 所高岡市熊野町1-28 交高岡站搭加越能巴士12分，熊野町下車，步行5分 P免費

MAP P.97 C-2

購買

菓子工房MARUE
●かしこうぼうまるえ ☎0766-22-1058
購物
MAP P.74 A-1
高岡

採用富山名產的當地麵包脆餅
有如媽媽手作的溫和口味烘焙點心應有盡有。10種麵包脆餅有豐富齊全的富山當地口味，像是高岡昆布百選的昆布麵包脆餅、新湊白蝦麵包脆餅等。

🕐9:30～19:00 🈲週三 📍高岡市片原町155
🚃萬葉線坂下站即到 🅿免費

新湊白蝦麵包脆餅340円、昆布麵包脆餅300円。富山特有口味

↑可愛的店內陳列著麵包脆餅等烘焙點心

吉宗
●よしむね ☎0766-24-1767
美食
MAP P.74 B-1
高岡

廣獲全國喜愛的咖哩烏龍麵
人氣的「咖哩烏龍麵」是以取代麵醬的咖哩醬搭配拌得恰到好處的粗麵，味道十分相襯。地爐風格餐桌等風情十足的氣氛也很迷人。

🕐11:00～15:30、17:00～20:30（週六、日、假日為11:00～20:30）🈲週一、第1週二 📍高岡市寶町7-4 🚃高岡站車程5分 🅿免費

¥預算 午900円 晚900円

↑8成以上來客會點的咖哩烏龍麵900円

雨晴海岸
●あまはらしかいがん ☎0766-20-1301
（高岡市觀光交流課）
景點
MAP P.97 C-1
高岡

白色沙灘和松林連綿的景觀勝地
因傳說源義經曾在岩石陰影下躲雨，等待天氣放晴，故而取了這個地名。位在能登半島國定公園的世界數一數二景觀勝地，夏天會因海水浴的顧客而熱鬧非凡。能在冬天的晴朗日子隔著富山灣眺望的立山連峰真是絕景。

📍高岡市太田 🚃JR雨晴站步行5分
🅿免費（使用雨晴觀光停車場）

↑也獲指定為國家名勝

↑作為奧之細道風景勝地「有磯海」，

公路休息站 万葉の里 高岡
●みちのえき まんようのさと たかおか ☎0766-30-0011
購物
MAP P.97 B-3
高岡

縣內的伴手禮一應俱全
館內不僅有觀光和道路資訊的設施，還有約2000種當地名產及名品齊聚的伴手禮區，許多觀光客和當地人都會造訪。能品嘗共8種富山縣推薦的縣內各地彩色拉麵，而使用白蝦和昆布的料理也很受歡迎。

🕐9:00～21:00（餐廳為～20:30）
🈲無休 📍高岡市蜷ヶ島131-1
🚃愛之風富山鐵道高岡站步行12分 🅿免費

A夢區

↑也有和高岡有關的哆啦A夢

↑彩色拉麵各800円～·高岡綠等共8色

越中膳所 海の神山の神 高岡店
●えっちゅうぜんどころ うみのかみやまのかみ たかおかてん ☎0766-29-1877
美食
MAP P.74 A-2
高岡

能透過豐富菜單享用當季滋味
高岡站即到的海鮮居酒屋。在配置著千本格子和當地生產銅板的店內，能品嘗使用富山特有當季食材的料理。生魚片和烤魚、天婦羅、煮物等豐富菜單一應俱全。

🕐17:00～22:00
🈲週日
📍高岡市末廣町1-8 ウイング・ウイング高岡 3F
🚃高岡站即到
🅿無

¥預算 晚5000円

↑能享用富山特有的海鮮

高岡市萬葉歷史館
●たかおかし まんようれきしかん ☎0766-44-5511
景點
MAP P.97 C-2
高岡

萬葉歌人·大伴家持和越中萬葉的世界
全國首座以《萬葉集》為主題的專門設施。介紹以越中國守身分赴任、在任5年期間詠唱多達223首詩歌的大伴家持及越中萬葉的世界。

🕐9:00～17:15（11～隔年3月為～16:15）🈲週二（逢假日則翌日休）¥210円 📍高岡市伏木一宮1-11-11 🚃JR伏木站搭計程車5分 🅿免費

↑用圖板和展示品簡單易懂地介紹。也舉辦企劃展

高岡的 甜點&咖啡廳

身心都變得活力充沛的咖啡廳
Café mimpi
☎0766-21-1535 ●かふぇみんぴ
MAP P.74 B-1

蔬菜甜點使用自家菜園和當地的蔬菜，深受歡迎。特別推薦能根據季節享用各種口味的蔬菜&水果的蔬果雙重聖代。能從吧檯座位眺望古城公園的四季風貌，也是樂趣之一。

890円 蔬菜和水果的雙重聖代

↑能從窗戶飽覽古城公園的四季風景

🕐10:00～16:30 🈲週五、第3週四 📍高岡市中川上町10-14 ソーラービル1F 🚃高岡站步行10分 🅿免費

酥脆的現烤泡芙深受歡迎
COMMA,COFFEE STAND
☎070-5465-0993 ●こんまこーひー すたんど
MAP P.74 A-1

佇立在土藏造街道·山町筋一角的時尚咖啡廳。在改裝自屋齡100年以上商家的店內，裝飾著高岡市福岡町的特產「菅笠」等物品，能感覺到老闆對當地的感情。堅持使用當地食材的午餐也很推薦。

↑使用高岡生產雞蛋的特製泡芙會搭配講究農園和生產方法的咖啡一起上桌。泡芙+熱咖啡800円

↑每天輪流登場的義大利燉飯和義大利餐套餐1180円

🕐10:00～18:00（晚上需預約）🈲週二、第3週一 📍高岡市小馬出町48-1 🚃萬葉線坂下站步行3分 🅿免費

高岡古城公園動物園
●たかおかこじょうこうえんどうぶつえん ☎0766-20-1565
景點
MAP P.74 B-1
高岡

深受當地小孩歡迎的景點
位在高岡古城公園內的免費動物園。在企鵝區能參觀飼養員餵食企鵝。在公園散步的時候，順便去看動物吧。

🕐9:00～16:30 🈲週一（逢假日則翌日平日休）¥免費 📍高岡市古城1-6 🚃高岡站步行15分 🅿免費

↑位在寬敞公園的一區

↑紅鶴和日本獼猴、兔子等動物會歡迎遊客

高岡 ミュゼふくおかカメラ館

MAP P.97 B-3

◦みゅぜふくおかかめらかん　☎0766-64-0550　景點

全國相機愛好者齊聚的博物館

宣揚相機和照片、影片文化的魅力的博物館。不僅收藏及展示國內外的復古相機，也會舉辦在第一線活躍的攝影師的企劃展。安藤忠雄親手設計的建築物也值得關注。

◆在無機質的空間中巧妙採用光影效果的混凝土建築

◆從年代、設計、生產國和製造商等各種角度宣揚相機的魅力

🕒9:00～16:30　🚫週一　🎫每達企劃寫真展會設定　📍高岡市福岡町福岡新559　🚃愛之風富山鐵道福岡站步行5分　🅿免費

merry* smile cafe

高岡　MAP P.74 B-1

◦めりーすまいる かふぇ　☎0766-75-3586　咖啡廳

用傳統工藝品餐具享用午餐很受歡迎

藉由改造城鎮中空房的「高岡まちっこプロジェクト」而誕生的咖啡廳。能用漆器和錫紙等高岡傳統工藝品的餐具享用午餐。也會舉辦許多分享生意的「共享商業」會員的企劃和活動。

🕒11:00～17:00（午餐為～14:00）🚫週日、假日　📍高岡市本丸町13-10　🚃萬葉線廣小路站即到　🅿免費

◆自然的氛圍
◆高岡手工藝品膳1000円。餐具也能購買

MITSUI OUTLET PARK 北陸小矢部

小矢部　MAP P.97 A-3

◦みついあうとれっとぱーく ほくりくおやべ　☎0766-78-3100　購物

盡情享受北陸伴手禮和購物

在不必在乎天氣、能舒適地度過一段時間的室內型購物商城中，約170家國內外知名品牌和運動品牌的店家集結一堂。也設置著回應觀光客需求的北陸特產品及觀光導覽攤位。

🕒10:00～20:00（美食區為10:30～19:30、餐廳為11:00～21:00〈LO視店鋪而異〉）🚫不定休　📍小矢部市西中野972-1　🚃愛之風富山鐵道石動站搭往三井アウトレットパーク北陸小矢部的加越能巴士9分，終點下車即到　🅿免費

◆摩天輪的車廂打造成購物袋的形狀

高岡　1:20,000　周邊圖 P.97
◯景點・玩樂　◯美食
◯溫泉　◯購物　◯住宿

旅行要點！

©藤子PRO

能遇見哆啦A夢的城鎮・高岡

高岡市是知名漫畫《哆啦A夢》作者藤子・F・不二雄的出生地。因此街道上遍布能遇見哆啦A夢的景點。在JR高岡站北側的商業設施「WING WING高岡」前的廣場上，12座在《哆啦A夢》中登場的角色雕像比鄰而立。也很推薦和熟悉的人氣角色拍攝紀念照。同設施的2樓還能閱讀藤子・F・不二雄漫畫的市立圖書館。

五箇山・白川鄉・砺波 城端 井波

ごかやま　しらかわごう　となみ　じょうはな　いなみ

探訪日本的村落和往昔街道

世界遺產——五箇山和白川鄉是許多外國觀光客都會造訪的人氣觀光景點。為春天增添色彩的砺波鬱金香和殘雪的北阿爾卑斯之間的對比十分秀麗。在留存著往昔街道風情的福光和井波、城端，隨處都能遇見工匠的技藝，魅力十足。

砺波
五箇山　井波
城端
白川鄉

清流流經的富山此區，岩魚和香魚等川魚料理也是絕品。

前往越中的小京都

P.86
城端悠哉散步

岩魚料理

推薦的地產美食

P.79
蕎麥麵

P.76
前往世界遺產的白川鄉・五箇山吧

區域 No.1 的必看景點

P.77
菅沼合掌造集落
有9棟合掌造建築等，傳統建築與農田散布其中的小型聚落。

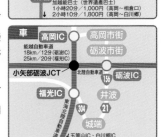

P.84
砺波的鬱金香

ACCESS　從高岡前往砺波和城端請搭JR城端線

從高岡前往砺波

🚃 **鐵道**　從高岡站搭JR城端線為21分240円，從新高岡站為18分240円，砺波站下車。1小時運行1班左右

🚗 **車**　從高岡市街沿國道156號開14km、30分

從高岡前往城端

🚃 **鐵道**　從高岡站搭JR城端線為50分580円，從新高岡站為47分580円，終點——城端站下車。1小時運行1班左右

🚗 **車**　從能越自動車道高岡IC往東海北陸自動車道方向開25km20分，在福光IC下交流道，沿國道304號開2km5分

從高岡前往井波

🚃 **鐵道**　從高岡站搭往庄川町・小牧堰堤的加越能巴士1小時770円，井波中央巴士站下車

🚗 **車**　從高岡市街沿縣道57、40號開23km40分

五箇山・白川鄉的交通方式請見→P99

鐵道・巴士

愛之風富山鐵道
高岡　——　富山
新高岡　北陸新幹線
JR城端線
砺波　21分／240円（砺波）
　　　50分／580円（城端）
城端
瑞泉寺前
加越能巴士
55分／770円（從高岡）

加越能巴士（世界遺產巴士）
↓ 1小時20分／1,000円（高岡～相倉口）
↓ 2小時10分／1,800円（高岡～白川鄉）

車

高岡IC ○——○ 高岡市街
能越自動車道　　砺波市街
18km／12分（砺波IC）
25km／20分（福光IC）

福光IC ○
小矢部砺波JCT
北陸自動車道　156　砺波IC
304　21
　　　井波
城端
東海北陸自動車道
五箇山IC・白川鄉IC

75

融入自然環境中的世界遺產村落

五箇山
・ごかやま

先前往
2大合掌造
集落

約100～350年前的
合掌造房舍比鄰而建

相倉
合掌造
集落

世界
遺產

★あいのくらがっしょうづくり
しゅうらく

村落座落在離庄川有一段距離的斜坡，並遍布在細長台地上，現存有20棟合掌造房舍。有五箇山唯一留存的原始合掌造民宅和茅葺寺院等，精彩景點眾多。割取鋪屋頂所需茅草的「茅場」和保護村落免於雪崩侵襲的「雪持林」，也都作為史跡保存完善。

☎0763-66-2123（相倉合掌造り集落保存財團）
🏠富山縣南砺市相倉　🚌JR城端站搭加越能巴士23分，相倉口下車，步行5分
🅿相倉停車場集落保存協力金1次500円（普通車）

【確認歷史淵源】
在江戶時代曾是加賀藩的流放地！
五箇山是被庄川隔開的深山地區，曾被當作流放地，從1667（寬文7）年至明治維新的大約200年之間，多達150位罪犯遭遣送至此地。

流放小屋 ★るけいごや
把曾幽禁犯人的小屋修復成原狀的富山縣指定文化財。從位在入口梁柱的小窗戶給予食物。

流籠 ★かごのわたし
當時是為了防止犯人脫逃和統一管理鹽硝的目的而禁止架橋，因此才建造流籠。（修復原狀）

展示貴重的民俗資料
相倉民俗館 ★あいのくらみんぞくかん

使用合掌造民宅講解建築構造。也展示實際使用的生活用具，並介紹五箇山的生活。

能感覺到先人的智慧和辛勞

☎0763-66-2732 MAP77
🏠富山縣南砺市相倉352　🕐8:30～17:00
🚫無休　💰200円（和傳統產業館的共通券350円）
🚌JR城端站搭加越能巴士23分，相倉口下車，步行5分
🅿無

五箇山 旬菜工房 いわな
★ごかやましゅんさいこうぼういわな

於顧客面前現宰在五箇山清流長大的岩魚活魚，做成握壽司供餐，特徵是無腥味及在口中化開的口感。也品嘗一下名產的新鮮紅蕪菁吧。

☎0763-67-3267 MAP77
🏠富山縣南砺市西赤尾町72-1 道之駅上平ささら館1F　🕐11:00～20:00　🚫週二（逢假日則營業）
🚌JR城端站搭加越能巴士45分，ささら館前下車即到
🅿免費

岩魚・紅蕪菁
岩魚、紅蕪菁的握壽司膳（附小菜，湯1500円）

吾郎平 ★ごろべい

五箇山美食

合掌造民宅的餐廳。御膳能透過生魚片和朴葉味噌湯、油炸豆腐等豐富多彩的料理享用到五箇山豆腐，深受歡迎。山菜和蕎麥麵等菜色也很齊全。

☎0763-67-3502 MAP77
🏠富山縣南砺市菅沼906　🕐10:00～16:00
🚫不定休　🚌JR城端站搭加越能巴士38分，菅沼下車，步行5分　🅿收費

五箇山豆腐
五箇山豆腐御膳（1600円）

五箇山的遊覽方式
相倉和菅沼這兩個村落之間有一段距離，搭車移動（約15分鐘）為佳。車輛無法進入村落內，因此請至各村落附近的停車場（1次500円）停車，再走路遊覽吧。村落裡是居民的生活場所，因此請遵守禮儀散步！

接觸五箇山的文化吧！

筑子節
充滿鄉愁的歌曲和舞蹈響徹著「デデレコデン」的歌聲。表演者身穿綾藺笠和垂直括袴，一邊把筋敲得沙沙作響一邊跳舞。屬於田樂派別的日本最古老民謠。

用細繩繫起108片檜木板的樂器「筋」

筑子祭
9月25・26日 白山宮境內
上梨區的代表性活動，為祈求豐收而敬獻舞蹈。每年都有許多人造訪，十分熱鬧。

☎0763-66-2468 MAP77
（五箇山綜合服務處）

是這樣的地方！

這處山村地區位在由5座山構成的富山縣庄川谷域。相倉集落和菅沼集落2座合掌造村落已登錄為世界遺產，民謠與和紙製造等獨自發展出來的當地文化，也備受關注。

とっぺちゃん
五箇山豆腐造型的吉祥物，主要在宣傳五箇山

ACCESS

🚗車	🚌巴士
東海北陸自動車道	
五箇山IC	高岡站
⏱20分	⏱1小時20分
💰—	💰1,000円
📏15km	加越能巴士世界遺產巴士
156	
五箇山相倉集落	五箇山相倉口

MAP P.77

洽詢
五箇山綜合服務處
☎0763-66-2468
南砺市交流觀光
まちづくり課
☎0763-23-2019

國道沿途有能一望村落的展望景點

菅沼合掌造集落

★すがぬまがっしょうづくり
しゅうらく

世界遺產

在險峻群山與河川環繞的小村落中，現存9棟合掌造建築。此地面積大約步行15分鐘就能繞完一圈，從連接村落和庄川對岸的菅沼橋望去的風景也很秀麗。

☎0763-67-3008 **MAP** 77
（菅沼世界遺產保存組合）
🏠富山縣南砺市菅沼
🚌JR城端站搭加越能巴士38分，菅沼下車即到
🅿菅沼展望場停車場集落保存協力金1次500円（普通車）

鹽硝館

瞭解五箇山一大產業的「鹽硝」

★えんしょうのやかた

➡從材料的採取到出貨都詳細解說

展示江戶時代五箇山主力產業的鹽硝製造之歷史和仿真道具，並用人偶和影繪重現工程情況。也能體驗火繩槍。

☎0763-67-3262 **MAP** 77
🏠富山縣南砺市菅沼134 🕙9:00～16:30
（12～隔年3月為～16:00）🈺無休 ¥210円
（和五箇山民俗館的共通券300円）🚌JR城端站搭加越能巴士38分，菅沼下車即到 🅿收費

重要文化財的合掌屋

村上家

興建當時的樣式流傳至今

★むらかみけ

重要文化財

遺留著古代形式的代表性珍貴建築物。據說大約是350年前的建築，漆黑耀眼的梁柱述說著悠久的歷史。

☎0763-66-2711 **MAP** 77
🏠富山縣南砺市上梨742 🕙8:30～16:40（12～隔年3月為9:00～15:40）🈺週三（逢假日開館）¥300円 🚌JR城端站搭加越能巴士32分，上梨下車即到 🅿免費

➡戶主會在地爐旁講述歷史

岩瀨家

耗時8年歲月才完工

★いわせけ

重要文化財

興建於江戶中期的5層樓住宅。過去是繳納加賀藩鹽硝的官舍，目前能參觀內部的欅木構造、書院造的和室座位、樓上的養蠶作業場。

➡國內最大規模的合掌屋

☎0763-67-3338 **MAP** 77
🏠富山縣南砺市西赤尾町857-1 🕙8:00～17:00 🈺無休 ¥300円 🚌JR城端站搭加越能巴士45分，西赤尾下車即到 🅿免費

周邊圖 P.95 B-4 N

五箇山MAP

位在五箇山IC附近的菅沼、住宿豐富齊全的相倉，這兩座村落是世界遺產。周邊的西赤尾、上梨、下犁、東中江等區域也聚集著餐廳和伴手禮店。

推薦！
五箇山伴手禮

五箇山和紙

堅固又漂亮，作為越中和紙獲指定為國家傳統工藝品。在大約1200年前的正倉院寶物中，記載著越中國曾繳納和紙給朝廷，而在江戶時代則是繳納給加賀藩。

➡體驗時間為10～20分左右。請事先預約吧

在這裡購買🛒
位在公路休息站たいら內，能體驗漉和紙

五箇山和紙の里
★ごかやまわしのさと

☎0763-66-2223 **MAP** 77
🏠富山縣南砺市東中江215 🕙9:00～16:30 🈺無休 ¥入館費200円、漉和紙體驗700円～ 🚌JR城端站搭加越能巴士28分，下梨下車，搭計程車5分 🅿免費

➡每一件都長得不一樣的手工名片盒(1620円)

➡用和紙碎片製成的磁鐵(1個432円)

五箇山豆腐

特徵是水氣少和緊密扎實的硬度，發揮出黃豆美味的簡模滋味。以前從中國傳來的豆腐原本就很硬，而這種原本的模樣也流傳至今。

➡即使用繩子細綁再拿起來也不會崩解，十分堅硬

在這裡購買🛒
販售使用100%富山產黃豆和當地清水的五箇山豆腐

喜平商店
★きへいしょうてん

☎0763-66-2234 **MAP** 77
🏠富山縣南砺市上梨608 🕙7:00～20:00 🈺不定休 🚌JR城端站搭加越能巴士32分，上梨下車即到 🅿免費

➡使用豆渣的麵包餅乾「カオラスク」(350円)。口味為五箇山味噌、焦糖、砂糖等3種

➡燻製豆腐「いぶりとっぺ」(440円)是起司般的風味

栃餅

栃餅使用五箇山自古以來常用的日本七葉樹果實製成，也深受觀光客喜愛。樸素的風味和香氣會在口中擴散。

➡栃餅包紅豆餡(2顆240円、6顆680円)

在這裡購買🛒
全家一起手工製作的栃餅是五箇山名產

羽馬製菓
★はばせいか

☎0763-66-2536 **MAP** 77
🏠富山縣南砺市下梨2096 🕙7:30～19:00 🈺週二 🚌JR城端站搭加越能巴士28分，下梨下車即到 🅿免費

相倉集落 五箇山合掌の宿 庄七

●ごかやまがっしょうのやど しょうしち

| 1泊2食 | 12960円～ |

MAP P.77

佇立在相倉集落，屋齡200年的合掌造住宿。1天限定2組客人能接受溫暖的款待。晚餐能一邊圍著地爐，一邊品嘗使用當地食材的季節料理。與女老闆談話也很療癒。

☎0763-66-2206
南砺市相倉421
IN15:00 OUT10:00
JR城端站搭加越能巴士23分，相倉口下車 P免費

圍著地爐悠閒放鬆的住宿

2樓
也能看見合掌造的屋頂內部！

庄七の湯
お風呂
大浴池

地爐
興建當時的樣貌仍保留至今

料理
女老闆含心意的特製料理格外美味

客房
基本上也能使用6張榻榻米房2間連通的大房間

有如傳說中的舞臺一般

住進 合掌造 的建築吧

五箇山和白川鄉也有不僅能參觀還能住宿的合掌造建築。只要回想起建築物的構造和日本古老時代的生活，似乎就能度過會留在回憶中的珍貴夜晚。

相倉集落 五箇山合掌民宿 勇助

●ごかやまがっしょうみんしゅく ゆうすけ

| 1泊2食 | 12000円～ |
| | (冬季暖氣費500円) |

MAP P.77

明治元（1868）年興建的合掌造建築，能治癒旅行的疲勞。原為攝影師的老闆會講述五箇山的魅力，十分有趣。房客以外的人在10～15時也能付費參觀館內。

☎0763-66-2555
南砺市相倉591
IN15:30 OUT9:30
JR城端站搭加越能巴士23分，相倉口下車，步行7分 P免費

1天1組的悠閒放鬆住宿

圍著地爐用餐

相倉集落 與茂四郎

●よもしろう

| 1泊2食 | 9200円～ |
| | (冬季暖氣費400円) |

MAP P.77

屋齡200年以上的合掌民宿，直爽的夫妻會迎接房客。在14張榻榻米大小的地爐旁，房客齊聚的晚餐或餐後的聊天也是一大樂趣。位在相倉合掌集落中央，散步也很方便。

☎0763-66-2377
南砺市相倉395
IN15:00 OUT10:00
JR城端站搭加越能巴士23分，相倉口下車，步行10分 P免費

悠閒舒適的住宿

風情十足的氛圍

確認建築物內部！

合掌屋是因為屋頂形似雙手合掌的形狀，所以才取了這個名字。
整棟建築到處都充滿人類生活在豪雪地帶的智慧，只要住在這種住宿，肯定連回憶都會變得特別。

屋頂
為了承受雪的重量，並減輕鏟除屋頂積雪的辛勞，因而變成幾乎呈60度的陡峭斜面。每年4月會進行屋頂上面的棟茅維修。

小屋組
完全沒用釘子等五金零件，只使用把日本金縷梅樹軟化製成的「螺絲」和稻草繩等自然素材固定。

ないじん(佛堂)
在熱烈信奉淨土真宗的白川鄉和五箇山，各個家庭都會擺設莊嚴的佛龕。

あま(屋頂內部)
位在屋頂內部，2樓到4樓的空間。過去主要用來當作養蠶的作業場所。

ゆるり(地爐)
設置在大家族聚集的「おえ(客廳)」和「だいどこ(廚房兼餐廳)」中間。

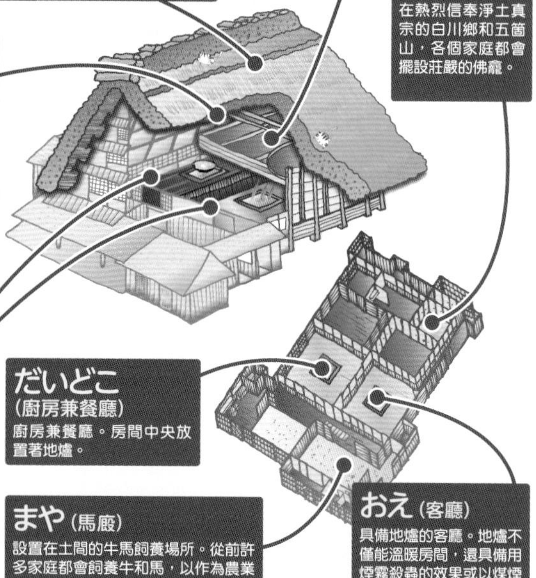

だいどこ(廚房兼餐廳)
廚房兼餐廳。房間中央放置著地爐。

まや(馬廄)
設置在土間的牛馬飼養場所。從前許多家庭都會飼養牛和馬，以作為農業作業的重要勞動力。

おえ(客廳)
具備地爐的客廳。地爐不僅能溫暖房間，還具備能以煙霧殺蟲的效果或以煤煙讓建材更強韌的作用。

五箇山·白川鄉·砺波·城端·井波

住進合掌造的建築吧／區域導覽

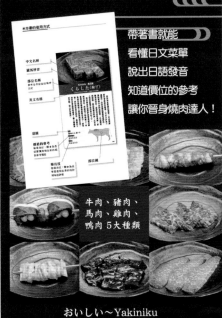

五箇山 ｜ MAP P.77

まつや
📞0763-66-2631　美食

歷史悠久的五箇山休憩所

位在相倉集落的合掌造茶屋兼休憩所。這家老店從大正時代開始就在五箇山街道販售日用品和酒、食品。能品嘗五箇山特有的料理和甜點，就連民俗工藝品等伴手禮也是豐富齊全。

🕐8:30～17:00　休無休　所南砺市相倉445　交JR城端站搭加越能巴士23分，相倉口下車，步行7分　P無

¥預算午1650円

4次配合季節改變菜單｜配色很美的まつや定食1650円。每年

五箇山 ｜ MAP P.77

拾遍舍
●じっぺんしゃ　📞0763-66-2744　美食

風味豐富的石臼研磨手打蕎麥麵

使用五箇山名產豆腐的料理和蕎麥麵的店。「竹籠蕎麥麵」能享用以石臼研磨的蕎麥粉的芳醇香氣，「豆腐蕎麥麵」則是用蕎麥湯麵搭配油炸豆腐，全都廣受好評。

🕐11:00～15:30（蕎麥麵售完打烊）　休週三　所南砺市上梨747　交JR城端站搭加越能巴士32分，上梨下車即到　P免費

¥預算午1400円

籠蕎麥麵1100円｜豐富的香氣擴散開來·口感滑順的竹

五箇山 ｜ MAP P.77

静寂の宿 五箇山温泉 五箇山荘
●せいじゃくのやどごかやまおんせんごかさんそう　📞0763-66-2316　住宿

凝縮著五箇山魅力的住宿

能盡情享用五箇山的美食，像是鹽燒岩魚或天婦羅、五箇山豆腐、地酒等。除此之外，住宿環境還有自然環境圍繞的露天浴池和整潔的大廳，並具備盡心的款待和高滿意度。

🕐IN15:00　OUT10:00　¥1泊2食11000円～　所南砺市田向333-1　交JR城端站搭加越能巴士32分，上梨下車，步行8分（上梨巴士站有接送服務，需預約）　P免費

露天浴池即使不住宿·入浴也OK（500円）

五箇山 ｜ MAP P.77

行德寺
●ぎょうとくじ　📞0763-67-3302　景點

室町時代末期開設的古寺

淨土真宗的古剎。蒙受蓮如教導的赤尾道宗所創設，用來當作念佛道場。除了本堂和茅葺屋頂的山門之外，也附設遺德館。展示道宗所記錄的書籍和蓮如的真跡。

🕐境內自由（遺德館為9:00～16:00，需預約）　休無休（遺德館為12～隔年3月休）　¥遺德館300円　所南砺市西赤尾町825　交JR城端站搭加越能巴士45分，西赤尾下車即到　P免費

風格獨特的茅葺山門

PICK UP

和世界遺產有關的服務處也是合掌造

改裝屋齡200年的合掌造「こきりこ唄の館」1樓部分，現已成為觀光服務處。展示室和資訊區會傳達鄉土藝能和五箇山和紙的魅力等訊息。

前往在五箇山觀光時，請務必順道

五箇山綜合服務處 ｜ MAP P.77
●ごかやまそうごうあんないじょ
📞0763-66-2468
🕐9:00～17:00　休無休　¥免費　所南砺市上梨754　交JR城端站搭加越能巴士32分，上梨下車即到　P免費

五箇山 ｜ MAP P.77

茶房 掌
●さぼう てのひら　📞0763-67-3066　咖啡廳

菅沼集落內唯一的咖啡廳

位在菅沼合掌造集落內的唯一一家咖啡廳。能品嘗甜度適中的自製蛋糕和蕎麥糰子、抹茶（附五箇山點心）和咖啡。若在不忙的時候，還能選擇喜歡的餐具，十分有趣。

🕐10:00～16:00（夏季為～17:00）　休週二（逢假日則營業）　所南砺市菅沼400　交JR城端站搭加越能巴士38分，菅沼下車即到　P無

自製烤起司蛋糕400円和特調咖啡500円

從鄰近村落遷移過來的合掌屋展示在室外

❶ 野外博物館 合掌造民家園

★やがいはくぶつかん がっしょうづくりみんかえん

公開展示以保存為目的，從村內遷移過來的合掌造民宅等25棟合掌建築物。屋齡250年以上的山下陽朗家住宅等歷史性文化遺產也很多。走進裡面，還能參觀的建築物，可以親身體驗從前的生活。

☎05769-6-1231　MAP P.80
🕐8:40～16:40（有季節性變動）休無休（12～隔年3月為週四休，逢假日則前日休）¥600円 所岐阜縣白川村荻町2499 🚌白川鄉巴士轉運站步行15分

縣重要文化財的中野長治郎家住宅。
有茶飲招待

也能參加手作體驗！
（4月初旬～10月下旬，需預約）

手打蕎麥麵　約2小時
1人2000円、2人3000円
從蕎麥麵粉開始揉製，完成後的蕎麥麵能當場煮熟品嘗。

稻草手工藝　單腳:1小時30分～
單腳1000円、雙腳1500円

從絕景景點的展望台 一望整個村落吧

❷ お食事処 お土産処 天守閣

★おしょくじどころ おみやげどころ てんしゅかく

天守閣是一家餐廳兼伴手禮店，位在距離合掌村落稍遠的高地上，且有免費開放的展望台，能一望荻町合掌集落和豐富自然景觀遍布的白山連峰。伴手禮店具備當地吉祥物和猿寶寶商品、民俗工藝品、知名點心等豐富產品。

☎05769-6-1728　MAP P.80
🕐休自由參觀 所岐阜縣白川村荻町2269-1 🚌白川鄉巴士轉運站即到的接駁巴士乘車處搭乘白山計程車15分 Ｐ無

暢遊合掌造的街道

白川鄉・荻町集落 散步

不僅能參觀村落的風景和合掌造民宅，還能享受美食和購物的經典行程。盡情感受白川鄉的魅力吧。

經典路線
需要 4小時半

START
SESERAGI 公園停車場
步行3分

❶ 野外博物館 合掌造 民家園
步行和巴士為20分
步行至前往展望台的接駁巴士乘車處5分＋巴士15分
※步行往合費30分，因此推薦利用巴士。1小時運行3班

❷ お食事処 お土産処 天守閣
步行10分

❸ お食事処 いろり
步行即到

❹ こびき屋
步行8分

❺ 明善寺鄉土館
步行即到

❻ 喫茶 落人

SESERAGI公園停車場 停車場資訊
8:00～17:00，約200輛，1次1000円
※冬季點燈的舉辦期間於17時以後，普通車不能停車。15時以前必須移動到臨時停車場

是這樣的地方！

ACCESS

🚗 車	🚌 巴士
東海北陸自動車道	
白川鄉IC	高岡站
🕐10分	加越能巴士（世界遺產巴士）🕐2小時10分
↕4km	¥1800円
156	156
白川鄉	白川鄉

MAP P.80

洽詢
白川鄉觀光協會
☎05769-6-1013
白川村觀光振興課 商工觀光係
☎05769-6-1311

地圖

2 お食事処 お土産処 天守閣
白川鄉IC
美食 ます園 文助 P83
荻町城跡 展望台
住宿 合掌民宿 わだや P83
❸ お食事処 いろり
白川鄉轉運站
美食 白水園 P82
往展望台的接駁巴士乘車處
溫泉 白川鄉之湯 P82
こびき屋
❹
和田家
每20分鐘運行
156
P81
今藤商店
庄川
SESERAGI公園停車場（收費）
荻町合掌集落
景點 合掌造 焢油美術館 P82
美食 今昔 P82
❻ 喫茶 落人
美食 ちとせ
P
購物 元氣な野菜館 P82
であい橋
美食 手打ちそば處 乃むら P82
❺ 明善寺鄉土館
總合案內 であいの館
購物 恵びす屋 P83
車輛通行 管制區間 9:00～16:00
❶ 野外博物館 合掌造民家園
高原のひるがの→
景點 濁酒祭之館 P82
美食 基太の庄 P83
周邊MAP P.95

在民俗工藝品和當地美食齊聚的伴手禮店購物

各個季節在當地採收的農產品也一字排開

④ こびき屋

★こびきや

MAP P.80

📞 05769-6-1261

🕐 9:00～17:00（有季節性變動）
🚫 不定休 📍 岐阜縣白川村荻町286
🚌 白川鄉巴士轉運站步行3分

手工民俗工藝品和當地知名點心、漬物、地酒等白川鄉伴手禮豐富齊全。以合掌造或猿寶寶為主題的小物也廣受歡迎。從店前的街道往南走100m，有專賣豆菓子和漬物的姊妹店。

合掌造橡皮筋掛勾 →
380円 附磁鐵。也有積雪的冬天版本

介紹秋季的傳統祭典

白川鄉濁酒祭

白川鄉會在村內的神社進行濁酒製作，以作為祈求豐收的祭神活動，每年10月14～19日這6天期間會舉行奉納祭。那一年釀造的濁酒會作為祭典的神酒招待香客。

MAP P.95 B-5
📞 05769-6-1311
（白川村觀光振興課）
📍 岐阜縣白川村（白川八幡宮、鳩谷八幡神社、飯島八幡神社等）
※視時間表而異

濁酒是什麼？
此為混濁酒，是把殘留在米麴和酒粕中的酵母等材料放入煮好的米飯中釀造而成。招待祭典香客的白川鄉濁酒除了提供試喝的濁酒祭之館（P.82）以外，鮮少供人飲用。

想要邊走邊吃！人氣的濁酒甜點

添加飛驒地酒，以重現濁酒的風味。用米香表現出濁酒的米粒。販售為4～11月。

今藤商店 ★こんどうしょうてん

MAP P.80
📞 05769-6-1041
🕐 9:00～18:00 🚫 不定休 📍 岐阜縣白川村荻町226 🚌 白川鄉巴士轉運站步行4分

濁酒風味霜淇淋 350円

推薦菜單是烤豆腐定食（1296円）

💴 預算 午1000円

山村特有的樸素滋味讓心靈和肚子大大滿足

③ お食事処 いろり

★おしょくじどころいろり

能品嘗樸素的鄉土料理，食材使用以堅硬口感為特徵的合掌豆腐和當地採摘的山菜。以定食為主的蕎麥麵和烏龍麵等麵類也豐富多樣。在有地爐的風情十足氣氛中享用當地美食吧。

MAP P.80
📞 05769-6-1737 🕐 10:00～14:00
🚫 不定休 📍 岐阜縣白川村荻町374-1
🚌 白川鄉巴士轉運站步行3分

店面活用了合掌造民宅，風情十足

⑤ 明善寺鄉土館

★みょうぜんじきょうどかん

📞 05769-6-1009 MAP P.80
🕐 8:30～17:00（12～隔年3月為9:00～16:00）🚫 不定休 💴 300円
📍 岐阜縣白川村荻町679 🚌 白川鄉巴士轉運站步行9分

本堂和鐘樓門、庫裏等3棟為合掌造建築的淨土真宗寺院。在能參觀內部的庫裏中，展示著農具和木工家具、烹飪工具等民俗資料。此外，能從2樓看見的村落景色也很秀麗，是人氣的眺望景點。

庫裏為文化14（1817）年興建

前往約260年前興建的合掌造寺院

天台宗建築一脈相傳的茅葺鐘樓門

適合當作散步結尾的閑靜空間

⑥ 喫茶 落人

★きっさおちゅうど

名產是以店內地爐烹煮的手工紅豆湯。各自從地爐的鍋中盛到餐具裡，自由地享受再來一碗的樂趣。連同使用天然水沖泡的香醇咖啡，享受一段溫暖療癒的時光吧。

MAP P.80
📞 05769-6-1603
🕐 11:00～16:30 🚫 不定休 📍 岐阜縣白川村荻町792 🚌 白川鄉巴士轉運站步行10分

地爐的鍋子裡裝滿紅豆湯

紅豆湯（700円）、咖啡（500円）。夏天連冰紅豆湯也很受歡迎

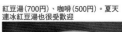

在合掌造的咖啡廳大啖手工紅豆湯

今昔
●こんじゃく

☎05769-6-1569
美食

品嘗鄉土料理稍作休息
在合掌造的店內享用甜點和輕食。能品嘗鄉土料理的清湯和自製糰子紅豆湯（各600円）等餐點。
🕙10:00～15:30　休不定休
所岐阜縣白川村荻町445
🚌白川鄉巴士轉運站步行10分

¥預算 700円～

糰子紅豆湯（600円）

白水園
●はくすいえん
☎05769-6-1200
美食

飛驒罕見的熊鍋廣受歡迎
不僅提供飛驒牛和山菜料理、蕎麥麵等鄉土料理，也是白川鄉唯一能吃到熊鍋的合掌造店鋪。品嘗熊肉特有的可口滋味吧。
🕙11:30～15:00　休不定休　所岐阜縣白川村荻町354
🚌白川鄉巴士轉運站即到
Ｐ免費

¥預算 午1700円

使用豐盛熊肉的おやじ和膳（2300円）。熊肉不足時可能也有無法販售的情況

合掌造 焰仁美術館
●がっしょうづくり
　ほむらじんびじゅつかん

☎05769-6-1967
景點

合掌造和藝術品的合作
在白川鄉開設工作室且持續創造出獨特作品的焰仁氏，把作品和建築物捐贈給村中，因此才有了這家美術館。在合掌造的建築物中欣賞藝術品。
🕙4/20～11/20的9:30～16:00　休期間中週三　¥入館費300円　所岐阜縣白川村荻町2483　🚌白川鄉巴士轉運站步行15分

罕見的合掌造美術館

元気な野菜館
●げんきなやさいかん
☎05769-6-1377
購物

當地的新鮮蔬菜一字排開
主要販售現採蔬菜和手工漬物等當地食材的商店。手工家常菜和甜點廣獲好評，也能在內用區品嘗。
🕙11:00～17:00　休不定休
所岐阜縣白川村荻町小呂2483
🚌白川鄉巴士轉運站步行12分

現採蔬菜每一種都色彩繽紛

手打ちそば処 乃むら
●てうちそばどころ のむら
☎05769-6-1508
美食

能享受滑順口感的白川鄉手打蕎麥麵
僅有17個吧檯座位的蕎麥麵小店，深受當地顧客支持。手打蕎麥麵80%使用當地產蕎麥麵粉，再以白山山系的清水揉製而成，並以強勁的彈性而自豪。
🕙11:00～15:30（蕎麥麵售完打烊）　休不定休　所岐阜縣白川村荻町779　🚌白川鄉巴士轉運站步行7分　Ｐ免費

¥預算 午850円～

盛蕎麥麵（850円）。附舞菇飯的套餐為1050円

濁酒祭之館
●どぶろくまつりのやかた

☎05769-6-1655
景點

以人偶和模型重現濁酒祭
採用影片和實物資料介紹荻町地區在10月14～15日舉行的「濁酒祭」。入館者能試喝在神社釀造的珍貴御神酒。
🕙9:00～17:00　休10月13～16日、12～隔年3月　¥300円　所岐阜縣白川村荻町559　🚌白川鄉巴士轉運站步行15分

位在白川八幡宮的境內，也能參觀神社的寶物

白川鄉之湯
●しらかわごうのゆ

☎05769-6-0026
溫泉

能感受世界遺產風情的天然溫泉
在全國的世界遺產當中，第一家附天然溫泉的住宿設施。以絕景露天浴池而自豪，能一邊眺望白山連峰和合掌集落、庄川一邊泡湯。也有三溫暖和按摩浴池。
🕙7:00～21:00　休無休　¥成人700円、小孩300円
所岐阜縣白川村荻町337　🚌白川鄉巴士轉運站即到
Ｐ免費

泉質為氯化鈉溫泉，身體會從內部溫暖起來，廣獲好評

TOYOTA白川鄉自然學校
●とよたしらかわごうしぜんがっこう
☎05769-6-1187
玩樂

MAP P.95 B-5

位在白山山麓，附飯店的自然學校
廣告標語是「大人走在登山道吧，小孩在森林中變強壯吧」。不僅會舉辦任何人都能暢玩的活動，連飯店般的客房和溫泉也很完善，還會提供法式晚餐。在雄偉的大自然中悠閒地放鬆吧。

建築物以世界遺產白川鄉的合掌屋為造型主題

自然體驗活動也有能當天來參加的類型

🕙IN15:00　OUT10:00
¥1泊2食10900円～（1人費用。視客房類型、使用人數而異）　所岐阜縣白川村馬狩223
🚌白川鄉IC6km
Ｐ免費

全年都備有許多自然體驗活動

MAP P.95B-5

旅行要點！

每30年舉行一次的屋頂茅草更換作業。全員多達100～200位的村民會同心協力花費1～2天更換一間房舍的屋頂茅草。不論是割取茅草、在屋頂綁茅草，從小孩到大人都相當於無償勞動。正是這種地區的凝聚力維持著漂亮的景觀。

村民全員出動更換屋頂茅草果真足區域凝聚力的鐵證

←需要許多人手的屋頂茅草更換

白川鄉
白山白川鄉白色公路
●はくさんしらかわごうほわいとろーど

📞 0577-33-1111
（岐阜県森林公社高山出張所）

景點

能親身體驗自然之美的觀光道路
這條全長約達33.3km的山岳道路，連結世界遺產白川鄉和石川縣白山市，舊名為白山超級林道。能在白山連峰的豐富自然景觀中享受自駕的樂趣，特別是紅葉季的群樹交織出的美景更是美不勝收，每年造訪的人也很多。

⏱9月下旬到11月上旬能欣賞紅葉

←能輕鬆登到山頂的三方岩岳

←葫蘆大瀑布是高地落差86m的蛇谷中最大的瀑布

⏱6～8月為7:00～18:00、9～11月為8:00～17:00 🈺11月中旬～6月上旬 🈯單程費用（普通車）1600円、（輕型車）1400円（只要在收費區間返程，就能用單程費用通行） 🚗岐阜県白川村鳩谷～石川縣尾添 🅿免費

白川鄉
ます園 文助
●ますえん ぶんすけ

📞 05769-6-1268

美食

用多彩多姿的全餐享用以湧水培育的川魚
烹調在引入湧水的水槽中游泳的岩魚和石川鮭魚、虹鱒。川魚是點餐後現撈，再做成鹽燒、生魚片等各式各樣的料理。

⏱9:00～20:00（11:00～15:00以外需預約）
🈺不定休 🚗岐阜県白川村荻町1915 🅿免費

→位在距離村落稍遠的地方，店內彌漫著閑靜氣圍

💴預算
午1700円
晚2200円

ます園定食 2420円
此定食大量使用當地捕獲的川魚。使用老闆親自在山裡採摘的山菜製作的料理也很推薦。

白川鄉
基太の庄
●きたのしょう

📞 05769-6-1506

美食

在屋齡超過250年的建築物中品嘗飛驒美食
能享用飛驒山珍海味的菜單一字排開，像是自行調味米麴味噌的朴葉味噌料理、蕎麥麵和烏龍麵、岩魚的岩燒定食。也有伴手禮區，能用來挑選民俗工藝品和當地點心等伴手禮。

💴預算
午1500円

←朴葉味噌和飛驒牛搭配絕妙的「飛驒牛味噌牛排2300円」

←店內寬敞，但預約也很多，因此推薦事先預約

⏱11:00～14:00（視星期而異，因此需確認） 🈺不定休、10月13～14日、12月下旬～隔年1月中旬 🚗岐阜県白川村荻町2671-1 🚌白川鄉巴士轉運站步行15分 🅿免費

←店內也有地爐，遍布著舒暢空間

白川鄉
合掌民宿 わだや
●がっしょうみんしゅく わだや

📞 05769-6-1561

住宿

在明治時期的合掌造建築度過寧靜夜晚
身為專業屋頂修葺工匠的老闆所經營的住宿。有5間客房，容納人數為10人，雖然規模很小，但是因為老闆和老闆娘待客真誠直率，所以回流客也很多。舒適自在的空間很迷人。

⏱IN15:00 OUT9:00 💴1泊2食10000円～（10～4月會另收暖房費800円） 🚌白川鄉巴士轉運站步行14分 🅿免費

←老闆娘大展廚藝的料理裝有飛驒牛和當地生產的川魚、當季山菜等豐盛的山村美食

白川鄉
ちとせ

📞 05769-6-1559

購物

樸素的點心豐富齊全
飛驒牛饅頭（1顆500円）廣受歡迎的店。五平餅和御手洗糰子等樸素點心一應俱全。

⏱12:00～15:30 🈺不定休
🚌白川鄉巴士轉運站步行8分

↗分量飽滿的飛驒牛饅頭

白川鄉
惠びす屋
●えびすや

📞 05769-6-1250

購物

購買名產的濁酒甜點吧
白川鄉特產品、飛驒的民俗工藝品和地酒等商品豐富齊全。濁酒羊羹（1條450円）等名產的濁酒風味甜點廣受歡迎。

⏱9:00～17:00（有季節性變動） 🈺不定休
🚗岐阜県白川村荻町89-2 🚌白川鄉巴士轉運站步行8分

→散發輕微酒香的濁酒煎餅（右：16片裝500円）

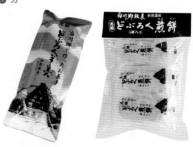

砺波以鬱金香栽培面積全國No.1的實績而自豪，是全年都能親近鬱金香的街道。其中在黃金週舉辦的「砺波鬱金香博覽會」是國內最大規模的活動，能欣賞多達300萬株色彩繽紛的鬱金香爭奇鬥艷。

2019年
4月22日～5月5日
in 砺波鬱金香公園

砺波鬱金香博覽會

精彩之處徹底導覽

博覽會DATA

時間	8:30～17:30（最終入園為17:00）
費用	高中生以上1000円

（中小學生300円 ※5月5日中小學生免費）
| 會場 | 砺波市花園町1-32 砺波鬱金香公園 |
| 交通方式 | JR砺波站步行15分 |

舉辦期間有免費接駁巴士運行，搭乘JR者有入園費折扣
| 停車場 | 3700輛（500円）|
| 洽詢 | 0763-33-7716（鬱金香四季彩館）|

●會場周邊有交通管制，因此推薦利用大眾運輸工具
●開車移動時，請從砺波IC或高岡砺波SIC依照導覽看板行駛

MAP P.85 A-1

---

③ 水上花壇

在砺波規劃以鬱金香的水耕栽培為基礎。色彩繽紛的鬱金香漂浮在水面上的模樣也很可愛

暢遊博覽會！
經典路線

速遊路線　約1小時
欣賞用21萬株鬱金香繪製的地上畫

北門▶①鬱金香塔（大花壇）▶②花之大谷▶鬱金香四季彩館·繽紛花園▶北門

慢遊路線　約3小時
連同整個博覽會和伴手禮、美食一起享受!

北門▶①鬱金香塔（大花壇）▶②花之大谷▶③水上花壇▶④水車苑荷蘭風花壇▶鬱金香四季彩館·繽紛花園▶美食廣場▶北門

公路休息站·砺波 となみ野之郷
巴士停車場　免費接駁巴士乘車處　普通車停車場
觀光服務處　北門

① 大花壇
砺波市文化会館
鬱金香塔　鬱金香全景露臺

奇妙花園
展示果香氣味的品種「Ballerina」。

壯觀的鬱金香地上畫。從鬱金香塔和鬱金香全景露臺能環視整座大花壇

鬱金香四季彩館
荷蘭風花壇
砺波市美術館
繽紛花園
旧中嶋家
美食廣場
野外舞臺
花路
砺波鄉土資料館

② 花之大谷
以「雪之大谷」為印象打造，長30m的3萬株鬱金香迴廊。會場上半期為白色鬱金香，下半期會變成色彩繽紛的鬱金香，十分值得一看

④ 水車苑
往鬱金香農場·庄下會場→

國內最大規模的5連抽水水車一字排開。除了鬱金香之外，也能一同欣賞水仙、枝垂櫻

富山的原生品種也要關注！

黃小町
花很大朵，保鮮期也不錯。富山的代表品種

夢之紫
深紅紫色的百合型品種。最適合插花或種在花壇

白雪姬
牛奶白的柔和花朵。帶有分量，適合種在花壇

● 鬱金香博覽會 實惠知識

① 贈送人氣的鬱金香球根當作禮物！
只要在會場內舉行的「人氣花壇競賽」中選擇喜歡的花壇投票，就會從中抽選200人贈送球根當作禮物。

② 持博覽會門票能免費暢遊周邊設施！
● TONAMI散居村博物館　**P.85**
● 砺波市出町子供歌舞伎曳山会館　**P.85**
● かいにょ苑（地圖 P.85A-2）
● 庄川水資料館·庄川美術館（庄川水紀念公園內）　**P.89**

③ 遊覽周邊的鬱金香農場
※因為是生產者的農場，所以和博覽會可能是不同會期

會場	●鬱金香農場高液會場 ●鬱金香農場庄下會場
免費巴士運行	路線　公路休息站砺波 觀光服務處→高液會場→庄下會場
	時間　預定1天運行4班（9:30、11:00、13:30、15:00）

全年綻放！公園內景點

鬱金香四季彩館
● ちゅーりっぷしきさいかん

能學習鬱金香相關歷史和文化的博物館。能欣賞四季彩館採用獨家技術讓花朵全年綻放的鬱金香，9～12月能購買鬱金香的球根。附設的「カフェ かくれ庵」的鬱金香霜淇淋也很推薦。

鬱金香霜淇淋 350円

Pallet Garden

5000株鬱金香的花朵完全盛開，宛如萬花筒的奇妙空間

博物館商店

鬱金香熊（大2160円）等人氣的鬱金香商品豐富多樣

✆0763-33-7716　🕐9:00～18:00
🚫更換展示等原因的休館日　¥310円（鬱金香博覽會期間含包含博覽會入場費）📍砺波市中村100-1　🚃JR砺波站步行15分　🅿️免費（鬱金香博覽會期間為收費）**MAP P.85 A-1**

ACCESS

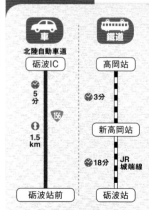

🚗 車
北陸自動車道

砺波IC
⏱5分
🚗156
↕1.5 km
砺波站前

🚆 鐵道

高岡站
⏱3分
新高岡站
⏱18分
JR城端線
砺波站

MAP P.85

洽詢
砺波市商工觀光課
✆0763-33-1111

84

五箇山·白川鄉·砺波·城端·井波

砺波鬱金香博覽會／區域導覽

砺波　**MAP P.85 A-2**

TONAMI散居村博物館
●となみさんきょそんみゅーじあむ　☎0763-34-7180　景點

遍布在砺波平原，全國最大規模的散居村
把腹地內的傳統民宅和屋敷林恢復原狀，並介紹散居景觀的美妙之處和從前的傳統文化。

🕐9:00～17:30
休週三、第3週四（逢假日則開館）
¥民具館為100円　所砺波市太郎丸80
交JR砺波站搭計程車5分　P免費

用老舊的生活用具解說從前的生活樣貌

砺波　**MAP P.97 C-5**

散居村展望台
●さんきょそんてんぼうだい　☎0763-33-1111（砺波市商工觀光課）　景點

所需時間 **30分**

飽覽連綿至地平線的散居村絕景
砺波平原有屋敷林環繞的散居村散布在各處，可謂日本原生風景的景色一覽無遺。想眺望這種景色則推薦散居村展望台，能一望隨著季節和時間變化的景觀，不論待多久都看不膩。

能一望布滿田園風景的砺波平原

村落和農田染上夕陽色彩的光景美不勝收

🕐自由參觀
休12～隔年3月
所砺波市五谷八布施22-3
交JR砺波站搭計程車30分
P免費

當地小朋友也喜歡的散居村展望台

砺波　**MAP P.97 B-5**

木の駅木芸館
●きのえきもくげいかん　☎0763-82-1457　購物

肯定能找到珍藏品
能從欅木等5種木材中挑選的健康穴道按摩棒、手掌穴位按摩球，作為伴手禮都廣受歡迎。除此之外，井波雕刻或使用產地材料的餐具和器皿等小物類商品也很豐富齊全。

🕐9:00～18:00
休不定休　¥免費　所砺波市庄川町天正136　交JR砺波站搭加越能巴士17分，天正下車，步行3分　P免費

在館內還能參觀工匠製作木工藝品

砺波　**MAP P.85 A-2**

農家レストラン大門
●のうかれすとらんおおかど　☎0763-33-0088　美食

能享用砺波的美食
這家餐廳活用了位在散居村的120年屋齡老宅。中午和晚上會準備採用鄉土料理或名產大門素麵的全餐，以宣揚砺波的飲食文化。食材也堅持使用素麵和大門庄川的柚子、砺波的洋蔥等當地產物。

🕐11:00～14:00、17:00～22:00（晚上需於2天前預約）　休無休　所砺波市大門165　交JR砺波站搭計程車8分　P免費

午餐的傳承料理戀茜2700円

¥預算 午2000円 晚5000円

砺波　**MAP P.85 A-1**

砺波市出町子供歌舞伎曳山會館
●となみしでまちこどもかぶきひきやまかいかん　☎0763-32-7075　景點

學習超過200年的傳統藝能
此設施會介紹每年春天舉行的出町子供歌舞伎曳山祭。展示及公開以3座曳山花車為主的各種資料和服裝、小道具。

🕐9:00～21:00（展示室為～17:00）
休週三、第3週四（逢假日則開館）
¥免費（展示室為210円）　所砺波市出町中央5-4
交JR砺波站步行10分　P免費

會館以「ゆめっこホール」的愛稱廣為人知

砺波市
1:50,000
周邊圖 P.97
0────500m

● 景點·玩樂　● 美食
● 溫泉　　　● 購物　● 住宿

砺波市出町子供歌舞伎曳山會館 P.85

公路休息站 砺波 P.85

鬱金香四季彩館

砺波鬱金香博覽會 P.84

農家餐廳 大門 P.85

TONAMI散居村博物館 P.85

砺波　**MAP P.85 A-1**

公路休息站 砺波
●みちのえき となみ　☎0763-58-5831　購物

各種砺波伴手禮應有盡有
砺波的特產品豐富齊全。在農產品直賣所「となみ野の鄉」中，早上現採的新鮮蔬菜和豐富的鬱金香商品一應俱全。除此之外，特產的大門素麵也是人氣商品之一。

🕐9:00～18:00（餐廳為11:00～22:00）
休無休（餐廳為第3週四休）　所砺波市宮沢町3-11
交JR砺波站步行15分　P免費

使用當地食材的餐廳「砺波そだち」也廣受歡迎。左上角照片為觀光服務處

旅行要點！

除了鬱金香博覽會以外，還有許多活動！

4月28日、29日舉行的「TONAMIism2018～花のまちフェス～」製作採用鬱金香打造的花卉地毯和植物標本塔，也有舞臺活動。10月中旬在鬱金香四季彩館舉辦的「砺波鬱金香球根祭」會販售許多富山縣產的球根。

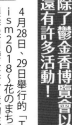
砺見的植物標本塔一定要看

有許多種類的鬱金香球根

城端
·じょうはな

城端是個小城鎮但標高卻有差距，因此又以斜坡街道而聞名。有許多帶有風情的斜坡和小路，而且沒有車輛通行，因此推薦以步行的方式暢遊。

城端絹是？

這種絹織物擁有傳承自戰國時代的歷史。在江戶時代憑藉加賀藩的庇護而發展起來，和小松（石川縣）的製品同為「加賀絹」因而備受重視。從前使用五箇山或福光的蠶繭或蠶絲製成。絹的絲滑觸感和手織的感覺十分高雅。

是這樣的地方！

城端保留著譽為越中小京都的古老街道。能觀賞當地代代相傳的歷史，像是歷史悠久的城端絹、持續300年以上的曳山祭等等。

因 **絹織品** 而繁榮的城鎮
城端 悠閒 散步

柔和光線通過的絓絹門簾

從奇蹟的蠶繭中誕生的美麗「絓絹」

工廠參觀

瞭解 松井機業
●まついきぎょう

明治10（1877）年創業。使用2隻蠶所製作的珍貴蠶繭編織「絓絹」。也販售以自家公司品牌「JOHANAS」為首的商品。

禮金袋（大）864円・禮金袋1620円

第6代 松井紀子小姐

☎0763-62-1230
🕐13:00〜17:00 休週六、週日
💴工廠參觀600円（預約制、附伴手禮）所南砺市城端3393
🚉JR城端站步行15分 Ｐ免費
🗺P.87 A-2

2隻蠶一起製作的蠶繭很罕見
和普通的蠶繭比較的

關注可愛的街道

▼大正8（1919）年左右興建的舊城端醬油培菌室

▲夾在倉庫建築之間，通稱「山田的小路」

▲川島通り。延續自大正時期的絹織品工廠的走廊

在復古的洋館接觸織物

磚造的舊城端織物組合建築物（國家有形文化財）

城端編織館
●じょうはなおりやかた

能輕鬆享受手織體驗的樂趣。商店主要販售員工在體驗空間兼工房手工編織的原創商品。

體驗

絹手織體驗
能從30分鐘的課程開始輕鬆體驗

☎0763-62-8880
🕐10:00〜17:30（視時期而異）、織物體驗為〜15:30（需預約）休週三（逢假日則開館）💴免費入館（絹手織體驗1100円〜）所南砺市城端648-1
🚉JR城端站步行12分 Ｐ免費
🗺P.87 A-2

緹花編織的相機背帶 5400円

在老牌菓子店的咖啡廳稍作休息

珈琲茶房 善哉
こーひーさぼう ぜんざい

移建自科文的茶室

閑靜舒適的和風咖啡廳

由天保3（1832）年創業的菓子店・田村萬盛堂所經營。招牌菜單是添加紅白柔軟年糕「結び餅」的善哉，分量十分飽滿。

☎0763-62-0124（田村萬盛堂）
🕐13:00〜16:30 休週二、週三、週一、週四不定休 所南砺市城端175田村萬盛堂2F
🚉JR城端站步行10分 Ｐ免費 🗺P.87 A-1

戀愛結緣善哉 680円（附咖啡880円）

ANGO 安居
あんご やすい

還想再吃的新食感甜點

明治42（1909）年創業的老牌菓子店。日洋合璧的甜點「麻糬費南雪」是吃上癮的口感。櫻花、艾草等依照季節改變的風味也讓人心滿意足。

☎0763-62-0115
🕐10:00〜19:00 休週一 所南砺市城端70
🚉JR城端站步行8分 Ｐ免費
🗺P.87 A-1

1個麻糬費南雪180円

迎神隊伍在縣內僅這裡才有！

採用古老迎神隊伍的形式，不只有曳山花車，還有獅子舞和神輿、釣鉾相一同遊行。

城端曳山祭 5/4・5

正在散步時突然出現的古刹

公開部分寶物的虫干法會也要確認（7月）

景點 城端別院 善德寺
●じょうはなべついん ぜんとくじ

真宗大谷派的古刹。到處都能看見各時代的建築樣式，在虫干法會上能參觀貴重的古文書和寶物。

☎0763-62-0026 🕐9:00〜16:30
休無休 💴自由參拜（參拜導覽400円、10名〜、需預約）所南砺市城端405
🚉JR城端站步行10分 Ｐ免費
🗺P.87 A-1

美麗外觀讓人著迷的城端曳山花車

祭典的夜晚在館內能模擬體驗

城端曳山會館
●じょうはなひきやまかいかん

時常展示城端曳山祭的曳山花車和庵屋台。曳山花車可謂工匠集大成之作，上面施加著精緻雕刻和塗漆的奢華感十分出眾。

也能觀賞曳山祭的影片！

☎0763-62-2165
🕐9:00〜17:00
休無休 💴510円
所南砺市城端579-3
🚉JR城端站步行10分 Ｐ免費
🗺P.87 A-1

館長 山下茂樹先生

ACCESS

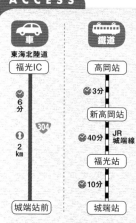

車	鐵道
東海北陸道	
福光IC	高岡站
⬇6分	⬇3分
	新高岡站
⬇2km	⬇40分 JR城端線
	福光站
	⬇10分
城端站前	城端站

304

MAP P.87

洽詢
城端觀光服務處
☎0763-62-1821
南砺市觀光協會
☎0763-62-1201

五箇山・白川鄉・砺波・城端・井波

城端悠閒散步／區域導覽

棟方志功紀念館愛染苑・鯉雨畫齋

福光 MAP P.97 A-5

●むなかたしこうきねんかんあいぜんえん・りうがさい

☎0763-52-5815　景點

展示疏散生活時的棟方志功作品

愛染苑中展示石崎俊彥所贈予的作品，他曾支援棟方志功在福光的疏散生活。鯉雨畫齋移建自棟方的舊居，板門上描繪著鯉魚和鯰魚，廁所則描繪著天女和菩薩。

🕐9:00〜16:30　休週二
🏠南砺市福光1026-4　¥300円
🚃JR福光站步行15分　P免費

→曾經也是工作室的鯉雨畫齋

南砺球棒博物館

福光 MAP P.97 A-5

●なんとばっとみゅーじあむ

☎0763-52-0576　景點

木製球棒生產量為日本第一的地區

展示大約500支球棒，球棒主人為王貞治、落合博滿、一郎等現役或以前的職業棒球選手。部分球棒能拿起來欣賞。

🕐10:00〜17:00　休週三（暑假期間則開館）　¥500円
🏠南砺市福光6754　協同組合東町商店會東會館2-3F
🚃JR福光站步行7分　P免費

→也能製作原創的球棒

城端

1:37,000

●景點・玩樂 ●美食
●溫泉 ●購物 ●住宿

P.86 ANGO安居
P.86 珈啡茶屋 善哉
城端別院 善德寺
P.86 城端曳山會館
P.87 手づくりの店 桂湯
P.86 城端編織館
なやかふぇ
P.86 城端伝統芸能会館

南砺市

手打ちそば 萱笑

福光 MAP P.97 A-5

●てうちそば かやしょう

☎0763-52-5033　美食

在老宅亭用石臼研磨的手打蕎麥麵

在利用老宅重新翻修的店內，裝飾著棟方志功的作品。白細有彈性的蕎麥麵，是把含有當地產品的國產玄蕎麥用石臼磨成粉，再於每天早上用心手打而成。

🕐11:30〜14:30、17:00〜21:00　休週二（逢假日則營業）、每月1次週一不定休　🏠南砺市福光6771街中にぎわい弐号館　🚃JR福光站步行7分　P無

¥預算 午1500円 晚2000円

→天然大蝦天婦羅蕎麥麵1440円

光德寺

福光 MAP P.97 A-5

●こうとくじ

☎0763-52-0943　景點

透過民間工藝品和棟方志功交流

文明3（1471）年興建，擁有500年以上的歷史。棟方志功在戰爭期間疏散到此地，並且展開創作活動，因此本寺收藏及展示許多他的名作。

🕐9:00〜17:00　休週四　🏠南砺市法林寺308　¥500円
🚃JR福光站搭計程車10分　P免費

→棟方的書和非洲的民間工藝品字排開，感覺十分協調

南砺市立福光美術館

福光 MAP P.97 A-5

●なんとしりつふくみつびじゅつかん

☎0763-52-7576　景點

瞭解世間少有的版畫家 —— 棟方志功

位在棟方志功喜愛的桑山山麓閑靜森林中，是一座「能瞭解世界的棟方的美術館」。時常展示以棟方作品為主的日本畫家石崎光瑤等當地相關作家的作品。

🕐9:00〜16:30　休週二（逢假日則營業）
🏠南砺市法林寺2010
¥300円　🚃JR福光站搭計程車8分　P免費

→在寬敞的空間中欣賞棟方的作品

ヨッテカーレ城端

城端 MAP P.95 B-4

●よってかーれじょうはな

☎0763-62-8888　購物

南砺特產品和飯糰的店

位在東海北陸自動車道城端高速高路休息站內，販售講究「當地」材料的南砺伴手禮和農產品。推薦使用當地稻米的飯糰和當地啤酒的城端麥酒。

🕐8:00〜19:00（有季節性變動）　休無休　🏠南砺市立野原東1508　🚃JR城端站搭南砺市營巴士13分，桜ケ池クアガーデン下車即到　P免費

城端麥酒
楓 370円、
はかまエール、
麥やエール
各490円

→適合在自駕途中稍作休息

なやかふぇ

城端 MAP P.87 A-2

☎080-6369-1865　咖啡廳

在鄉下的庫房享受寧靜時光

改裝自農家過去實際使用的庫房，氣氛溫馨的咖啡廳。冰淇淋使用在工房製作的南砺特產品柿乾製成，並會細細地泡在蘭姆酒中，口味優質濃厚。

🕐10:00〜17:00　休週二、週三
🏠南砺市野口24　🚃JR城端站搭計程車5分　P免費

→空間使用了屋齡50年的庫房
→650円的套餐，冰淇淋和蛋糕都能選擇喜歡的種類

手づくりの店 桂湯

城端 MAP P.87 A-2

●てづくりのみせ かつらゆ

☎0763-62-0661　購物

利用昭和錢湯的雜貨店

獨特的店內裝潢是直接利用從前的錢湯。色彩鮮豔的布製和風小物、可愛的拼布雜貨一字排開。

🕐10:00〜16:00　休不定休　🏠南砺市城端590
🚃JR城端站步行10分　P免費

→復古的外觀也直接保留下來
→適合當作伴手禮的可愛和風雜貨

散步在響徹著木槌聲
的街道尋找雕刻作品

井波

有趣的雕刻觀察

你來了啊

主要的精彩景點是好幾家雕刻工房櫛次鱗比的「八日町大街」。運氣好的話，也許能在旅行途中看見木匠的工作情況。

工房櫛次鱗比的石板街道

日本第一的木雕之鄉

井波
（いなみ）

是這樣的城鎮！

這處井波別院瑞泉寺的門前町曾是北陸的淨土真宗信仰中心。真宗誕生，憑藉櫛窗和獅子頭等雕刻而聞名。作為雕刻產業以全國第一的規模而自豪。

井波雕刻是？

江戶時代中期，瑞泉寺因井波的大火而燒毀。為了重建寺院，京都的本院寺派遣雕刻師傅過來，於是參加重建的當地工人便學會了雕刻的技法，而這就是井波雕刻的起源。現在作為日本第一的雕刻城鎮，大約有200位雕刻師和120間工房。

電話亭

巴士站&椅子

等候時間也帶著優雅氣氛

連這種東西都有!?

八日町大街
●ようかまちどおり MAP P.89 A

這條石板街道連綿至井波別院瑞泉寺，雕刻店和有格子門的商家比鄰而立。在電話亭和巴士標誌等地方，隨處都能看見等井波雕刻。

☎0763-82-2539 ㊋（南礪市觀光協會井波觀光服務處）所南砺市井波 🚃JR砺波站搭加越能巴士24分，瑞泉寺前下車即到 ㊐收費

幽默的表情

七福神

以幽默的動作和雕刻方式展現出獨特風格的七福神。照片為大黑天

小時候的聖德太子

聖德太子

盛行太子信仰的瑞泉寺收藏許多雕像和繪卷。街道上也有童子雕像

真宗大谷派
井波別院 瑞泉寺
●しんしゅうおおたには いなみべついん ずいせんじ

井波雕刻的發源地

獲指定為縣重要文化財的山門，上面的精緻雕刻也值得一看

明德元（1390）年開創。本堂在明治18（1885）年由井波木匠和雕刻家重建而成。在北陸地區真宗木造建築的寺院當中是最大的建築物，各處的雕刻已成為井波雕刻的原點。
MAP P.89 A
☎0763-82-0004
🕐9:00～16:30
㊡無休 ¥300円 所南砺市井波3050 🚃JR砺波站前搭加越能巴士24分，瑞泉寺前下車即到 ㊐無

在藝廊咖啡廳稍作休息

也有販售能輕鬆選購的小作品

ギャラリー瑞庵
●ぎゃらりーずいあん

這家藝廊&咖啡廳主要販售井波雕刻等南砺市周邊作家的作品。能用作家的餐具品嘗濕潤的手工戚風蛋糕和以虹吸壺沖泡的咖啡。

MAP P.89 A
☎0763-82-6060
🕐10:00～17:00
㊡週三 ¥免費 所南砺市井波3105 🚃JR砺波站搭加越能巴士24分，瑞泉寺前下車即到 ㊐無

戚風蛋糕350円・石燒特調咖啡450円（套餐750円）

トモル工房
●ともるこうぼう

也能看見工作的情況

總是燈火通明的工房

從八日町大街走10分鐘，位在本町通的木雕和漆器工房。氣氛溫馨的店內也會展示及販售工藝品，木雕人偶和塗漆豆皿等作品一字排開。

MAP P.89 A
☎0763-82-3637
🕐8:30～18:00 ㊡不定休
¥免費 所南砺市本町3-26 🚃JR砺波站搭加越能巴士20分，井波庁舍前下車即到 ㊐無

表情可愛的雛人偶

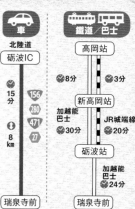

ACCESS

車	鐵道／巴士
北陸道	高岡站
砺波IC	↓8分 ↓3分
15分 156 280 471 27	新高岡站
8 km	加越能巴士 ↓30分 JR城端線 ↓20分
	砺波站
	加越能巴士 ↓24分
瑞泉寺前	瑞泉寺前

MAP
P.89

洽詢
南砺市觀光協會
井波觀光服務處
☎0763-82-2539

五箇山・白川鄉・砺波・城端・井波

井波有趣的雕刻觀察／區域導覽

庄川

庄川峽遊覽船
●しょうがわきょう ゆうらんせん
☎0763-82-0220
玩樂
MAP P.89 B

從遊覽船飽覽絕景

遊覽庄川峽溪谷之美的船舶旅程。從小牧水壩的乘船處出航，花費30分鐘航行約8km至大牧溫泉。25分鐘的短程航程也很推薦。

🕐小牧出發定期船班8:30～16:00(視時期而異)、短程航程為1天2班 🈔無休 💰小牧～大牧來回2800円、短程航程1000円 📍砺波市庄川町小牧73-5 🚃JR砺波站搭加越能巴士40分，小牧堰堤下車即到 🅿免費

↪不僅春天和秋天，連冬天的白雪和藍天之間的對比也很美

よいとこ井波
●よいとこいなみ
☎0763-82-5666
購物
MAP P.89 A

南砺伴手禮和餐廳齊聚一堂

位在八日町大街沿途，有井波的伴手禮與和食餐廳、咖啡廳等店家進駐。除此之外，還附設池波正太郎ふれあい館，能觀賞池波正太郎的書信和照片等各種愛用品。

🕐10:00～17:00 🈔視店鋪而異 📍南砺市井波3110-1 🚃JR砺波站搭加越能巴士24分，瑞泉寺前下車即到 🅿使用交通廣場

↪商店備有以當地名產為主的豐富縣內特產品

井波

井波木雕工藝館
●いなみもくちょう こうげいかん
☎0763-82-5153
景點
MAP P.89 A

動人心弦的美麗作品一字排開

井波代表性的木雕工藝家會重視與來訪的觀光客接觸，並持續進行創作活動。帶有遠近感的格窗是井波雕刻的特徵之一。

🕐9:00～18:00 🈔無休 📍南砺市井波3075 🚃JR砺波站搭加越能巴士24分，瑞泉寺前下車即到 🅿無

↪格窗和天神等扣人心弦的美雕作品一字排開

庄川

旬彩 いろり茶屋 鮎の庄
●しゅんさい いろりちゃや あゆのしょう
☎0763-82-0257
(川金)
美食
MAP P.97 B-5

從魚頭咬下用地爐烤熟的年輕香魚

以庄川的伏流水養育而成的小隻香魚不論是香氣還是滋味都很豐富。要不要坐在野趣十足的地爐旁享用看看剛烤好的庄川香魚呢？

🕐11:00～14:30、17:00～20:00 🈔週四(4～10月為第2、4週四) 📍砺波市上中野70 人肌の宿川金内 🚃JR砺波站搭計程車10分 🅿免費

💰預算 午2500円 晚2500円

↪鹽烤香魚350円～(時價)

庄川水紀念公園
●しょうがわ みずきねんこうえん
☎0763-82-6841
(庄川ウッドプラザ)
景點
MAP P.89 B

美術館和資料館等設施豐富齊全

以水為主題的公園。腹地內除了美術館等設施之外，還有足湯能一邊感受四季和大自然一邊度過悠閒時光。

🕐9:00～18:00(12～隔年2月為～16:00)、庄川美術館為～17:00(視時期而異) 🈔無休(資料館、美術館、12～隔年2月的Wood Plaza為週二，逢假日則翌日休) 📍砺波市庄川町金屋1550 🚃JR砺波站搭加越能巴士30分，水紀念公園下車即到 🅿免費

↪地標是水會噴到大約36m高的大噴泉

井波美術館
●いなみびじゅつかん
☎0763-82-5523
景點
MAP P.89 A

接觸井波作家的作品

這座美術館直接利用大正13(1924)年興建的舊北陸銀行神殿風格的石造建築物。展示在日本美術展覽會等處活躍的藝術家之繪畫和雕刻等各種作品。

🕐2月下旬～12月下旬的9:00～16:00 🈔期間中週二(逢假日則翌日休) 💰免費 📍南砺市井波3624 🚃JR砺波站搭加越能巴士24分，瑞泉寺前下車即到 🅿免費

↪有當地作家的木雕、青銅像和書籍

井波木雕之鄉創遊館
●いなみきぼりのさと そうゆうかん
☎0763-82-5757
玩樂
MAP P.89 A

充滿木雕街道樂趣的景點

這處公路休息站不僅有木雕雕刻工房和販售木製品的商店，還附設餐廳。若是喜歡手作的人和小朋友，推薦30分鐘以上就能完成的手工藝品等創作體驗教室。

🕐9:00～17:00 🈔第2、4週三 📍南砺市北川730 🚃JR砺波站搭加越能巴士26分，今町下車，步行8分 🅿免費

↪入口有七福神的大雕刻迎接來客

地圖

井波・庄川
1:45,000
周邊圖 P.97
0 500m
●景點・玩樂 ●美食
●溫泉 ●購物 ●住宿

岩屋 砺波町青島 庄川町
砺波IC 庄川町
山斐 庄川町野中 庄川温泉 風流味道座敷
小矢部 庄川町示野 日本旅館 庄川温泉郷
坪野 青島 合口ダム 庄川町金屋
坪野神社 大建工業 東山見 松村外次郎美術館
井波栄町 藥師温泉
JA 北川 井堰神社 庄川町横住
砺波市
圖書館 井波中 瓜裂の清水 庄川温泉郷
東洋紡 井波温泉 鳥越之宿 三樂園旅館 P.92
トモル工房 P.88 庄川町落合
井波小 よいとこ井波 P.89 庄川町小牧
井波小前 木彫りの里 八幡神社
八日町大街 彫刻の里 夢木香村キャンプ場
井波美術館 井波 井波城跡 おまき温泉スパガーデン和園
P.89 山見 閑乘寺公園 藤橋 高尾山
五領島 ギャラリー瑞庵 P.88 543.9▲
P.89 真宗大谷派 井波木雕之鄉創遊館 P.89 湯谷温泉
井波木雕工藝館 井波別院 瑞泉寺 P.88 庄川峽遊覽船
南砺市 庄川峽
五箇山IC
庄川町前山
小牧ダム 飛驒

的住宿～

富山住宿的魅力不只是溫泉、海味、絕景！也有許多Plus one的住宿能提升女性魅力，並具備美容沙龍和美味幸福藥膳等健康菜單。下面介紹身心靈都能煥然一新的住宿。

↑具備3座按摩浴池的「Spring Day Spa」

神通峽溫泉

雅樂俱河畔度假村
●りばーりとりーとがらく

全部25間風格迥異的奢華空間廣受歡迎。館內外環繞著時尚的藝術品，能從日常生活中解放出來，度過一段優雅時光。以豐富當地食材入菜能澈底感受富山魅力的美食與優質溫泉，都會為頂級的旅行增添色彩。

☎076-467-5550 ⏰IN14:00 OUT11:00 ¥1泊2食28000円～ 🏠富山市春日56-2 🚉JR笹津站步行15分（富山機場、富山站、笹津站有接送服務，需洽詢） Ｐ免費

MAP P.96 E-5

佇立在河畔，有如私密小屋的飯店

↑特別受女性歡迎的標準房希臘房
→大量使用當地食材的早餐

💮推薦重點
在餐廳L'évo能品嘗谷口英司主廚堅持使用當地產物的創意十足料理。

越中劍溫泉

欣賞群山景色，度過一段優雅神祕的時光

↑能盡情欣賞立山連峰和紉岳等山岳景觀

💮推薦重點
能按照當天心情或季節從豐富的圖案中挑選適合的浴衣。肯定會讓旅行氣氛更加高漲。

↑帶有黏稠感的棕色溫泉也具備美容效果

戀月鶴旅館
●えっちゅうつるぎおんせん
まんようのかくれさとつるぎこいづき

☎076-472-6333 ⏰IN15:00 OUT10:00 ¥1泊2食13150円～ 🏠上市町湯上野1 🚉富山地方鐵道上市站搭計程車7分 Ｐ免費

日式時尚的館內以萬葉集的世界觀和傳統藝能為意象打造，讓人感覺喜悅雀躍。能從窗戶觀賞的劍岳和雄偉的立山連峰，也讓心靈獲得療癒。富山縣認定為「美食工匠」的主廚大展廚藝的宴席料理和美容保養方案，也廣受好評。

MAP P.96 G-3

客房和早餐等各種地方都能感覺到細心的照料

💮推薦重點
充滿蔬菜的早餐是和食自助餐風格。以這個為目標住宿的女性似乎也很多。

↓女性專用浴室有按摩浴池

和休酒店
●こんせぷとほてるわきゅう

富山市

以「和睦、休息」為概念，能感覺到旅館那種溫馨氣氛的商務旅館。時尚的客房全都鋪設榻榻米，和旅館一樣舒適。距離車站很近，一人旅行也能輕鬆使用的氛圍，讓女性覺得開心滿足。

☎076-433-3830 ⏰IN15:00 OUT10:00 ¥單人房（附早餐）7020円～ 🏠富山市宝町1-1-1 🚉富山站步行3分 Ｐ收費

MAP P.55 B-2

↑能脫掉鞋子放鬆的榻榻米客房

若要享受富山的旅行，早上會推薦這個！「美味早餐活動實施中」

在富山縣內約40家飯店和旅館內，展開提供澈底講究以富山為主題的早餐活動。早上用富山好水淘洗縣產稻米後煮熟的飯、使用縣內當季食材的季節感十足料理，全都是無庸置疑的美食。要不要品嘗看看適合用來創造富山旅遊回憶的早餐呢？詳情請至WEB（http://yado-toyama.jp/asagohan/）確認吧。

←菜單、在春、秋、冬都會改變

下榻在富山

氷見溫泉鄉
庄川溫泉鄉　富山県　越中劍溫泉
桜ケ池溫泉　　　　●神通峽溫泉
　　　大牧溫泉

提升女性魅力的人氣住宿齊聚一堂！

九殿浜溫泉 ひみのはな

●くでんはまおんせん ひみのはな

冰見溫泉鄉

以能一望富山灣的客房和自家源泉的露天浴池而自豪

↑能享用漁場・冰見當季海產的宴席料理

興建在能登半島國定公園高地上的絕景住宿，晴天能環視漂浮在富山灣的立山連峰。能品嘗早上在富山灣捕獲的新鮮海產。從自家源泉湧出的飲泉兼美人湯能讓肌膚變成美肌，十分受歡迎。

☎0766-79-1324　IN16:00 OUT9:30
¥1泊2食8900円～　冰見市姿400
JR冰見站步行4分的冰見駅口巴士站搭加越能巴士25分，九殿浜下車步行3分
MAP P.95 C-1

推薦重點
早餐充滿當地食材。採用源泉的湯豆腐是令人想吃一次的佳餚。

↓有能眺望大海的露天浴池，還有展望三溫暖

冰見溫泉鄉 Umiakari 旅館

●ひみおんせんきょう くつろぎのやど うみあかり

興建在冰見灘浦海沿岸，以景觀而自豪的旅館。好天氣時能環視富山灣對面的立山連峰，夜晚能觀賞漁火在海面上搖晃的夢幻風景。以在冰見漁港捕獲的新鮮食材入菜的磯料理，也是一大魅力。

☎0766-74-2211　IN15:00 OUT10:00
¥1泊2食15270円～　冰見市宇波10-1　JR冰見站步行4分的冰見駅口巴士站搭加越能巴士20分，岩井戶溫泉下車即到(JR冰見站有接送服務，需預約) P免費
MAP P.95 C-1
↑100%源泉放流的溫泉是肌膚會變光滑的高張性溫泉

冰見溫泉鄉

→客房能觀賞富山灣直到心滿意足

推薦重點
能從海浪聲悅耳的源泉放流露天浴池看見的景色，美得動人心弦。

能眺望日出的展望浴池別具風情

誉一山荘 Auberge de mikuni

●よいちさんそうおーべるじゅどうみくに

冰見溫泉鄉

獲得全球矚目的 Mikuni Magic

→白色和藍色的客房以簡約時尚為主題

主廚・三國清三的法式料理廣獲好評的美食飯店。從嚴選食材中誕生的Mikuni Magic蘊藏著「初次品嘗這種美味」的感動。客房共有古典到時尚等風情各異的6間房間。

推薦重點
這種新感覺的法式料理裝有冰見的山珍海味，並加入三國主廚的料理精神，口味頂級。

☎午餐4800円～、晚餐7800円～

☎0766-74-0041　IN15:00 OUT11:00 ¥1泊2食25000円～　冰見市幸町14-34 JR冰見站步行15分 P免費
MAP P.68 A

冰見溫泉飯店 永芳閣

●さかなめぐりのやど えいほうかく

冰見溫泉鄉

→在冰見也能譽為頂級的海鮮料理

傳承板前的招待服務讓人著迷下來的精神，料亭沿續

作為板前首家開辦的旅館，創業至今已超過70年的老牌住宿。料理和細心的關懷都貫徹著創業當時的精神。全部客房都能眺望富山灣，從大浴場（5:00～23:00）也能一望海景，滿足度很高。

☎0766-74-0700　IN14:00 OUT10:00　¥1泊2食14040円～　冰見市阿尾3257　JR冰見站步行4分的冰見駅口巴士站搭加越能巴士14分，冰見阿尾的浦溫泉下車即到 (JR冰見站有接送服務，需預約) P免費　MAP P.95 C-1

推薦重點
有能眺望富山灣的2個包租浴池，情侶和團體、家族也能開心泡湯。

↓從露天浴池能看見庭園對面的富山灣和立山連峰

↑從任何一間客房都能欣賞山林風景

推薦重點
大廳在大梁柱和漆喰牆壁等舒適空間中放置柯比意的沙發，真是頂級的療癒空間。

←柴火暖爐是大廳地標般的存在

這家美食飯店1天限量3組客人，且能遠離每天的喧囂，在陽光與微風環繞的自然景觀中度過充實的時光。能享用活用自家栽培蔬菜和當地當季食材的創意法式料理。位在周邊的綠色小路很適合散步。

☎0763-62-3255
⏰IN15:00 OUT11:00 ¥1泊2食30000円～ 🏠南砺市野口140
🚌JR城端站搭計程車5分(有接送服務，預約制) ᴾ免費

南砺市
Satoyama Auberge Maki No Oto
●さとやまのおーべるじゅ まきのおと
MAPP.87 A-2

 大牧溫泉 **大牧溫泉觀光旅館**
●おおまきおんせんかんこうりょかん

只能搭船前往，帶有風情的山間獨棟住宿

↑從客房能一望山峽全景
↑羚羊和貉等動物偶爾也會出現

一邊眺望庄川峽一邊被遊覽船搖來晃去，30分鐘後就能逐漸看見只能搭船前往的溫泉住宿。住宿宛如突出水面般屹立不搖，從大廳和客房、露天浴池都能欣賞山峽表情豐富的絕景。在日本海捕獲的海味也廣獲好評。

☎0763-82-0363 ⏰IN15:00 OUT11:00 ¥1泊2食21750円～ 🏠南砺市利賀村大牧44 🚌JR砺波站搭加越能巴士40分，小牧堤下車即到(遊覽船搭乘處) ᴾ免費(位在小牧乘船場)
MAPP.95 C-4

推薦重點
除了露天浴池和大浴池之外，也有女性限定的中浴池。能欣賞祕境特有的景觀。

↑遊覽船的費用為來回成人2800円。
1天運行3～4班

 櫻池克爾卡登旅館 **櫻池溫泉**
●となみのおーべるじゅあんどすぱ さくらがいけくあがーでん

↺具備13種遊樂設施和溫泉療法室的天然溫泉泳池

在天然SPA讓身心靈獲得療癒

具備多機能溫泉泳池和使用富山食材的餐廳、天然溫泉等設施的魅力十足度假飯店。採用溫泉療法的天然SPA深受女性歡迎。能一望散居村的砺波平原景色，也讓使用者歡欣雀躍。

☎0763-62-8181
⏰IN14:00 OUT11:00 ¥1泊2食12420円～ 🏠南砺市立野原東1514
🚌JR城端站搭計程車10分(JR城端站有接送服務，需預約) ᴾ免費
MAPP.95 B-4

推薦重點
在休閒的餐廳內能享用和食與義式料理，甚至是甜點。

←以北陸食材為主。蔬菜也從當地農家進貨

↑以閒靜為主題，使用溫柔色調的客房

鳥越之宿 三樂園旅館
●とりごえのやど さんらくえん

庄川溫泉鄉

能享受2種全國罕見源泉的住宿。稱作美肌之湯的碳酸氫鹽泉和富含鐵質的碳酸鐵泉，都讓女性欣喜雀躍。從朝向庄川峽的客房能眺望四季山林的秀麗風景。

☎0763-82-1260 ⏰IN15:00 OUT10:00 ¥1泊2食16200円～ 🏠砺波市庄川町金屋839 🚌JR砺波站搭加越能巴士30分，上金屋下車即到(JR砺波站南口有接送服務，需預約) ᴾ免費
MAPP.89 B

推薦重點
天然海泥療法是使用將溫泉成分濃縮、熟成的溫泉泥，大受女性歡迎。

在兩種源泉保養出極致的美和健康

↑能享受白濁色和紅褐色2種源泉的大浴場

↑大正時代經營至今的歷史悠久老牌旅館

還有很多喔！ 講究的住宿

下面介紹嚴選的講究住宿，不僅有充滿特典的女性專用方案和充實服務，還能依照家族或朋友等情況做選擇。

ANA皇冠假日酒店富山
●えいえぬえーくらうんぷらざほてるとやま

位在富山市核心地區，能眺望城址公園和立山連峰的19層高樓飯店。共具備單人房到皇家大套房等251間客房，並以優質的服務款待顧客。

能感到格調和品味的富山首屈一指高級飯店
●已成為富山地標般的存在
●標準套房樓層的豪華雙人房

☎076-495-1111 ⏰IN14:00 OUT11:00 ￥1泊附早餐8500円～ 🏠富山市大手町2-3 🚃市電国際会議場前電車站即到 🅿收費
🗺P.55 C-4

宮田旅館
八尾 みやたりょかん

江戶時代經營至今的老牌旅館，共5間客房的家庭式款待十分舒服。館內保留著當時的構造，宛如穿梭時空一般讓人隱約覺得懷念，而且充滿溫暖氣氛，能夠悠閒放鬆。

家庭式氣氛很有魅力 任何人都能放鬆的

☎076-455-2011 ⏰IN15:00 OUT10:00 ￥1泊2食12960円～ 🏠富山市八尾町西町2267 🚃JR越中八尾站搭富山市社區巴士11分，橫町前下車即到 🅿免費
●融入八尾美麗街道的外觀
🗺P.60 B

HOTEL RELAX INN 富山
●ほてるりらっくすいんとやま

距離富山站很近，用於觀光或商務都很方便。寢具使用席夢絲的床鋪和丹普的枕頭、高級羽毛被，保證房客擁有舒適的睡眠品質。免費早餐廣受歡迎。

以充實的服務確保回流客
●設置許多免費洗衣房和按摩椅。也有女性專用的設備
●早餐陳列著鱒魚壽司的飯糰和魚板昆布卷等富山名產

☎076-444-1010 ⏰IN14:00 OUT11:00 ￥單人房4680円～ 🏠富山市桜町1-7-22 🚃富山站步行3分 🅿收費
🗺P.55 C-2

雨晴溫泉 磯はなび
雨晴溫泉 ●あまはらしおんせん いそはなび

從露天浴池能環視能登半島和立山連峰等風景，可以一邊泡溫泉一邊飽覽絕景。餐點以宴席料理搭配自助餐風格，廣受各個年齡層的支持。

從露天浴池眺望的遼闊全景美不勝收
●夜間能一邊眺望漁火通明的富山灣一邊入浴的露天浴池
●晚餐會準備現炸天婦羅和當季食材

☎0766-44-6161（預約專線）⏰IN15:00 OUT10:00 ￥1泊2食16200円～ 🏠高岡市太田88-1 🚃JR雨晴站搭計程車5分（JR雨晴站有接送服務）🅿免費
🗺P.97 C-2

●隔著富山灣眺望立山連峰

庄川溫泉 風流味道座敷 日武旅館
庄川 ●しょうがわおんせん ふりゅうみどうざしき ぶめつづり

佇立在砺波平原奧座敷的療癒住宿。能享受凝結各種情趣的七湯，像是能眺望夜空的露天烏龜浴池、能體驗森林浴的露天檜木浴池。活用當地山珍海味的料理也讓人心滿意足。

在七湯享受和大自然融為一體的感覺
●露天浴池遍布能療癒疲倦心靈的溫柔風景
●早餐陳列著以爐灶煮熟的白米和20種以上的菜色

☎0763-82-1253 ⏰IN15:00 OUT10:00 ￥1泊2食19590円～ 🏠砺波市庄川町金屋3531 🚃JR砺波站搭加越能巴士30分，庄川溫泉前下車即到 🅿免費
🗺P.89 B

露櫻 GRANTIA冰見 和蔵之宿
冰見溫泉 ●るーといんぐらんてぃあひみ わくらのやど

觀光或商務等多種目的都能使用。餐廳備齊使用富山山珍海味的宴席料理和地酒。富含鐵質和鹽分的源泉放流式溫泉能治癒旅行的疲勞。

以和風為基調的閑靜飯店
●位在冰見核心地區，交通便利
●男女都備有2座完善的露天浴池

☎0766-73-1771 ⏰IN15:00 OUT10:00 ￥1泊2食13250円～ 🏠冰見市加納443-5 🚃JR冰見站搭計程車10分
🗺P.97 B-1

食彩味ん宿 灘浦荘
冰見溫泉 ●しょくさいみんしゅく なだうらそう

也有許多回流客會來尋求使用寒鰤和螢火魷、冰見牛等品牌食材的奢華料理。料理是在房內用餐，因此可以悠閒放鬆，能眺望立山連峰的溫泉也讓人歡欣雀躍。

飽覽夢幻景緻及冰見美食
●冬天能享用寒鰤和螃蟹等冰見海產

☎0766-72-2200 ⏰IN15:00 OUT10:00 ￥1泊2食11550円～ 🏠冰見市宇波5018 🚃JR冰見站步行4分的冰見駅口巴士站搭加越能巴士20分，岩井戶溫泉下車，步行3分 🅿免費
🗺P.95 C-1

御宿 Ikegami飯店
魚津 ●おやど いけがみ

以人氣的隱密住宿排行榜全國第3名而自豪，行家才知道的頂級私密小屋。100%使用迎接開湯150週年的北山鑛泉的靈泉，身心靈都會舒服地溫暖起來。

全部6間房的溫泉 住宿也能盡享料理
●講究富山地產地消的和風美食飯店
●備有和風時尚客房的溫泉住宿設施悄悄佇立在山間

☎0765-33-9321 ⏰IN15:00 OUT10:00 ￥1泊2食19440円～ 🏠魚津市北山684 🚃愛之風富山鐵道魚津站搭計程車10分 🅿免費
🗺P.96 H-2

金太郎溫泉酒店
魚津 ●きんたろうおんせん

混合食鹽泉和硫礦泉的國內罕見泉質廣受好評。配置5000噸的石頭，以立山連峰為印象的石頭浴池和露天浴池等獨特溫泉呈現出的景緻也不容錯過。

石頭浴池由銘石和奇石組成，震撼力十足
●露天浴池彌漫著風雅氛圍
●早餐陳列著富山鄉土料理和採用當季食材的菜單

☎0765-24-1220 ⏰IN15:00 OUT10:00 ￥1泊2食13110円～ 🏠魚津市天神野新6000 🚃愛之風富山鐵道魚津站搭地鐵巴士11分，金太郎溫泉前下車，步行5分（魚津站、黑部宇奈月溫泉站有接送服務，需預約）🅿免費
🗺P.96 H-1

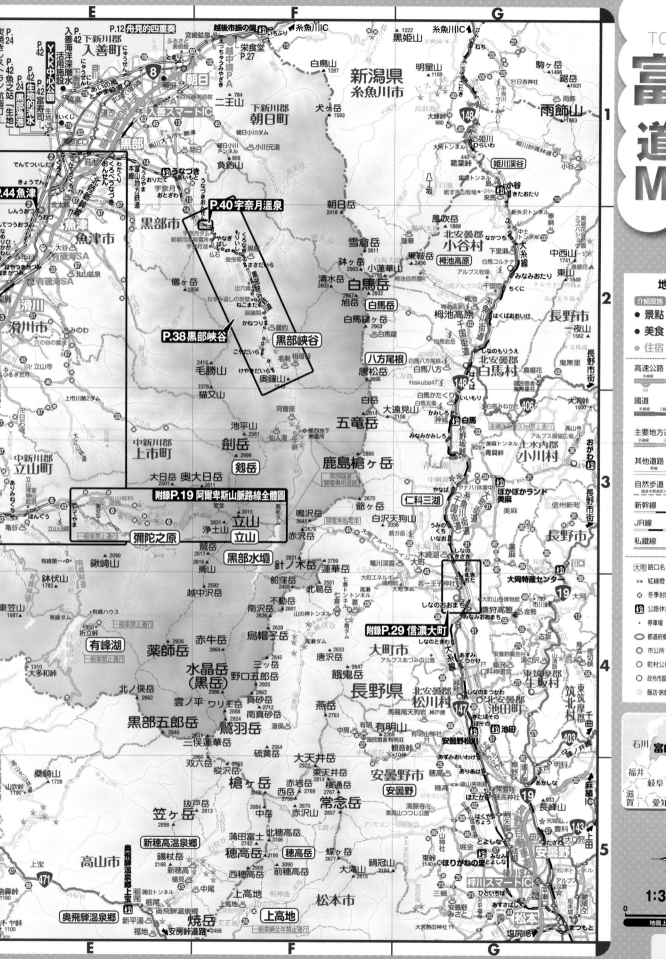

富山湾

P.56 軽食・喫茶 あぶりこっと
P.56 紅茶の店 アナザホリデー
P.56 桝田酒造店
P.56 北前船廻船問屋 森家
P.56 富山港展望台

岩瀬運河會館 P.56

P.44 魚津
P.44 MirageLand遊樂園
P.44 魚津水族館

OAI工業
株式会社
P.9

P.44 滑川
なめりかわ

ハンバーガーと
コンビニの店 うすや

P.27

海老源 海遊亭
P.20

HAMZA RESTAURANT

氷見きときと寿司 飯野店
P.22

粋鮨 富山店 P.22

P.54 富山市

P.55 富山市中心

Montbell Village Tateyama

富山空港

源 鱒魚寿司博物館 P.47

黒部IC
いといがわ

黒部市地域観光ギャラリー
のわまーと P.33

黒部市

きときと寿司
黒部店 P.22

魚津市

御宿 Ikegami飯店 P.93

滑川市

中新川郡
舟橋村

立

中新川郡
上市町

大岩山
日石寺
附錄P.29

畫佛體驗和門前街的素食料理 附錄P.28

富山県

中新川郡
立山町

雄山神社 前立社壇 附錄P.28

富山市

P.27 立山サンダーバード

附錄P.28 富山縣（立山博物館）

附錄P.19 阿爾卑斯山脈路線全體圖

P.90 雅樂頃河鄉
度假村水

神通峽 P.60

交通道導覽

富山 立山・黑部

接近連綿不絕的秀麗山峰和清冽好水的附近

常用的前往方式！

搭鐵道・巴士・飛機前往

北陸新幹線・北陸本線是主要路線

道要利用北陸新幹線、JR北陸本線。從東京方向啟程是利用北陸新幹線。從名古屋出發利用特急列車「雷鳥號」，再經由金澤轉搭北陸新幹線往富山的特急列車「Wide View飛驒號」。

鐵 京方向啟程是利用北陸新幹線、JR北陸本線。從東京方向利用特急列車「白鷺號」。從大阪方向啟程則利用特急列車「雷鳥號」，再由金澤轉搭北陸新幹線前往富山的特急列車「Wide View飛驒號」。

平價的高速巴士也會運行

高速巴士雖然所需時間較長，但是在費用上卻比較划算。不只是從東京、大阪，也有從仙台或高山、新潟、金澤等處出發前往富山的班次運行。長距離班次的費用可能根據星期幾和時期而變動，敬請留意。

飛機前往

羽田航班以外的飛機很少

若要利用飛機，富山Kitokito機場會變成玄關口，但是除了羽田機場的航班以外，就只有從新千歲出發的航班。機場交通方式為配合航班的起降時間，富山地方鐵道巴士（地鐵巴士）會從機場行駛至富山站前。需要22分鐘、410円。

前往「富山」

仰望立山連峰的富山縣都

從東京出發一般都是利用北陸新幹線。若是快速抵達型的「光輝號」（全為對號座），2個多小時就會抵達富山。費用吸引人的高速巴士也有白天班次和夜間班次，可以配合時間利用。從羽田出發的飛機只要有運費折扣，也可能比新幹線便宜。從名古屋出發會推薦利用高速巴士，不僅不用轉搭其他交通工具，而且費用便宜、班次多。從大阪出發則要接續轉搭特急列車「雷鳥號」和北陸新幹線。

從東京

飛機＋巴士	巴士	巴士	巴士	鐵道
羽田機場	**Busta新宿**	**東京站八重洲南口**	**池袋站東口**	**東京站**
41班/天 ANA	1天1班（經由埼玉新都心站、川越站、高崎站、前橋等處，秋葉原站出發）日本中央巴士（往金澤）	1天2班（1班為上野出發）JR巴士關東以外、Gran Dream金澤號、青春想金澤號（1排4個座位）	1天4班、西武巴士等練馬區公所前等處、2班為由下落合或Busta新宿出發	1～2班/每小時 JR北陸新幹線「光輝號」「白鷹號」
富山機場 接續搭乘 飛機 → 鐵道地方鐵道巴士 → **富山站**	→ **富山站前**	→ **富山站前**	→ **富山站前**	→ **富山站**
1小時30分 25,300円	**8小時30分 7,200円**	**7小時20分 4,200～8,700円**	**6小時30分 5,000～8,200円**	**2小時10分～3小時 12,730円**

↑富山觀光據點的富山站。站內有富山美食雲集的「きときと市場とやマルシェ」P.33。

↑新幹線月台佇立著以立山杉為造型靈感的粗大支柱

從大阪

巴士	巴士	巴士	鐵道
阪急梅田	**大阪站 JR高速巴士轉運站**	**大阪站 JR高速巴士轉運站**	**大阪站**
1天4班（夜車經由東京站前、砺波站等站）阪急巴士等	週六、假日僅1天1班、旺季時期西日本JR巴士北陸グラン特急《經由金澤》	1天1班（經由京都站烏丸口）西日本JR巴士《百萬石Dream大阪號》	每小時1～2班 特急「雷鳥號」
→ **富山站前**	→ **富山站前**	→ **富山站前**	金澤站 每小時2～3班 北陸新幹線「光輝號」「白鷹號」 → **富山站**
5小時35~50分（白天） 5,000～6,000円	**6小時55分 4,600～5,900円**	**8小時30分 4,400～9,900円**	**3小時5~30分 9,430円**

從名古屋

巴士	巴士	鐵道	鐵道
名古屋站新幹線口	**名鐵巴士中心**	**名古屋站**	**名古屋站**
1天1班（經由尾張一宮、砺波站等站）JR東海巴士（北陸夢想）	1天14班 名鐵巴士等	1天4班 特急「Wide View飛驒號」	8班/1天 特急「白鷺號」
→ **富山站前**	→ **富山站前**	→ **富山站**	金澤站 每小時2～3班 北陸新幹線「光輝號」「白鷹號」 → **富山站**
6小時 4,900～5,700円	**3小時40分 4,630円**	**3小時45分～4小時5分 7,650円**	**3小時30分 9,210円**

前往「高岡」

傳統工藝棲息的千本格子民宅街道

高岡也是前往冰見、五箇山等地的交通據點。北陸新幹線的新高岡站和在來地的高岡站只要1站。接駁巴士（加越能巴士）從高岡站搭JR城端線只要1站。不過，快速抵達型的「光輝號」需要8分鐘也經常發車，因此必須在富山轉乘。從富山機場也有之風高山鐵道直接前往高岡站。從名古屋搭乘北陸新幹線，或轉搭IR石川鐵道。從名古屋搭乘高速巴士會很方便。

從大阪

鐵道
大阪站
每小時1～2班 特急「雷鳥號」
金澤站 每小時1～2班 北陸新幹線「光輝號」「白鷹」
→ **新高岡站**
3小時 7,710円

從名古屋

巴士	巴士	鐵道
名古屋站前	**名鐵巴士中心**	**名古屋站**
1天6班（其中5班經由砺波站、石動能台等的要站處）イルカ交通「Kito Kito Liner」	1天6班（經由砺波站等處）加越能巴士（往冰見）	1天8班 特急「白鷺號」
→ **高岡站南口**	→ **高岡站前**	金澤站 北陸新幹線「光輝號」「刻號」→ **新高岡站**
3小時25分～40分 3,000～3,500円	**3小時40分 7,390円**	**3小時20分～35分 4,390円**

從東京

飛機＋計程車	巴士	鐵道	鐵道
羽田機場	**池袋站東口**	**東京站**	**東京站**
41班/天 ANA	1天2班（經由落合或練馬區公所前或Busta新宿出發）西武巴士（往冰見）	1天10班 北陸新幹線「光輝號」愛之風富山鐵道	1天14班 北陸新幹線「白鷹號」JR城端線
富山機場 接續搭乘 飛機 → 高岡交通《共乘計程車、事前預約制》→ **高岡站前**	→ **高岡站前**	富山站 每小時1～4班 → **高岡站**	新高岡站 每小時1～2班 → **高岡站**
約2小時 7,390円	**約8小時 5,000～8,200円**	**2小時35分～50分 13,090円**	**2小時50分～3小時15分 13,580円**

※鐵道的費用為整趟行程的普通車資加一般時期的特急普通車對號座費用的總和金額（含轉乘折扣）。飛機的費用為一般時期普通票價，已包含機場設施使用費。私家車的費用為高速公路或收費道路的普通車通行費用（未使用ETC情況下的一般費用）的總和費用，不含燃料費。所需時間是記載去程的基本時間。記載的資訊都是2018年1月的資料。可能因更改時刻表或車資調整等因素而變更，出發前請先確認清楚。

可以直達室堂，不用管擁擠的人朝！
夏山巴士

「夏山巴士」會在7月中旬～8月下旬的每天和9月～10月上旬的週六、週日、假日1天2班來回運行，不用轉乘就能從富山站前往室堂轉運站。早上從富山站出發，中午過後從室堂回來。也有在富山站前停車費用免費的特典。單程3400円、來回6000円（附錄P.9也有刊載）。

除此之外，從宇奈月溫泉前往室堂的「Alpine Liner」在黃金週～10月中旬的週六、週日、假日也有1班來回運行。單程4500円。兩者都採事先預約制。

富山地鐵票務中心 ☎ 076-442-8122

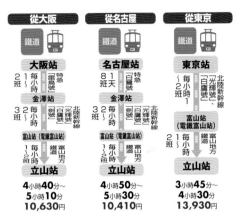

前往「立山」
立山黑部阿爾卑斯山脈路線的富山側玄關口

前往立山的路線一般都是從各地前往富山站，再從鄰接的電鐵富山站利用富山站地方鐵道立山線。前往阿爾卑斯山路線的車票當天也能在立山站購買，但是旺季人潮擁擠，因此最好事先在WEB或旅行社預購。

從大阪	從名古屋	從東京
鐵道	鐵道	鐵道
大阪站	名古屋站	東京站
特急「雷鳥號」2～1班 每小時	特急「白鷺號」8～1班天	北陸新幹線「光輝號、白鷹號」每小時1～2班
金澤站	金澤站	富山站（電鐵富山站）
北陸新幹線「光輝號、白鷹號、劍號」3～2班 每小時	北陸新幹線「光輝號、白鷹號、劍號」3～2班 每小時	富山地方鐵道 2～1班 每小時
富山站（電鐵富山站）	富山站（電鐵富山站）	立山站
富山地方鐵道 1～2班 每小時	富山地方鐵道 1～2班 每小時	
立山站	立山站	
4小時40分～5小時10分 10,630円	4小時50分～5小時30分 10,410円	3小時45分～4小時30分 13,930円

> 從長野方向前往阿爾卑斯山路線的交通資訊可參見附錄喔。

前往立山阿爾卑斯山脈路線的長野側玄關口「信濃大町」

從東京方向出發有新宿站發車的特急「梓號」1天1班來回，並開進JR大糸線。再者，也有路線前往長野站，再轉搭往扇澤站的巴士。從名古屋出發有夏季才有的特急「Wide View信州」1班來回直達。從信濃大町到扇澤有阿爾比可交通·北阿爾卑斯交通的巴士（每小時1～2班、40分鐘、1360円，冬季停駛）。前往阿爾卑斯山脈路線的車票能在扇澤站購買，但是觀光旺季經常會人潮擁擠。

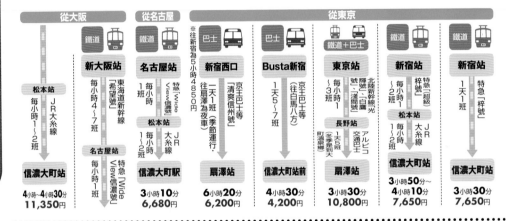

從大阪	從名古屋	從東京				
鐵道	鐵道	巴士	巴士	鐵道＋巴士	鐵道	鐵道
新大阪站	名古屋站	新宿西口	Busta新宿	東京站	新宿站	新宿站
東海道新幹線「希望號」每小時4～7班	特急「Wide View信州」每小時	※往新宿有每5小時4850円「清爽信州號」一天1班（季節運行）	京王巴士等1天5～7班（往白馬八方）	北陸新幹線「光輝號、白鷹號、淺間號」每小時1～3班	特急「梓號」（超級）每小時1～2班	特急「梓號」1天1班
松本站	松本站			長野站	松本站	
JR大糸線 每小時1～2班	JR大糸線 1～2班 每小時			阿爾比可交通巴士1天5班（冬季停駛）	JR大糸線 1～2班 每小時	
信濃大町站	信濃大町駅	扇澤站	信濃大町前	扇澤站	信濃大町站	信濃大町站
4小時～4小時30分 11,350円	3小時10分 6,680円	6小時20分 6,200円	4小時30分 4,200円	3小時30分 10,800円	3小時50分～4小時10分 7,650円	3小時30分 7,650円

前往「宇奈月溫泉」
通往遍布熱鬧溫泉街的黑部峽谷的入口

前往宇奈月溫泉可以利用從電鐵富山站延伸出來的富山地方鐵道。特急列車（收費110～210円）也有運行，十分方便。途中的黑部宇奈月溫泉站鄰接北陸新幹線黑部宇奈月溫泉站，10分鐘左右就能轉乘。從宇奈月溫泉站到黑部峽谷鐵道的宇奈月站步行大約5分鐘。黑部峽谷鐵道若有空位在當天也能乘車，但是觀光旺季期間人潮擁擠，因此最好事先預約。（參照P.36）

黑部宇奈月溫泉站是新幹線車站，能直接通往富山首屈一指的名湯·宇奈月溫泉和祕境·黑部峽谷。「光輝號」不會停車，務必注意。

從大阪	從名古屋	從東京
鐵道	鐵道	鐵道
大阪站	黑部宇奈月溫泉站（新黑部站）	名古屋站
特急「雷鳥號」每小時1～2班	富山地方鐵道 每小時1～2班	特急「白鷺號」1天8班
金澤站	宇奈月溫泉	金澤站
JR北陸新幹線「白鷹號」1天15班		JR北陸新幹線「白鷹號」1天15班
宇奈月溫泉		宇奈月溫泉
4小時10分～50分 10,380円	4小時20分～5小時30分 10,380円	2小時50分～3小時20分 12,490円

東京站：黑部宇奈月溫泉站（新黑部站）／JR北陸新幹線 1天14班／富山地方鐵道 每小時1～2班／宇奈月溫泉

前往「五箇山」
蓋著合掌造民宅的世界遺產村落

前往「五箇山」利用加越能巴士（世界遺產巴士）十分方便，路線從高岡站經由新高岡站、城端站，而穿越五箇山各村落前往白川鄉。1天5班。另有城端站出發的1班車次（週六、週日、假日有4班）。前往菅沼集落也能利用名古屋、金澤出發的高速巴士。

從富山前往白川鄉	從金澤	從大阪	從名古屋	從東京
巴士	巴士	鐵道＋巴士	巴士	鐵道＋巴士
富山站前	金澤站前	大阪站	名古屋站前	東京站
地鐵巴士等（往高山）1天4班	北陸鐵道巴士等（往白川鄉）1天5班（冬季不停車）	特急「雷鳥號」每小時1～2班	イルカ交通「Kito Kito Liner」（往高岡）1天5班	北陸新幹線「白鷹號」1天14班
		金澤站		新高岡站
		北陸鐵道巴士等（利用指定座）5～1班天		加越能巴士1天5班
		新高岡站		
		加越能巴士		
白川鄉巴士轉運站	五箇山菅沼	相倉口	五箇山合掌の里（五箇山交通道口）	相倉口
1小時25分 1,700円	1小時 1,540円	4小時30分 8,710円	2小時30分 3,000円	4小時20～35分 14,580円

從高山、名古屋等地也能前往白川鄉等合掌造集落

從高岡前往五箇山方向的巴士的終點站為白川鄉（巴士轉運站）。要去這座白川鄉也能從高山或金澤、名古屋等地前往。從高山濃飛巴士中心發車為1天7班（1班為下呂巴士中心出發），50分鐘～1小時7分鐘，2470円。從金澤發車為1天10班，1小時15～25分鐘，1850円。從名古屋（名鐵巴士中心）發車為1天4班，2小時36～53分鐘，3900円。除了部分車次之外，全都必須預約。

高山發車… 濃飛巴士 ☎ 0577-32-1688
金澤發車… 北陸鐵道巴士 ☎ 076-234-0123
名古屋發車… 岐阜巴士 ☎ 058-240-0489

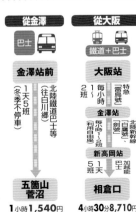

時刻表和費用的洽詢處

飛機・鐵道
- ▶▶ ANA（全日空）‧‧‧‧‧‧ ☎0570-029-222
- ▶▶ JR東日本服務中心 ‧‧‧ ☎050-2016-1600
- ▶▶ JR東海電話諮詢中心 ‧‧‧ ☎050-3772-3910
- ▶▶ JR西日本客服中心（京阪神地區）‧‧‧ ☎0570-00-2486
- ▶▶ JR西日本北陸導覽中心（北陸・糸魚川地區）‧‧‧ ☎076-265-5655
- ▶▶ 愛之風富山鐵道（富山站）‧‧‧ ☎076-431-3409
- ▶▶ 富山地方鐵道電話諮詢中心 ‧‧‧ ☎076-432-3456
- ▶▶ 萬葉線 ‧‧‧ ☎0766-25-4139
- ▶▶ 黑部峽谷鐵道 ‧‧‧ ☎0765-62-1011
- ▶▶ 富山輕軌（ポートラムショップ富山駅北）‧‧‧ ☎076-433-7100

高速巴士
- ▶▶ 西武巴士座位中心 ‧‧‧‧ ☎03-5910-2525
- ▶▶ JR巴士關東高速巴士電話中心（東京～富山・金澤）‧‧‧ ☎03-3844-0496
- ▶▶ 日本中央巴士高速巴士預約中心 ‧‧‧ ☎027-287-4000
- ▶▶ 名鐵高速巴士預約中心 ‧‧‧ ☎052-582-0489
- ▶▶ イルカ交通 ‧‧‧ ☎0766-21-7777
- ▶▶ 西日本JR巴士電話預約中心 ‧‧‧ ☎0570-00-2424
- ▶▶ 阪急巴士預約中心 ‧‧‧ ☎06-6866-3147
- ▶▶ 京王高速巴士預約中心 ‧‧‧ ☎03-5376-2222

路線巴士・共乘計程車
- ▶▶ 富山地方鐵道電話中心 ‧‧‧ ☎076-432-3456
- ▶▶ 加越能巴士高岡營業所 ‧‧‧ ☎0766-22-4888
- ▶▶ アルピコ交通長野營業所 ‧‧‧ ☎026-254-6000
- ▶▶ アルピコ交通白馬營業所 ‧‧‧ ☎0261-72-3155
- ▶▶ 北アルプス交通 ‧‧‧ ☎0261-22-0799
- ▶▶ 高岡交通（機場共乘計程車）‧‧‧ ☎0766-23-1211

對旅行很方便的搜尋網站

🚃 鐵道的時刻表和費用搜尋

JR集團合作的鐵道・旅行資訊
▶▶ **トレたび**
交通新聞社所經營。能獲得臨時列車和活動的資訊。

能詳細設定使用條件
▶▶ **HyperDia**
日立集團所經營。也有各車站的時刻表。

也有JR、私鐵的運行資訊
▶▶ **駅探**
「安」（便宜）「早」（快速）「樂」等圖示的標示很方便。

也對應部分的路線巴士
▶▶ **Yahoo! 路線情報**
也能搜尋各設施名稱和所在地。

🚌 高速巴士的時刻表和費用搜尋・預約

能搜尋部分車次以外的全國高速巴士
▶▶ **発車オ～ライネット**
工房所經營。預約需要登錄會員（免費）。

定期觀光巴士和觀光計程車也在這個網站
▶▶ **バスぷらざ**
日本旅行所經營。高速巴士不必登錄會員也能預約。

經由京王・名鐵中央道路的高速巴士網站
▶▶ **highwaybus.com**
京王電鐵巴士所經營。不必登錄會員就能搜尋、預約。

這個車票既方便又實惠

若在富山使用

🎫 鐵道線・市內電車1日遊券（富山地方鐵道）

1天內能無限次搭乘富山地方鐵道（含特急列車自由座）、市內電車。有站務員的車站皆有販售。

●2,500円（12～3月為2,000円）

🎫 富山地方鐵道・アルペンルート5日間フリー乘車券

5天內能無限次搭乘富山地方鐵道線（含特急列車自由座）、市內電車、阿爾卑斯山脈路線立山站～黑部湖。乘客多的旺季無法利用。電鐵富山站有販售。

●21,700円

🎫 市內電車・巴士1日ふりーきっぷ

1天內能無限次搭乘市內電車和富山市中心的地鐵巴士等交通工具。電鐵富山站等地和市內電車內皆有販售。

●620円

🎫 美食巡遊通票

此套票包含市內電車1日無限次乘車券和3張能兌換鱒魚壽司或甜點等富山名產的優惠券。電鐵富山站等地和市內電車內皆有販售。

●1,000円

🎫 富山市區岩瀬旅遊車票

1天內能無限次搭乘市內電車和富山輕軌等交通工具。ポートラムショップ駅北、市內電車內等處皆有販售。

●820円

🎫 万葉線一日フリーきっぷ

1天內能無限次搭乘萬葉線。另有和海王丸船票為套票的「万葉線・海王丸セットクーポン」。萬葉線車內等處皆有販售。

●800円／海王丸セットクーポン1,000円

🎫 五箇山・白川郷フリーきっぷ

能無限搭乘高岡・新高岡～白川郷之間的加越能巴士（世界遺產巴士）。
另有到五箇山（ささら館前）的「五箇山フリーきっぷ」。在加越能巴士乘車券中心（高岡站ステーションビルクルン高岡內）和新高岡站觀光服務處皆可購得。

●3,500円／五箇山フリーきっぷ2,500円

🎫 高岡⇒五箇山・白川郷 片道フリーきっぷ

僅能無限次搭乘高岡・新高岡～白川郷之間的加越能巴士（世界遺產巴士）單向路線。反方向的車票在白川郷巴士轉運站也有販售。

●2,000円

若要前往富山

🎫 立山黑部阿爾卑斯票

JR東海和JR西日本販售的環繞型優惠票。此套票包含從出發站到富山或信濃大町的車票、在阿爾卑斯山脈路線內能無限次搭乘的回程（和抵達站為不同車站出發）車票。回程可以利用新幹線、特急列車對號座。費用視搭乘路線而異。有效期間為8天，黃金週和8月中旬無法使用。

●大阪市內發車（北陸新幹線＋北陸新幹線、大糸線＋中央線＋東海道新幹線）26,880円
●名古屋市內發車（高山線、大糸線＋中央本線）18,610円

🎫 北陸觀光フリーきっぷ

JR東海販售的無限次乘車券。能無限次搭乘敦賀～黑部（黑部宇奈月溫泉）或豬谷間的JR線（包含北陸新幹線），IR石川鐵道、愛之風富山鐵道。可以使用特急列車、新幹線的自由座。回程可以選擇特急列車「白鷺號」（也能利用到米原的新幹線）或「飛驒號」。4天內有效。乘客多的旺季不可使用。

●名古屋市內發車 15,930円

🎫 世界遺產白川郷・五箇山フリーきっぷ

JR東海販售的無限次乘車券。能無限次搭乘金澤～富山之間的北陸新幹線、冰見線、城端線、萬葉線、世界遺產巴士、高山～白川郷的濃飛巴士（預約制除外）。回程可以利用特急列車「白鷺號」（不能利用到米原的新幹線）或「飛驒號」。3天內有效。

●名古屋市內發車 14,500円

🎫 北陸乘り放題きっぷ

JR西日本販售的無限次乘車券，2人以上才販售。能無限次搭乘小濱～敦賀～越中宮崎（黑部宇奈月溫泉）或豬谷之間的JR線（包含北陸新幹線），IR石川鐵道、愛之風富山鐵道。可以利用特急列車、新幹線的自由座。回程可以利用特急列車「雷鳥號」。3天內有效。乘客多的旺季不能使用，JR西日本官網預約限定。

●大阪市內發車 15,560円（小孩3,000円）／1人費用

🎫 ひだ號富山往復きっぷ

此為來回車票，能利用名古屋市內（也有岐阜出發）到富山的特急列車「飛驒號」的對號座。6天內有效。乘客多的旺季不能使用。

●名古屋市內發車 12,800円

🎫 北陸往復割引きっぷ

此為來回車票，能利用在名古屋市內發車的特急列車「白鷺號」（包含對號座、名古屋～米原的新幹線自由座）、北陸新幹線的自由座。也有往富山、高岡、黑部宇奈月溫泉。6天內有效。乘客多的旺季不能使用。

●往富山 15,320円

道路資訊的洽詢處

▶▶ 日本道路交通情報中心
（富山資訊）☎050-3369-6616

▶▶ ハイウェイテレホン
北陸地區資訊（富山局）
　　……☎076-476-1620
關越道・上信越道資訊（大泉局）
　　……☎03-3922-1620
中部地區資訊（名古屋局）
　　……☎052-709-1620

對旅行很方便的搜尋網站

在電視和廣播上常見的交通資訊
日本道路交通情報中心
提供塞車資訊和塞車預測、冬季封閉資訊。

包含北陸道和東海北陸道的高速公路資訊
NEXCO中日本
不僅能搜尋通行費用，也有SA・PA資訊和觀光資訊。

能查詢全國的塞車資訊
國土交通省道路局 塞車資訊
除了高速公路之外，也對應一般道路。

常用的
前往方式！

自駕前往

北陸自動車道是
主要路線

北線。從東京方向要經由關越・上信越自動車道，從名古屋方向要經由東海北陸自動車道，從大阪方向要經由名神高速，然後再開往北陸自動車道。要到黑部峽谷方向，能自己開車前往的地方只有宇奈月溫泉。要前往黑部峽谷方向，然後再開往北陸自動車道。富山機場和縣內主要車站有租車的營業所和服務處。

北陸自動車道是主要路線。從東京方向要經由關越・上信越自動車道方法。而且還可以利用飛機、鐵道、巴士。富山機場和縣內主要車站可以利用租車的方法。

從大阪			
吹田IC	吹田IC	吹田IC	吹田IC
340km	383km	327km	347km
名神高速・北陸・東海北陸道（經由小矢部Jct）	名神高速・北陸道	名神高速・北陸・能越道	名神高速・北陸道
	黑部IC 13km 縣道53・14號		
五箇山IC	宇奈月溫泉	高岡IC	富山IC
4小時 7,400円	4小時50分 8,380円	3小時40分 7,490円	3小時50分 7,650円

從名古屋			
一宮IC	一宮IC	一宮IC	一宮IC
152km	260km	203km	220km
名神高速・東海北陸道	名神高速・北陸道・東海北陸	名神高速・東海北陸・能越道	名神高速・東海北陸・北陸道
	黑部IC 13km 縣道53・14號		
五箇山IC	宇奈月溫泉	高岡IC	富山IC
2小時10分 4,410円	3小時40分 6,250円	2小時50分 5,360円	3小時 5,530円

從東京			
高井戶（首都高速公路連接處）	練馬IC	練馬IC	練馬IC
208km	353km	413km	401km
中央・長野道	關越・北陸・上信	關越・北陸・上信道	關越・上信越・北陸道
松本IC 100km 國道158號・安房峠道路	朝日IC 17km 縣道13・14號	小杉IC 10km 縣道58號	
高山西IC 49km 中部縱貫・東海北陸道			
五箇山IC	宇奈月溫泉	高岡市街	富山IC
5小時30分 7,820円	4小時30分 7,820円	5小時10分 8,940円	4小時50分 8,710円

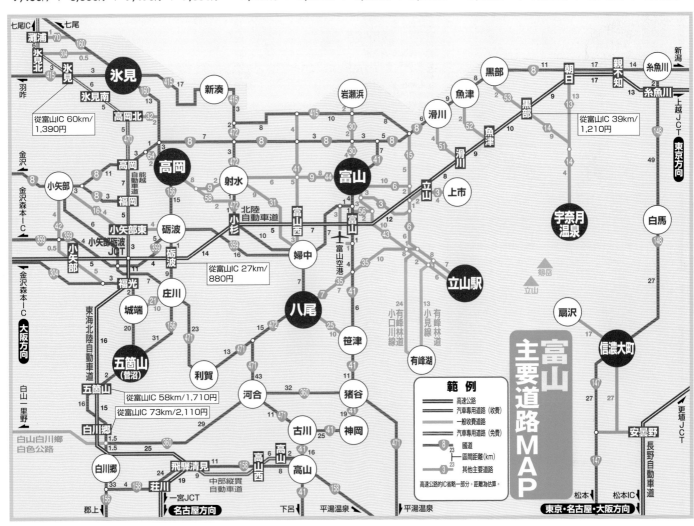

富山主要道路MAP

範　例
　高速公路
　汽車專用道路（收費）
　一般收費道路
　汽車專用道路（免費）
⑧ 國道
⑬ 區間距離(km)
㉓ 其他主要道路

高速公路的IC省略一部分。距離為估算。

從富山IC 60km/1,390円
從富山IC 39km/1,210円
從富山IC 27km/880円
從富山IC 58km/1,710円
從富山IC 73km/2,110円

東京・名古屋・大阪方向

景…景點 玩…玩樂 食…美食 買…購物 咖…咖啡廳 溫…溫泉 住…住宿 活…活動 附…立山黒部阿爾卑斯山脈路線完全導覽BOOK